JN077001

チャールズも、ウイリアムも全員偽者！

英国王室はこうして乗っ取られた！①

THE HIDDEN KING OF ENGLAND
ARMA CHRISTI—UNVEILING THE ROSE

【著】［亡命王］フランシスコ・マノエル＆ジョセフ・グレゴリー・ハレット
【訳】Bonobo

秘密は権力の特権であり、その権力を持つ者の印でもある。
秘密の裏には宝があるとも考えられ、それを守護する者もいる。
秘密は時に不安の根源となり、
それを抱える者にも、恐れる者にも、精神的負担を与える……
秘密の中の秘密、それは賢者の石を造る技術……
賢者はその卓越した秘密を内輪に留めた……
さもないと社会を混乱させ、崩壊にまで至らせるからだ。

序文

ヴィクトリア女王の秘密。
その謎を解明するため、歴史に残された「聖なる王室の遺物」を徹底分析した。
本書はその貴重な記録である。

1850年に、ヴィクトリア女王は王族子孫の管理人を通し、「捨て子のロイヤルマーク」をポルトガルに住むある青年に譲渡した。このロイヤルマークは、彼こそが本命の王子であり、英国、ハノーファー王国、ザクセン・コーブルク・ゴータ公国の正統な王であることを示している。
その青年は16歳の時に、ロイヤルマークを受け継ぐと、それから2年後に王位に就く権利を得た。また、16歳から21歳までの間は、母親であるヴィクトリア女王と共に英国領のワイト島で暮らしたとされる。

この隠された王子の存在こそ、ヴィクトリア女王自身の権力を裏付けるものであったが、彼の存在は秘密裏にされ、その事実を知った者によって君主を操る手段として利用された。

このため、1852年以降、王室の遺言は歴史に刻まれていない。

ロイヤルマークは隠された亡命王（エクシラーク）の遺族のもとで保管され続け、1996年になるとその分析が実施された。数々の秘められたメッセージを読み解くことで、王子直系の子孫が真なる亡命王、すなわち英国の真なる摂政皇太子であることを証明する挑戦が始まった。

いくつもの残されたロイヤルメッセージを解くことは極めて難しい。歴史、紋章学、記号の専門知識、家族の思い出、絵画などを取り入れ、伝統に基づき解読していく。ここでは用法外のものはそのまま留めておくこととした。

すべてのマークはそれぞれ精密に、繋がりがあるように仕掛けられている。その一つひとつにヴィクトリア女王と隠された亡命王双方の生涯におけるあらゆる場面が表現されている。

ロイヤルマークの調査はポルトガルを中心に実施され、その後の4年間はスコットランド、イングランド、オランダ、ドイツ、そして重要な証拠をもたらしたモン・サン・ミシェルのあるフランスでも進められた。そして、ポルトガルへ戻ると、本土の最南端の都市アルガルヴェで完了した。

英国王室を震撼させた調査結果が明らかにしたこと。

それは、私の共著者が英国の真なる摂政皇太子、隠された英国王であるという事実。

この結果を受けて、英国王室が王位継承制度の改正を試みたそのタイミングと方法から、ヴィクトリア女王が隠し続けた亡命王の存在を完全に認めたことが見てとれる。

ジョセフ・グレゴリー・ハレット

国境を越え、さまざまな場所でロイヤルマークの調査が行なわれた。

Marks of the Foundlings (*Sinais de Expostos*)

"The documents and objects traditionally identified as the 'Signs of the Foundlings' are an assistance procedure of the Holy Mercy House of Lisbon from its 1543 Royal Charter.

"These signs were designed to identify foundlings with a view of future recovery, or at minimum, clues to their parentage using empirical / historical / allegorical references.

"More than signs, these Marks form a system of evidence that identify the individual as a human being and leave clues to identity, while avoiding direct registration and remaining anonymous.

"It became common practise to use a combination of unique signs / marks individual to each child, so a scholar could eventually establish the identity of the abandoned child based on an agreed system of evidence.

"While the identification is being done, the objects acquire almost magical characteristics."[1]

---

1 *Sinais de Expostos* [*Signs of Foundlings*], Santa Casa da Misericórdia de Lisboa, 2 July 1987. Santa Casa da Misericórdia de Lisboa took care of Marcos Manoel from 6 October 1834. It now runs the lottery and is currently the wealthiest institution in Portugal.

捨て子のマーク

「捨て子のマーク」とされる文書や陶器、置物や洋服などは、1543年王室認可に定義されたリスボン仁慈堂の管理手続きを参考にしている。

これらのマークは、将来的に捨て子を識別するために割り当てられたものであり、最低でもその子の血統が実証的・歴史的・寓話的に判別できるように作られた。

複数のマークの組み合わせから成る暗号システムは、それぞれの捨て子の存在や正体を間接的に示す手がかりになる。

それぞれの子に特有の組み合わせを割り当てることによって、専門学者がその証拠と手がかりをもとに、捨て子の正体や続柄を解明することができるのだ。

識別工程中に、遺物が摩訶不思議な特質を示すこともある[1]。

原注1　捨て子のマーク、サンタ・カーサ・ダ・ミゼリコリダ・デ・リスボア、1987年7月2日撮影。サンタ・カーサ・ダ・ミゼリコリダ・デ・リスボアは1834年10月6日から隠された王子を受け入れ、その成長を見届けた。現在、宝くじを運営し、ポルトガルで最も裕福な団体と言われている。

set day
潮

前文

王族の暗い秘密やその血統の根源が神秘的とされなければ、この世に王室や君主制は存在しなかっただろう。ここではその秘密の中の秘密、ヴィクトリア女王の初産、正統な長男の存在をついに明るみに出す。秘密を暴く鍵となるのが、さまざまな形で複雑に暗号化・成文化されたロイヤルマークだ。これを解くと物語の詳細やその背景が浮かび上がってくる。

この秘密がいかに大切なものであるかは、わかっている。知識として受け入れる者もいれば、尻拭いに焦る者もいるだろう。しかしどの陰謀も、いつかは終わる。

隠された英国王こと、**マルコス・マノエル**の誕生秘話とその生涯の全貌が明らかになり、正統なる亡命王族を全世界にお披露目する時がきた。

秘密結社オカルト・カレッジ・オブ・イニシエートには、「世界の王位」に就くのに相応(ふさわ)しい者を選択する任務がある。

人は彼らを「イルミナティ」と称ぶ。このイルミナティには2種類ある。「イルミナティA」と「イルミナティB」だ。イルミナティBは王族の象徴とされるＢｅｅ（蜂）から名付けられている。

１８５２年以降、イルミナティAの主な役割は不正統な君主制を保持し、利益をねだり続けることだった。しかし、２０１２年９月12日にその期限を迎えた。

イルミナティBの主な役割は正統な君主制を保持し、国民を支援することであり、その逆ではない。イルミナティBは王を代表し、天と地を結ぶすべての知識と可能性を受け持つとされる。彼らはその任務に基づき、マルコス・マノエルの誕生秘話を記し、「選ばれし王子」と称して未来へ続く王の血統であることを定めた。


隠された王子マルコス・マノエルこそ、メロヴィング朝〔４８１年、フランドルのクローヴィス１世によって開かれた王朝〕の純血種の代表格。スチュアート朝〔１３７１年から１７１４年まで続いたスコットランド起源の王朝〕とヴェルフ家（ヴェルフェン家）〔中世神聖ローマ帝国で皇帝位を争った有力なドイツの諸侯〕、すなわちロレーヌ家〔もとはロレーヌ地方を統治した公爵家〕ギーズ、そしてバビロンまで遡るヴェルフ・エステ家〔１０７０年にヴェルフ4世がバイエルン公となり、ドイツに基盤を築いた家系〕の血統をもあわせ持ち、王位に就くのに最も相応しい第一継承者なのだ。

ハノーヴァー朝〔１７０１～１９０１年、スチュアート朝の断絶を受けてドイツ北部の領邦君主の家系であったハノーヴァー系からジョージ1世を迎え入れて成立した王国〕は、神聖ローマ帝国の財務を担う会計係。盲目王子がその防護に入ったが、戦で廃位に追い込まれた。

各階級のフリーメイソンから成るイルミナティBは、数字の**21**を最も高位な「知られざる上位層」「イエズス会」「亡命スコットランド王家」を表わすシンボルとし、マルコス・マノエルおよび彼の子孫こそ最高位の代表者であることを明確に示した。

イルミナティBの上層部には禁断の知識を守る任務が与えられている。彼らがちりばめた証拠からはすべての王家を代表すべき真の王の存在が見てとれる。神秘主義思想のカバラとその数秘学を用いて、ロイヤルスタッフォード陶器の崇高なマーク（第4〜6章参照）を作成し、マルコス・マノエルに譲渡した。


3147／33という数字は、神々の時代の終わりを告げ、王の時代の始まりを指す。この魔法の数字は聖書にも綴（つづ）られているが、詳細は明かされていない。

これには、マルコス・マノエルが時代を繋ぐ天族の一員であることも示されている。

イエズス会の中枢によると、3147／33の原文は古代アラム文字〔ヘブライ語などと共に北西セム語に属する言語の一つ〕を用いて作成されたという。古代アラム語は帝国の日常業務における共通言語でもあり、紀元前539〜紀元70年の宗教言語や聖書の原本の言語、およびタルムード〔モーセが伝えた「口伝律法」を収めた文書群〕の主言語ともされる。

イエス自身も古代アラム語を使っていたとされる。その後、19世紀までは、イタリア・アッシジのフランチェスコ修道士やイエズス会だけが古代アラム文字を使っていた。すなわち、ロイヤルマークはどちらかの修道会の指示のもとに作られたことが推測され、イエズス会の中枢はロイヤルマークに印されたある一つのマークがとても希少で重要な物だと断定した。

古代アラム文字で綴られた３１４７／33という数字は、複雑に暗号化されたパスワードであり、テンプル騎士団やフリーメイソンが長年探し求めてきた「失われた言語」なのかもしれない。

このロイヤルマークの作成に関わったのは、**ロスチャイルド家とイエズス会「21」**。ロスチャイルド家はイエズス会から枝分かれしたとされる。

この数字には他の意味も含まれている。「３１４７」はエルサレムの受難の地ゴルゴタの位置31度47分を指し、「33」はレバノンとシリアの国境に位置するヘルモン山の33度北東、堕天使が舞い降りたとされる方角を指している。堕天使は「アヌンナキ」「ネフィリム」「監視人」「忘れられた者」「長老」「巨人」「爬虫類の血筋」などとも呼ばれている。

この地からメロヴィング王朝が生まれた。メロヴィングとは「巨人の蔓（つる）の人々」という意味であり、アンジュー・プランタジネット朝（１１５４年、ノルマン朝断絶後を継いでフランスのアンジュー伯がヘンリー2世として即位して創始したイングランド王朝）をはじめ、ギーズ・ロレーヌ家、スチュアート朝、ザクセンヴェッティン家、ハプスブルク家（13世紀から20世紀初頭に至る神聖ローマ帝国およびオーストリア王朝）、ヴェルフ・エステ家が主な代表であり、この血統は王に相応しいユダヤのアンジュー家の「天の蔓」とも称された。

巨人と堕天使の血統から受け継がれたのが、王の血統。世代ごとに当時最も貴重とされる純血種は大切に保護され、その存在は符号の歯車のように、精密に優先的に残されてきた。

ヴィクトリア女王は「英国の薔薇」と呼ばれるようになったが、これは長男マルコス・マノエルの存在があってこそのこと。彼が王の血統を持つ正統な代表であり、薔薇の家の統治者、君主だからだ。

真なる王の身分か否か、その真実は本書の中にある。ついに世界が〝天の蔓〟を引く選ばれし末裔（まつえい）を知る時がきた。

英国の亡命王（エクシラーク）
フランシスコ・マノエル“21”

魔法を受け容れる

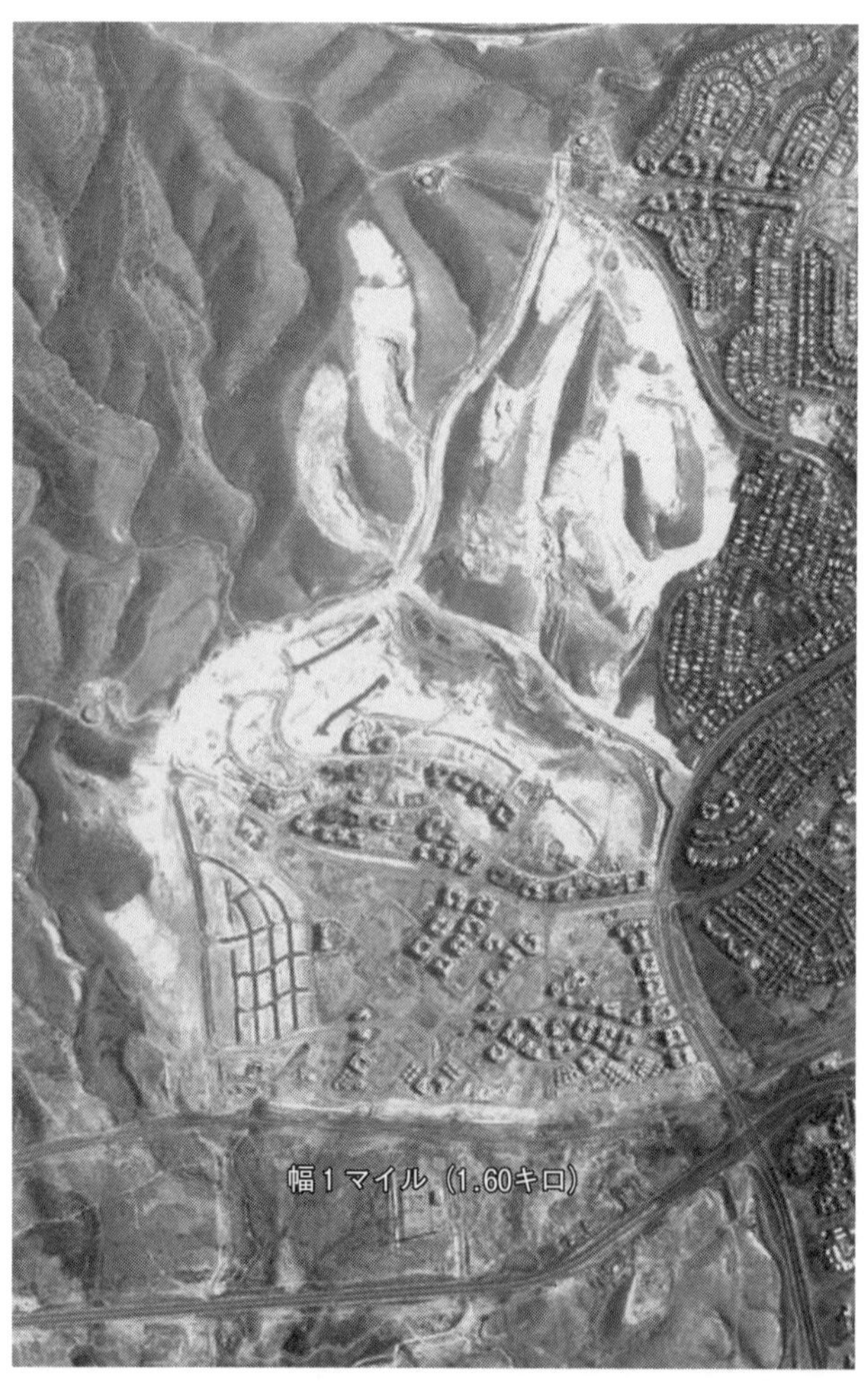

「パレイドリア」とは、視覚刺激を受け取り、普段からよく目にする光景やパターンを無意識に心に思い浮かべる心理現象。これは地形のパレイドリア。馬に乗ってパレスチナ・イスラエルから帰還する盛装のテンプル騎士の図が浮かびあがる。この場所は、アフリカ・スーダンの南、エジプト太陽神アテンの故郷の西に位置する。

目次

第2章

英国王室を操る〝巨大闇勢力〟は「繁殖権」を略奪していた！

第3章

ヴィクトリア女王が是が非でも手に入れたかった「メロヴィング朝の血」

第4章 世界秩序が激変！ ヴィクトリア女王の実父はいったい誰なのか？

第5章 「ケント王女ヴィクトリア」の人形に刻まれた暗号を徹底的に解明せよ！

第6章 ヴィクトリア女王とジョン・コンロイの陶器が示す「次なる英国王」の存在

第9章 深すぎる闇！ ヴィクトリア女王は「重婚」していた!!

第10章 イエズス会、フリーメイソン、ロスチャイルド…… ヴィクトリア女王までもが待望した 「マルドゥクの使者」の誕生

凡例

・本文中の（　）内の部分は原著者による補足を示す。

・本文中の〔　〕内の部分は訳注を示す。

・他文献からの引用部分は、すでに邦訳既刊があるものも含め、訳者が改めて訳出した。

カバーデザイン　森　瑞（4Tune Box）
校正　麦秋アートセンター
筆文字　書家あん
本文仮名書体　文麗仮名（キャップス）

第1章

ついに明かされる！
欧州王族が隠し続ける「英国神聖王」の全貌

Introduction

1834年3月9日、日曜日。フランス小島のモン・サン・ミシェルにて結婚の儀を執り行なった男女がいた。お互いまだ14歳と10カ月。それから47日後の4月25日にカーライル城の「アドミランダ」と呼ばれる部屋で1人の男児が産声をあげた。

彼の父親は、後に「ハノーファー王ゲオルク5世」（カンバーランド公ジョージ）（本書ではドイツ語読み「ゲオルク」と英語読み「ジョージ」を立場によって使いわけている）で、神聖ローマ帝国（ドイツ帝国）選帝侯となり、母は、あの「太陽の沈まない国の女王陛下」と呼ばれるようになった「ヴィクトリア女王」。

この赤ん坊の居場所は文書によって裏付けられているが、それは長い間、赤ん坊の家族の中だけに封印されてきた。この記録の特徴として、縁起のよい場所と、あえて曖昧で混乱させられる名前や苗字が用いられている点がある。それゆえ、赤ん坊が母親ヴィクトリアと一緒に英国領ワイト島や複数の王室専用船で過ごした時期は極めて不明瞭になっている。

この赤ん坊が本書の主人公「マルコス・マノエル」だ。

マルコス・マノエルは、イングランドの北、スコットランドの国境からおよそ20キロ離れた、ハドリアヌスの長城の西端、当時のカンバーランド（現カンブリア州）にあるソルウェー湾に位置する、カーライル城で生まれた。

この位置にも意味がある。ソルウェー湾は「魂が前進する道」という意味を持ち、さらにはハドリアヌスの長城の西端には、「退きゆくローマ皇帝が新ローマ皇帝を迎え入れる」という意味が含まれている。これに加え、マルコスの父はカンバーランド公だ。

母親のヴィクトリア王女〔この時はまだ女王になっていないため王女となる。本書では立場によって使いわけている〕はカーライル城の入口から最も離れた部屋「アドミランダ」でマルコス・マノエルを産んだ。この部屋はスコットランド女王メアリー1世が亡命から処刑までの18年間を暮らしたとされる部屋だ。処刑の事実は残された絵画とたった2人の証言によって、75年後に明らかになった。[1] 今はもう彼女が滞在したとされる建物のほとんどは取り壊されている。

カーライル城のアドミランダは「死を切り抜ける場所」、そして「身を潜める場所」とされた。まさしく亡命王（エクシラーク）の身分に相応しい部屋だ。

また、そこは母親が次期女王となる国の傘下で、父親が王子である地域。引き継がれた魂を前進させ、帝王の後継者へと成長できる場所でもあった。

マルコス・マノエルは生後1週間ほど（1834年4月25日〜5月2日）ヴィクトリアと共にカーライル城で過ごした後、ロンドンのケンジントン宮殿に移される。当時はまだケンジントン宮殿には塔があった。このケンジントン宮殿でマルコス・マノエルは母親と3カ月間（1834年5〜7月）生活を共にしている。

ロイヤルファミリーは「正統な王子の誕生」を黙認していた!!

王室の私生児は**「バタルド」**と呼ばれ、ケンジントン宮殿の地下にある私生児専用の保育所で育てられた。

マルコスが産声をあげた同じ頃、秘密結社ロイヤル・アルファ・ロッジ16（別名エクサルファ・ロッジ）はケンジントン宮殿の地下で会合していた。私生児保育所は、ロイヤル・アルファ・ロッジ16の本拠地としても使用されていて、隣室同士だった。要するに、お互いの存在、各職員、来客、会員、仕えている相手を知っていたと十分に考えられる。

マルコス・マノエルは1834年5月上旬から7月まで、宮殿の地下にある保育所から離れた場所である塔の最下層にいた。同時期には彼の大叔父のサセックス公オーガスタスが英国のユナイテッド・グランド・ロッジの最高指導者として、1843年まで務めていた。

つまり、フリーメイソンの上層部、ケンジントン宮殿やバッキンガム宮殿にいるロイヤルファミリーは皆、マルコス・マノエルが正統な王子であり、公式には〝長男〟とされているウェールズ公の「バーティー」こと、エドワード7世が不正統であることを知っていたのだ。

2人が赤ん坊の時からその事実は知られていた。

マルコス・マノエルは賢くて見た目もいい明るい子どもだったのに対し、エドワードは頭の形が歪んだ醜い子だった。しかも当時、骨相学的に精神障害者と診断されていたという。つまり、エドワードは自身の言動が、国内外の社会にどのような影響を及ぼすか、または自分自身の評判への影響などをまともに理解できないほどの障害を抱えていた。

マルコス・マノエルの正式な肩書きは「ザクセン・ヴェッティン家およびヴェルフ・エステ家王子、神聖ローマ帝国選帝侯」である。マルコス・マノエルという名前は王の血統を残すために付けられたもので、**「神の刻印、我と共に」**という意味を持っている。

1834年7月、マルコスの存在を暗号化して記録するために、ヴィクトリア王女から引き離す晩餐が開かれた。この時、王女は15歳になったばかり。10代にして妻となり母親となったヴィクトリアは、最終的には、夫とも離れ離れになることになった。しかし、それもすべて計画されていたことだった。

この晩餐には、ヴィクトリアをはじめ、彼女の側近の女男爵レーゼン、ジョン・コンロイ、ヴィクトリアの伯父にあたるザクセン・コーブルク・コハーリ家〔ザクセン・コーブルク・ゴータ家のカトリック系の分家〕のフェルディナント公[2]が出席した。

ジョン・コンロイは晩餐会の席を立ち、ケンジントン宮殿の塔へと向かうと赤ん坊のマルコス・マノエルをヴィクトリアの母、つまりマルコスの祖母にあたるケント公爵夫人から受け取った。

その後ジョン・コンロイは、ザクセン・コーブルク・コハーリ家のフェルディナント公、そして、その息子であるザクセン・コーブルク・ゴータ家のフェルディナント公子に摂政皇太子マルコス・マノエルの命を託した。

最初に亡命王が送り込まれたのは、ポルトガル最古の「イエズス会の教会」

1834年7月、マルコス・マノエルはケンジントン宮殿の塔から連れ出され、次なる目的地へと10週間も旅した。随行団はワイト島のカリスブルック城を経由して、スチュアート朝のチャールズ1世、チャールズ2世など、過去の亡命王たちと同じ旅路を歩んだと思われる。

チャールズ1世と言えば、軟禁されていた現イギリスロンドン南部に位置するハンプトンコート宮殿から脱出し、ワイト島へ逃げたと言われている。その後、ワイト島のカリスブルック城からも1647年11月30日に脱出に成功。そこでスコットランド国教会[3]と、ある秘密の誓約を交わした。

一方で、マルコス・マノエルはワイト島の南岸にあるムーンズ山とその地形が犬の足の形をした場所[4]のすぐ先にあるフレッシュウォーター湾からイングランドを後にしたとされる。護送の大役は、テンプル騎士団員であり、薔薇十字団員でもある従兄弟の、当時17歳だったザクセン・コーブルク・ゴータ家のフェルディナント公子が担った。

１８３４年10月6日――「聖人ブルーノの日」――の夕暮れ時、午後5時30分にフェルディナント公子は、マルコス・マノエルをポルトガル王国の首都リスボンにある「捨て子のロイヤルハウス」こと、サン・ロッケ教会のリスボン仁慈堂（じんじどう）まで送り届け、「ローダホイール」に乗せた。ローダホイールとは、教会の外壁に設置された車輪のこと（39ページ参照）で、捨て子を密かに建物の中に送り届けるために使用する装置である。ローダホイールは１７６８年から１８６７年まで、99年もの間、稼働していた。

サン・ロッケ教会はポルトガル初のイエズス教会で、世界でも最も古い教会の一つとされている。

捨て子のロイヤルハウスは、１９００年に「捨て子のリスボン仁慈堂」として知られるようになったが、用途によって呼び名は置き換えられるという曖昧なものだ。

マルコス・マノエルは、このようにして、ポルトガル王国の首都リスボンの聖カタリナ小教区にあるミゼリコリダ広場横のアレクリム通り沿いにある「捨て子のロイヤルハウス」に備えつけられたローダホイールに置き去りにされ、命は教会に託されることとなった。これらはすべて記録されている。

アレクリム通りのアレクリムとは、ローズマリーの葉を意味する。シェイクスピアも『リア王』の第2幕第3場で「針、棘、釘、ローズマリーの葉」と描写した葉だ。アレクリム通りはポルトガル王セバスティアン1世がエルダデ地方の所有地を一部開放して開通したミゼリコリダ通りと交差する。この地方は眺めが最も美しいとされる「リスボンの望楼」だ。

失われた十支族なのか?!　ブルーノ族の末裔と認定されて

マルコスの父親が王位に就いたハノーファー王国に所縁(ゆかり)のあるブラウンシュヴァイク家〈現ドイツ、ニーダーザクセン州のブラウンシュヴァイク、リューネブルク一帯を統治したヴェルフ家から発展した家系。ロシア皇帝や英国王も輩出した〉は、王の血を引く家系とされ、マルコスはその末裔にあたる。

この若き王子は1834年、カトリック教会の祝日の一つ、聖人ブルーノの日にあたる10月6日の午後5時30分に正式にハノーファー王国の摂政皇太子として登録された。ロレーヌ十字はアンジュー伯の十字架としても知られ、その秘儀的な紋章は4本の腕で「MM」と表わしているのがハッキリとうかがえる。

カバラやテンプル騎士団の法典によると、銀色は夕暮れ時の象徴であり、銀は王族の金属で、テンプル騎士団の教えによれば、夕暮れから0時までは王の血統の時間帯であるという。

英国人やアングル人〈西方系ゲルマン人の一種族〉は皆「ブランスウィック・アングル人」[5]だ。彼らは、ブルーノ、サクソ、フリソ兄弟の末裔であり、失われたイスラエルの十支族として、聖地で民族離散し始め、紀元前300年頃にフリージア（現オランダ）に移住したとされる。

フリージアを後にしたブルーノ族は、アングリア（現イングランド）に上陸し、殖民した。つまり、ブリトン人（イギリスの先住民族ケルト系）はもとを辿るとブルーノ人であり、マルコス・マノエルは真のブルーノ王とも言えるのだ。

861年、ブルーノは「ブルーノの揺り籠」を意味するブラウンシュヴァイク（またはブランスウィック）を成立。ザクセン公リウドルフ（東ザクセンの領土を巡ってノルマン人やスラヴ人と闘った）の長男であるブルーノは後にザクセン公となり、ブルノン家をはじめ、ブルノン郡、ブランスウィック郡などが誕生した。これがブラウンシュヴァイク・リューネブルク選帝侯領からハノーファー王国となったのである。

ゆえに、もとを辿っていくとマルコス・マノエルはブルーノ人であり、ゲルマン王子であるザクセン公ブルーノの最後の末裔にあたる。つまりは、後にハノーファー王国へと発展するブラウンシュヴァイク・リューネブルク家の亡命王（エクシラーク）なのだ。

聖人ブルーノの日の夕暮れ時、王の血統の時間帯にマルコス・マノエルがあの場所に置かれたことは、ハノーファー王の孫、およびハノーファー摂政皇太子の息子であることから、次期王として最も優先すべき人物であることを意味している。

「聖人ブルーノ」とは、ドイツ出身のカトリック教会の聖職者。ドイツ名はブルン。彼は1084年にフランスアルプス山脈にてグランドシャルトルーズ修道院を創立した。フランス最大の修道院でありながら、ローヌ・アルプス地方から100キロも離れた場所にあるうえに、眺めは素晴らしいとはとても言えない。聖人ブルーノはこのシャルトルーズ修道院でミトラ（司教や修道院長が身につけている頭飾り）と十字架が足元に置かれた姿で描かれている。これは「偽りの偉人への軽蔑の合図」を意味する。彼の座右の銘は「永遠の沈黙」だった。

ヴィクトリア女王がフランスを訪れた際、真っ先に向かったのが、グランドシャルトルーズ修道院だった。この訪問はイギリス人の始祖への敬意の表われで、息子がポルトガルに亡命し、さらには聖人ブルーノの日に亡命王（エクシラーク）として、またハノーファー王国の摂政皇太子として正式登録されたことを記念してのことだった。そしてその秘密は、「永遠の沈黙」の中、**「ザ・シン」**の定めで200年間、封印されることになった。

受け入れ先の「リスボン仁慈堂」に蠢く人々

リスボン仁慈堂は、ポルトガル王ジョアン2世の未亡人であるランカスター家（中世イングランド王朝。プランタジネット家の分家の一つ）のエレノア女王が、1498年8月15日にリスボン大聖堂にあるテラ・ソルタ・チャペルにて創立した。ただし、宗教的な儀式のために創ったわけではなかった。

それから仁慈堂は、南西に２００メートル離れたマグダラのマリア教区内のコンセイサン・ヴエーリャ教会（通称ミゼリコリダ教会）に移転した。そこはリスボンの主要な商業広場と凱旋門の真裏、港がテージョ川と交差する場所に位置し、とても由緒ある地域だ。

１７５５年11月１日に発生したリスボン大震災で、ミゼリコリダ教会は大きな被害を受けた。リスボン大震災は、物理的にも国内社会においても大きな変化をもたらした。

震災の４年後、ポルトガル王ジョゼ１世の指示により、当時の首相ポンバル侯爵はイエズス会をポルトガルから追放し、教会や修道院、不動産もすべて押収した。

サン・ロッケ教会もその内の一つで、１７５９年から１７６８年の間は、ポルトガル王室の管理下にあった。その後の１７６８年に、首相ポンバル侯爵とジョゼ１世はその他の教会や修道会と共にポルトガルから追放してしまった。

これはリスボンをはじめとしたポルトガル王国の再建、近代化、そして神秘性を取り除く運動の一環だった。当時のポルトガルでは15人に１人が修道院や小修道院で暮らしていたが、ポンバル首相にとって彼らは邪魔者にすぎなかったのである。

ジョゼ1世はサン・ロッケ教会を当時はすでにイエズス会系とは関係のないリスボン仁慈堂の運営団体に譲渡した。それ以降、リスボン仁慈堂はサン・ロッケ教会を所有する入居者となった。

もともとリスボン仁慈堂という名称だった施設は、後に「捨て子のロイヤルハウス」や、１９００年以降は、「捨て子の仁慈堂」として知られるようになったが、現在では「ミゼリコリダ協会」とも称ばれている。このように呼び名は複数ある。

1829年、イエズス会はポルトガルに戻ることを許されたが、不動産などの財産はすべて押収されたままで、返却されることはなかった。1834年には再びポルトガルから追放され、1848年にはまた戻り、1910年10月8日には正式に永久追放となって、現在に至る。

これはジョゼ1世の下、暫定共和政府によってポンバル首相が起こした1759年勅許状に基づき実行された政策だった。

つまり、マルコス・マノエルがサン・ロッケ教会に到着した1834年には、教会はすでに66年もの間、仁慈堂として活動しており、当時から教会ではなかったのである。

リスボン仁慈堂は、現在でも創立者のエレノア女王が思い描いた通り、1498年から変わらず、孤児や貧しい人々の面倒を見ている。

マルコス・マノエルは、サン・ロッケ教会の外壁に備えつけられたローダホイールに乗せられた日から、リスボン仁慈堂の管理下での生活が始まった。とは言っても在籍していた16年間で、実際に仁慈堂で過ごしたのは、合わせてわずか145日だけだった。

マルコスをはじめ、何人もの孤児を乗せたローダホイールは、1867年11月21日に正式に撤去された。現在そこには「イエスは生きている」と書かれた落書きを除いて、他の外壁部分と見

リスボンの「捨て子のロイヤルハウス」前に立つマルコス・マノエルの子孫、フランシスコ殿下（上図）。ローダホイールが設置されていた場所を指している。

分けがつかない。この落書きはおそらく我々を付け回し、カフェでも隣に座ったイエズス会の工作員の仕業だったと思われる。知識が魔法であるように、その工作員のつけていた香水の香りがなぜ、後に密談した部屋に漂っていたのかは謎のままだ……。

サン・ロッケ教会は「聖杯の後見教会」として任命されていた！

毎年8月16日はサン・ロッケ教会の晩餐の日である。市民も参加できる晩餐は教会内はもちろん、屋外のミゼリコリダ広場にも広がって開かれた。

１５００年代からローダホイールが閉鎖された１８６７年まで、各国の主要王室から王族たちがこの晩餐会に訪れたという。晩餐会は盛大に行なわれ、欧州の代表的指揮者や歌手によるパフォーマンスが披露された。

この盛大な晩餐会が続く中、後にサン・ロッケ教会は**聖杯の後見教会**として任命された。

１８３４年8月16日の晩餐会は特別なものだった。なぜなら、その51日後の10月6日に送り届けられるマルコス・マノエルを迎える祝賀会でもあったのだ。すでにその年の7月から始まっていたマルコスの旅の事実を知る者はほんのわずかだった。

晩餐会は、１５４０年から１８３４年までの２９４年間は、来たる正統な血統「サングレアル」のお祝い。そして、マルコスがローダホイールに乗せられてからの33年間は、正統な血統が訪れたことへのお祝いであった。

記録によると、英国王、女王、皇帝、皇后、王子、王女、スペインやオーストリア王室、ウェールズ王室、枢機卿、司教など、さまざまな貴族がサン・ロッケ教会に隣接するフローテイラ宮殿に宿泊したとされる。

ロイヒテンベルク公アウグストはわずか１１８日間、ポルトガル女王マリア２世の王配となった（１８３４年12月～１８３５年3月）。彼の妹、ブラガンザ公妃アメリアもわずかではあったが、ポルトガル女王マリア２世の義理の妹だった。その間、サン・ロッケ晩餐会を訪れた際、リスボン仁慈堂近くに孤児の保護施設を創設している。この施設は、記録上ポルトガルで最初の小学校となった。

ポルトガル最初の小学校は、マルコス・マノエルが到着した１８３４年から、共和制が開始され暫定政府が発足した１９１０年10月5日まで続き、その後はフランセジーニヤス修道院と同様、廃校となった。両方ともマルコス・マノエルの存在を伝えるマークなのだ。[6]

１８４２年5月11日午前9時、ミゼリコリダ広場とサン・ロッケ教会で、ある考古学者の団体が発掘作業を開始した。そこで彼らは「鉛の輪っか」を発見。輪っかは３歩の間隔で２列に敷かれており、鎖で繋がれたものもあった。このような「リングとチェーン」はハノーファー王国の馬に使われていたものである。

当時の著名なジャーナリスト兼作家、弁護士だったジョゼ・フェリシアーノ・デ・カスティーヨがこの発掘物について、1842年5月12日に「骨董品ディーラーの謎」(Enigma for Antique Dealers) と題した記事を書き、『リスボナー・ユニバーサル・マガジン』(the Universal Magazine for Lisboners) に掲載された。[7]

この発見により、ハノーファー王国の王族がサン・ロッケ教会を正式に訪れ、ミゼリコリダ広場で馬を休ませたことが証明された。ハノーファー王はサン・ロッケ教会の晩餐会に参加していたというわけだ。

当時のハノーファー王はゲオルク3世 (在位1814~1820年)、ゲオルク4世 (在位1820~1830年)、ヴィルヘルム4世 (在位1830~1837年)、そしてエルンスト・アウグスト1世 (在位1837~1851年) である。エルンスト・アウグスト1世は1834年から1840年の間、毎年サン・ロッケの晩餐会に出席し、孫である亡命王子、マルコス・マノエルに会いに来ていた。彼が生後6カ月から6歳になるまでだ。

当時の〝捨て子〟は奴隷同然！ その凄まじい末路

当時、リスボンの「捨て子の仁慈堂」では、捨て子の7割が7歳の誕生日までに死んでしまうという悲惨な事態に見舞われていた。保育士たちが野蛮な商売に手を染めていて、新たな孤児の受け入れと共にお金が入る仕組みになっていたため、孤児が死ねば死ぬほど保育士たちは儲かったのだ。

生存できた3割の孤児は、7歳から12歳までは「チューター」（指導者）のもとで働かされ、その後12歳から20歳までは、貴族の使いとして仁慈堂の厳しい管理のもとで働かされていた。20歳の誕生日を迎えると、孤児奴隷制度から解放される権利が与えられた。

1775年のポルトガル憲章により、捨て子を保護するため、全市町村に「ホイール（車輪）の家」を設けるよう命じられた。こういった「車輪の家」への金銭的支援は仁慈堂ではなく、各自治体の役所に責任があるとされた。

捨て子とその保育士への金銭的支援は、7歳の誕生日までは仁慈堂の管理のもと役所が行なうが、7歳を過ぎると支援は止められ、捨て子たちの運命は「孤児の審判団」に託されることになった。

孤児の審判団は、孤児を召使いとして無料で雇い入れるチューターを紹介し、孤児は7歳から12歳の間、食・住のみを与えられた。12歳から20歳の間は、わずかな給料が支払われ、20歳を迎えた孤児は、まるで奴隷のような形で解放され、見放された。

保育士やチューターは孤児の受け入れを却下することもできたという。審判団が受け入れ先を見つけることができなかった7歳児は、町広場のオークションで売買された。酷いときは化け物扱いされた。

1842年の行政命令によると、リスボン仁慈堂にのみ直接、捨て子の世話をする許可が与えられていた。その他の市町村では、捨て子の管理は役所の責任とされた。

1863年には、当時の民政長官たちが「車輪の家」の廃止に向けて動き出すと、1867年11月21日ポルトガル全土において、車輪の家は廃止となった。しかしその後、ポルトガル政府がリスボン仁慈堂の慈善活動を支援することとなり、活動は続けられた。[8]

王の移動に暗躍する「サルダーニャ公爵」と「ウェリントン公爵」

孤児や捨て子の人生はとても厳しく、その扱いはまるで児童奴隷だった。しかしマルコス・マノエルへの待遇はローダホイールに乗せられたその日から他の子とは大きく違っていた。

マルコスはまず、ホイール担当の修道女エンリケタ・マリア・ダ・コンセイサンに受け取られ、1834年10月6日月曜日の午後5時30分に〝捨て子〟として登録された。彼女は後にマルコスの親友および名付け親となり、最後のフランス・カプチン会〔アッシジの聖フランチェスコを範とし原点に立ち戻った厳格な清貧主義の徹底を主張し、フランシスコ会から分派した会〕修道女となった。この事実もまたロイヤルマークなのだ。

マルコスは仁慈堂の中で、特別扱いされた。到着翌日には、ホアキナ・マリアが乳母として付けられた。1834年10月7日から1836年1月21日まで授乳したとされる。ホアキナ・マリアはポルトガル女王マリア2世に授乳した乳母。つまり、その最上級の母乳(ミルク)がマルコスにも与えられたのである。マリア2世は、後にマルコスをポルトガルまで送り届けた使者フェルディナント公子と結婚している。

マルコスはその後、10歳から16歳の間、世話係まで付けられた。これは仁慈堂や役所、政府などの詔書にもない特例であり、仁慈堂はわざわざマルコスのために規約書を変更している。

マルコスの育児支援を実行したのは、ポルトガルの陸軍元帥および政治家のサルダーニャ公爵。彼は、国王に仕える軍人であった英国のウェリントン公爵の承諾を得て、ウェリントン公爵の巨額な軍人恩給から金を流し、マルコスに乳母・保育士・世話係まで付けていた。そして、このウェリントン公爵が仕えた「国王」こそ、イングランドの女帝ヴィクトリアだったのだ。

マルコス・マノエルに付けられた乳母をはじめとする世話係は皆「捨て子のロイヤルハウス」が提供したが、資金はすべてウェリントン公爵のものだった。サルダーニャ公爵は仲介役で、彼は生涯マルコスを守り続けた。

サルダーニャ公爵は死ぬ直前に、マルコス・マノエルの娘クリスティーナに本と団扇を贈呈している。これもまた王室の者であることを示す証しだ。クリスティーナは13歳まではサルダーニャ公爵が祖父であると信じていたが、「サルダーニャは君の祖父ではなく、よき親友で家族の守護神だ」と伝えられた。[9]

サルダーニャ公爵はポルトガルで最高位の軍人および外交官になった。彼は複数の言語が堪能で、『真の科学と明かされた神秘の繋がり』(On the Connexion between true Science and Revealed Religion) という書籍も執筆している。つまり彼は、マルコス・マノエルを守り、あらゆるレベルにおいて真実を伝えられる適任者だったのだ。

後に、サルダーニャ公爵と結婚したマリア・テレザ・オラン・フィッツジェラルドは、両親を失うと7歳でポルトガルへ移住し、リオ・マイオール伯爵夫人に育てられた。彼女との結婚で、サルダーニャはジョン・コンロイの親戚となった。コンロイの高祖母はマリアの先祖、ダブリンのフローレンス・フィッツジェラルドだ。

妻マリアを失ったサルダーニャ公爵はロンドンで、カルロタ・イサベル・マリア・スミスと再婚。そのままロンドンに残ると、ポルトガル大使となって86歳で死去した。その後、英国の外交官たちはサルダーニャ公爵の資料をすべて破棄している。中には、マルコス・マノエルへの仕送りの記録が含まれていたという。

突如、リスボンから消えた?!　亡命王はいったいどこへ？

スペイン・ポルトガル国境の争奪戦（１８１１〜１８１２年）の最中、１８１１年3月16日にフォズ・デ・アロウセ（Foz de Arouce）の戦いで勝利を収めたウェリントン公爵は、ロウザにあるサラザール宮殿を訪れた。招待したのは「貧民の擁護者」として知られるドナ・マリア・ダ・ピエダデ・デ・メロ・サンパイオ・サラザル。ウェリントン公爵は食事をとり、一夜を過ごした。

サラザール宮殿は、ドナ・マリアの父ベルナルド・サラザール・サルメント・デシャ・エ・アラルカンのものだった。彼はキリスト騎士団に属し、孤児の審判団員でもあり、後に嘆願院の最高判事となった人物である。

そして１８６８年7月11日の法令と１８６８年7月24日の勅許により、ポルトガル王ルイス１世はドナ・マリアを子爵夫人に昇進させた。彼女は後にリスボン最高裁判事にしてキリスト騎士と結婚した。

ウェリントン公爵はリスボンの判事をはじめ、孤児の審判団やキリスト騎士団などと深い関係を持っていたことから、極秘で王の摂政を安全かつ確実に維持することができたと思われる。

マルコス・マノエルの亡命はすべて事前に計画されていたため、20歳になるまで、最善の世話・待遇が与えられた。王室の乳母1名、保育士3名、専属の世話係2名に加え、チューターや貴族のもとに働きに行かされることはなく、他の孤児のように収入を仁慈堂に押さえられることもなかった。

さらに、マルコスは20歳になった時に、孤児の審判団と監査員の前に出頭し身柄の解放を訴える必要もなかった。16歳の誕生日を迎えてからおよそ1週間、マルコス・マノエルは孤児の審判団の許可を得ずに姿を消した。その理由も手口も謎に包まれたまま、この稀な出来事に弁護士や当局はお手上げ状態だったという。

このような秘密厳守で誰の目にも映らないように行動することは、薔薇十字団の教えに基づいた「目録に載らないマーク」のようだ。

マルコス・マノエルが公式の記録上に再び現われたのは6年後、22歳になってから。世話係の娘、アナ・テレザと結婚した時だった。式は1856年5月18日に聖カタリナ教会で挙げられた。

聖カタリナ教会は1755年のリスボン大震災により一部崩壊、マルコス・マノエルがリスボンに到着した1年後の1835年には火事で全焼した。これもまた、マークなのだ。

全焼した聖カタリナ教会の代替として聖パウロ修道院を「聖カタリナ教会」に改名した。マルコスはそこで結婚式を挙げた。聖カタリナ広場は全長160メートルのポルトゥゲサ裏通りの先端にあり、後にマルコス・マノエルが新居を構えるために選んだ場所だった。そこはリスボン一の絶景ポイントで、街全体を見渡すことができ、彼の誕生日でもある「4月25日の橋」を眺めることができる場所でもあった。

最初の乳母は「女王マリア２世」と同じ女性

「捨て子のロイヤルハウス」に送り届けられた翌日から、マルコス・マノエルには乳母のホアキナ・マリアが付けられた。授乳期は１８３４年10月7日から１８３６年1月21日までである。ホアキナ・マリアは女王マリア２世となったマリア・ダ・グロリアの乳母でもあったため、マルコスにはリスボンでも最高級の母乳が与えられたことになる。

ホアキナとマルコスは15カ月半生活を共にした。１歳の誕生日の前日、ホアキナはマルコスに「ヴェスティド（＝ドレス）」という正装をプレゼントした。これは１８３５年4月24日に「ドレス」と登録され、署名と受付をアルベルト・パレイラ・ガルセス牧師が行なったもので、一種の出生証明書のような意味があったという。

乳母として契約満了となったホアキナは、マルコス・マノエルを「捨て子のロイヤルハウス」に戻す約束だった。マルコスが生後5カ月半から21カ月になるまで、まるで我が子のように育てたホアキナの愛着は強く、つらい別れとなった。

ヴィクトリア女王の憧れ「エレノア女王」が創設した町で匿われる

7日間「リスボンの仁慈堂」で過ごしたマルコスは、月齢21カ月で次なる保育士のもとに送り届けられた。彼女の名は、アナ・イナシア。マルコスが6歳になるまでの4年半、生活を共にする相手だ。

アナ・イナシアは仁慈堂から直北に77キロ離れた町、「ポプロスの聖母」の教区にある「カルダス・ダ・ライーニャ」に住んでいた。この地名を訳すと、「王妃の湯治場」だが、もう一つ「破水」の意味を持ち、つまりは「女王の羊水」。これは、生誕、イシス、そして聖母マリアとの繋がりを表わしている。

整備されていない（無秩序な）列車や牛車、貨物列車を乗り継いでリスボンからカルダス・ダ・ライーニャへの旅は2週間も要した。

ここは、温泉と陶器で有名な町だ。この町の創設者は仁慈堂と同様、エレノア妃だった。[10] 彼女はわずか11歳で、通称「完璧な王子」こと、ジョン（後のポルトガル王ジョアン2世）と結婚した。まるでマルコスの両親の、14歳で結婚したヴィクトリアと盲目のジョージのように、若くして結ばれる運命となった。

大富豪となったエレノア女王は、慈善活動に大金をつぎ込んだ。夫が亡くなってから3年後、

１４９８年に、エレノアは親なき子どもたちを保護するため、サンタ・カーサ・ダ・ミゼリコリダ（「捨て子のロイヤルハウス」）を創設した。その活動はリスボンからポルトガル全土や植民地へと広がり、１５４３年には勅許を取得した。

エレノア女王は王侯の未亡人として、鉱泉治療病院（Hospital de Todos os Santos）やロシオ病院（Rossio de Lisboa）といった、当時ヨーロッパを代表する病院も創設した。さらに、１５０９年には仁慈堂から3キロ離れた土地に、マドレ・デ・デウス修道院を創設。この建物は縦２２５メートル、横88メートルの美しい巨大建築物であり、ここで修道女を装ってエレノアは老後を過ごした。

エレノア女王はヴィクトリアにとって憧れの存在だったため、エレノアが創設した町（カルダス・ダ・ライーニャ）や建物（マドレ・デ・デウス修道院）近辺に、自身の長男である未来の英国王を隠してもらうことは光栄だったのだ。

マルコス・マノエルが送られた先は明らかに母の地位に見合った場所であり、彼を王族として記録するために、住居や世話係まで、すべて計画通り意図的に準備されていた。ヴィクトリア女王は善意ある女王たちに憧れを抱き、自分自身とマルコス・マノエルをその女王たちに所縁のある場所や出来事、その歴史や慈善活動などと記録上結びあわせようとしていた。そう、ヴィクトリアは意図的にマルコス・マノエルを偉大なる王族として記録していたのだ。

２人目の保育士アナ・イナシアは、マルコスを6歳半の時に「捨て子のロイヤルハウス」へと戻した。マルコス・マノエルは１８４０年8月16日から同年10月29日までの74日間、次の世話係が見つかるまで滞在した。

３人目の世話係は、イリア・デ・ヘススだった。仁慈堂から約1キロ離れたシナイ山教区の聖カタリナ教会の女性だ。マルコスは彼女と約2カ月過ごしたが、懐かずに仁慈堂へと返されてしまった。その19日後、新たな世話係が付けられることになった。

マリア・マチャダ——４人目の世話係の謎

マルコス・マノエルは、４人目の世話係マリア・マチャダと１８４１年1月23日から１８４４年10月29日まで生活を共にした。マリア・マチャダはリスボンのサン・パウロ教区にあるビカ・ペケーニャ通り9－11－13に住んでいた。

ビカ・ペケーニャ通りは、仁慈堂から南西へ６００メートルの場所に位置する。この通りの平均斜度は20度、階段が非常に多い通りだ。建物の狭い隙間をすり抜けて入るビカ・ペケーニャ通りの入口には標識がなかった。これだけで英国人の目につかずに済んだのだ。マノエルが住み始めてから42年後に路面電車が近くを通るようになったが、もちろんその頃にはマルコス・マノエルは近くのベルヴェデーレ丘に所帯を持っていた。

小さな噴水を意味するビカ・ペケーニャ通りは現在でも地図やグーグルアースに載っておらず、探す者を混乱させ、疲れさせる意図があったという説がある。

世話係の契約が更新される44日の間（1844年10月29日〜12月12日）、マルコス・マノエルは再び仁慈堂で生活した。マリア・マチャダの役割が、保母（授乳しない保育士）から世話係（着替えや日常の世話をする保育士）に変更されたのだ。

世話係が付くのは貴族や王族の子孫だけに限られている。マルコス・マノエルの場合、両方に当てはまっていた。

契約変更の手続きが終わると、マリア・マチャダはビカ・ペケーニャ通り9－11－13にまた戻り、それから5年半、マルコス・マノエルの世話係として、彼が16歳になるまで世話をした。

マリア・マチャダが再び「4人目の世話係」を務めたことや、マルコスを世話した場所が目立たない所在地だったことなど、すべて調査する者を惑わし、混乱させるためのものだったと思われる。

このように、「捨て子のロイヤルハウス」は、マルコスを特別扱いし続けた。

先述したように、当時、多くの保育士が腐敗に染まり、育児費の大半を横領し、栄養失調から7割の子どもたちが7歳までに病に陥って命を落とし、たとえ生き残ったとしても、7歳になるとチューターの下で働かされ、12歳からは貴族の使いとして奴隷同然に扱われていた。

それにもかかわらず、マルコス・マノエルには世話係が付けられるなど、違いは一目瞭然。ゆえに、「捨て子のロイヤルハウス」の厳しい管理下から無許可で逃れることもできたのだ。

ある日、亡命王に送り届けられた「ロイヤルマーク」

1998年、オルガ・マリア公妃はこう綴った。

「16歳のマルコス・マノエルが遊び場にしていたテージョ川から帰ってきた時、豪華な馬車が世話係のマリア・マチャダの家の前に止まり、貴族らしきポルトガル人男性が現われ、扉をノックして、『マルコス・マノエルはいるか』と尋ねた。

マリア・マチャダが『はい』と答えると、高雅な英国貴婦人が降車して、『入ってもいいですか』とポルトガル人紳士に聞き、マリア・マチャダの質素な家に入る。すると、自らをマルコス・マノエルの両親の代理として紹介した。

貴婦人はこれからマルコス・マノエルに秘密を明かすと述べ、マリア・マチャダに退席を願った。

貴婦人はマルコスにこう告げた。

『あなたの父親はアイルランドの軍事貴族であり、母親は英国女王陛下です。マルコス・マノエル、あなたはその長男、つまりは〝真の王子〟なのです』

マルコス・マノエルの回顧録によると、貴婦人は彼を見た瞬間、英国王子であることを確信したという。生活も装いも決して派手ではなかったものの、マルコスの金髪や青い眼、その外見はハンサムな英国王子そのもので、見るからにラテン系ではなかった。

その貴婦人はマルコスを英国に連れて帰り、地位に見合った教育を与えるべきだと勧めたが、ポルトガル人紳士が間に入り、マルコス自身に選択させるべきだと提案した。英国への旅路でも危険に晒されると同時に、その後も多くの敵に命を狙われるに違いないと主張した。そして、身の安全のために、これから先、自分自身の正体を誰にも明かさないようにと注告した。

この事実と注意の言葉を伝えると、貴婦人は御者に『ロイヤルマークの入った特別な箱（櫃（ひつぎ））』を持ってくるよう命じた。

英国貴婦人はその特別な箱を開き、中身をマルコス・マノエルに披露すると同時に約束を交わした。

『決して失くしてはならない。売ってはならない。生涯手放してはならない』

それから、箱の中の物はマルコスを生涯守ってくれるものである、という説明を付け足した。

箱の中には、新高ドイツ語で書かれたヴィクトリア女王の『ブルーコピーブック』が含まれていた。他にも、鮮やかな『青色の王冠』の刺繍が施された、『ロイヤルベビードレス』があった。彼が産後に着たものだ。さらには、『聖別の王笏（杖）』やスタッフォードシャー陶器など、そのすべてがマルコスの正体を証すロイヤルマークの詰め合わせだった。

箱を渡された翌日、ポルトガル紳士が再び訪れると、マルコス・マノエルにポルトガルに残るよう強く助言した。『母親に会いに英国に戻ることはとても危険だ。代償が大きすぎる。なぜなら、君の母親は女王だから。この話が公になってしまえば、爆発的な政治問題になる』と警鐘を鳴らした。

その紳士の言葉は、当然16歳の青年マルコスには恐ろしいものだと理解された。そのため、マルコスはリスボン残留を決断し、英国貴婦人の招待を断った。

一瞬にして孤児から本物の王子になったマルコスにとっては、何もかもがあまりにも不思議なことだった。

『決して正体を明かしてはならない』という絶対条件付きで、ポルトガルに残ることになった」

マルコスに事実を告げにきた、この英国貴婦人の正体は、フランセス・ジョセリン子爵夫人。彼女がリスボンを訪れ、マルコス・マノエルに母親はヴィクトリア女王であり、父親は盲目のハノーファー王ゲオルク5世であることを明かしたのだ。孤児にとっては夢のまた夢のような話だ。マルコスが真なる亡命王（エクシラーク）であり、「英国摂政の官」であることの証拠として、マルコスにロイヤルマークを贈呈した。

ジョセリン婦人は１８６０年に作成した自身のフォトコラージュに、ロイヤルマークが１８５０年４月27日に届けられたことや、その際の会合が４月30日まで行なわれたことを記している。

この出来事について、直系子孫のフランシスコ・マノエルは次のように語った。

「マルコスが16歳の時、ある英国貴婦人とポルトガル人貴族男性が彼のもとを訪ねてきた。貴婦人がはるばる英国から訪れたのには、まずマルコスに直接会って、本人確認をしてから、確かにヴィクトリア女王の子息であることを確認するという目的があったのだという。マルコスはハンサムで、どう見てもラテン系ではなかった。金髪に青い眼、まさにハノーファー系の美男。身長は高くも低くもなく、服装は地味だったが、婦人は一目で英国の王子だと見分けたという。ポルトガル人男性が通訳しながら、訪問の理由を伝えた。

突然の貴族の来客を迎え入れたマリア・マチャダはあくまで世話係、その場を弁（わきま）えていた。ロイヤルマークを見せる際には、マチャダは退室するようにと命じられ、この件については、『実親の依頼を受けて訪れた』こと以外は話さないようにと言われた。

マリア・マチャダは退室し、貴婦人はマルコスと内密に話を続けた。リスボンの港で英語を覚えていたマルコスは、多少の英語は理解できていた。婦人はすぐにでもマルコスを英国に連れて帰りたかったそうだ。

婦人はそこでマルコス・マノエル自身の正体と、母親と父親の正体を明かした。この事実、つまりこの国家機密情報を誰にも伝えないことを彼に約束させ、伝えれば自分自身に加え、周りの人の命をも危険に晒すことになると警告した。

密会の終盤、御者が大きな箱を運び込んできた。それはロイヤルマークが詰まった櫃であり、すべてマルコス・マノエルが王子であることを示すものだった。何があっても決して手放さないようにと約束を交わしたそうだ。

もちろん、マルコスも、マルコスの子孫も皆、この約束を守り通した。

ポルトガル人男性は、マルコスに貴婦人と共に英国に戻るか、それともポルトガルに留まるか、翌日までに決めるようにと伝えた。

翌日、その紳士はマリア・マチャダの家を再び訪れ、答えを求めた。

マルコスの心は躍っていた。実の親に会えるという孤児の夢が叶うだけでなく、その親がなんと公爵と女王であったのだから。

幼く純粋なマルコスは率直な気持ちを伝えた。

『とても驚いている。が、僕はまだ若すぎる。どう答えていいのかわからない。国家機密には慣れていない』

ポルトガル人紳士はマルコスにこう告げた。

『ポルトガルに残りなさい。ウェリントン公爵はもうお年を召されている。もしウェリントンがお亡くなりになったら、英国ではあなたの命が狙われてしまう。ウェリントンはあなたの最大の恩人だ』[11]

ポルトガル王フェルナンド2世が1840年12月に描いたエッチングは、2つのシーンを1つにまとめている。ある男が赤ん坊のマルコス・マノエルを1834年10月6日に「捨て子のロイヤルハウス」のエンリケタ修道女のもとへ届けるシーンと、1850年4月に同じ男がビカ・ペケーニャ通り9－11－13の玄関前に立っているシーン。

この男性は、メロヴィング朝のツノを象徴する帽子を被っていた。その独特の曲線は聖マイケル・大天使ミカエル・メタトロン〔ユダヤ教の天使。「生命の樹」の第一および第十のセフィラを守るとされている〕の翼をイメージしているとも伝えられている。

この「ポルトガル人紳士」はいったい誰だったのか。1834年10月6日にマルコス・マノエルの送迎に関わった2人――ポルトガル王フェルナンド2世とサルダーニャ公爵のどちらかと考えられるが、メロヴィング朝の血を引くのは、フェルナンド2世のほうだった。この血統は「魔法の血」とも言われる最高峰の秘密結社だった。あの帽子はまさにその象徴である。

ポルトガル人紳士は軽く変装した後のポルトガル王フェルナンド2世で、英国貴婦人はヴィクトリア女王の女官フランセス・ジョセリン子爵夫人。王族子孫の管理人でもあったジョセリンは当時絶大な影響力を誇った首相パーマストン子爵の愛娘であり、英国で最も有名な女性写真家でもあった。

ある日突然、孤児からヴィクトリア女王の長男、英国の王位継承者となったマルコス・マノエル。この衝撃的な事実と展開に圧倒され、当然すぐには心の整理が付かなかった。

マルコスは4人目の世話係マリア・マチャダと9年3カ月も共に過ごしていた。6歳から16歳までの間だ。彼の育ての親として務めたマリア・マチャダは、ようやく仁慈堂の縛りから解放される時がきた。そこにはポルトガルの権力者の力が必要だった。

フランシスコ・マノエル曰く、「まるで魔法がかけられたかのように」、16歳の誕生日の1週間後に、マルコスは「捨て子のロイヤルハウス」を介さずに、マリア・マチャダのもとから離れることとなった。

次の新しい保育士は民間の資金によって付けられたため、その後は孤児院を介さずに行動でき

マルコス・マノエルが1841年１月23日から1850年５月１日まで住んでいたビカ・ペケーニャ通り９-11-13。16歳のマルコスは、この場所で王族子孫の管理人で、子爵夫人のフランセス・ジョセリンからロイヤルマークを受け取った。1840年に描かれたエッチングから、ポルトガル王フェルナンド２世もこの場所のことは知っていたことが判明している。

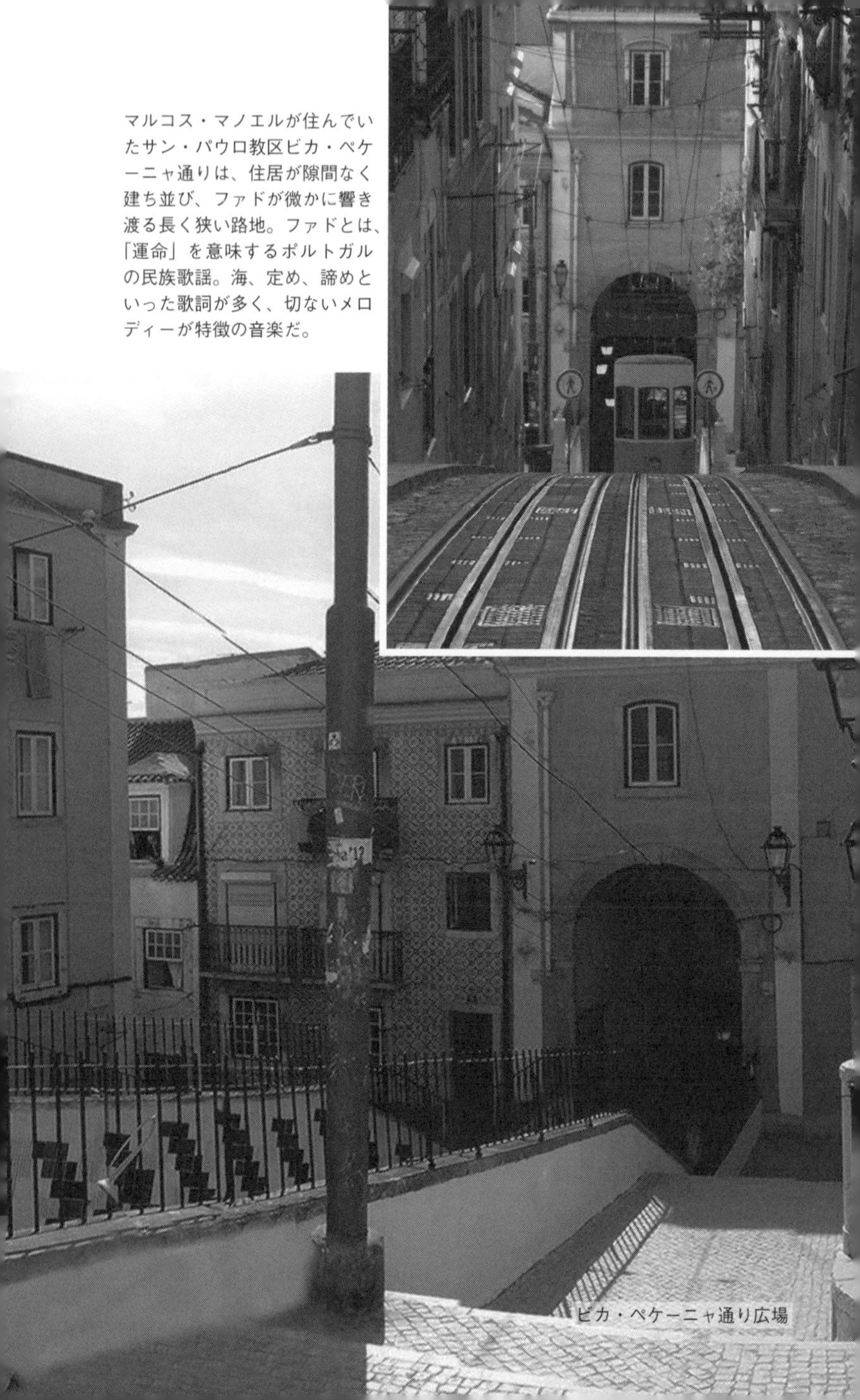

マルコス・マノエルが住んでいたサン・パウロ教区ビカ・ペケーニャ通りは、住居が隙間なく建ち並び、ファドが微かに響き渡る長く狭い路地。ファドとは、「運命」を意味するポルトガルの民族歌謡。海、定め、諦めといった歌詞が多く、切ないメロディーが特徴の音楽だ。

ビカ・ペケーニャ通り広場

左の矢印がビカ・ペケーニャ通りの入口を指す。マルコスが住んでいた42年後に路面電車が開通し、約20度の傾斜で245メートルを登る。
この急な斜面と狭い路地こそ、英国人に見つからなかった要因だ。

るようになった。マルコス・マノエルは、従来の手続きなど不要な地位の人間だったのだ。そのため、彼が「捨て子のロイヤルハウス」を去ったという記録はなく、ポルトガルの法律に基づいて実行された証拠もなかった。つまり、通常では何をするにもその許可が必要とされた孤児の審判団さえも手が届かない存在だったのだ。

これは審判団との繋がりがあったウェリントン公爵が幅を利かせた結果である。

マルコス・マノエルが実際、「捨て子のロイヤルハウス」で過ごしたとされるのは16年間でわずか145日間。1996年にマルコス・マノエルの秘密の関係書類を再び開いたところ、マルコス・マノエルは「捨て子のロイヤルハウス」を許可なく去ったとされており、行方はわからないままだった。生存確認すら取れていなかったのだ。

リスボンの資料館に、「当時、どのような方法でマルコス・マノエルは許可なく孤児院を後にすることができたのか」と問い合わせたのだが、「わかりません。本来ならマルコスが院を離れることは違法だったはずなのですが、どういうわけか彼は法を免れることができたようです」との答えだけが返ってきた。

次は、ポルトガルの最南端・アルガルヴェの貴族社会に送り込まれる！

ラゴスは、ポルトガル最南端のアルガルヴェ地方において最も重要な街であり、古代の首都である。ここからヴィゼウ公エンリケ航海王子が「新大陸発見の旅」へと発った。エンリケ航海王子はテンプル騎士団員であり、ヴィゼウ出身の王妃エレノアとその夫ジョアン2世の大叔父にあたる人物だ。

エンリケ航海王子が生きた時代、ラゴスは欧州の奴隷市場の中心地だった。新大陸発見と奴隷売買は同一歩調を取り展開され、ラゴスは１５７７年から１７５６年まで主要な港街だったが、１７５５年に起きた大地震とそれに伴う津波により、海岸沿いの要塞や建物は甚大な被害を受けた。１４４４年に欧州初となる奴隷市場が建設されたのもラゴスであり、エンリケ王子は売上の2割も受け取っていたという。彼の死後、奴隷市場はリスボンへと移転された。

１８５０年5月1日、ある秘密結社がマリア・マチャダの家にマルコス・マノエルを迎えにきた。マルコスは秘かに、アルガルヴェのラゴスに住む、アナ・マチャドというポルトガル人貴婦人のもとへと届けられた。２５０キロの海の旅だった。

マチャダとマチャド。秘密を守るにあたり、あえて混乱させるために今度は民間資金により雇われ、選ばれたのが5人目の世話係、アナ・マチャドだった。

アナ・マチャドは1度も仁慈堂を訪れたこともなければ、マリア・マチャダと面識もなかった。

１８５０年5月4日、スペインの国境から約１００キロに位置する美しい海岸沿いの街、アルガルヴェのラゴスにて、マルコス・マノエルのアナ・マチャドとの生活が始まった。アナ・マチャドは家を所有しており、召使いも雇えるほど裕福だった。

本名アナ・アグスタ・マチャド・ペレイラ、夫はジョアン・ドス・サントス、一人娘はアナ・テレザ。「西」の国々の中でも古くから貴族階級が存在したと言われるポルトガルは、フランスや英国の影響もあり、スペイン・ポルトガル戦争（1776〜1777年）をきっかけに君主制国家へと移行し始めた。「グヴェア（＝Gouvêa）」は、ポルトガル貴族において最も古くから伝わる家系の名前であり、娘アナ・テレザは「アナ・テレザ・グヴェア」という名称を使っていた。

ポルトガル貴婦人でありながら、民間資金で雇われた世話係アナ・マチャドの役割は、「捨て子のロイヤルハウス」に繋がれた「鎖」を断ち切り、マルコスの孤児としての過去を完全に消し去ることだった。その鎖を切るための「斧」を意味する「マチャド」という名前にもまた、隠されたメッセージがあったのだ。

そこまでして計画されたマルコス・マノエルの新たな人生。それは、ある日突然、ロイヤルマークを譲渡された孤児が貴族と肩を並べるようになり、後に王族となる壮大な物語の始まりだった。

孤児マルコス・マノエルは、たった半日で王位継承者マルコス・マノエル公になったのだ。

16歳の夏、最愛の息子が英国領のワイト島へ

「自分は本当にヴィクトリア女王の長男なのか」――マルコスは証拠を求めていた。真実かどうかを自分で確かめたかった。

16歳の夏、マルコスには年齢の近い6人のヨーロッパの公妃と共に写る写真が残っている。これはおそらく、当時イングランドで最も著名な女性写真家、あのフランセス・ジョセリン子爵夫人が撮ったものだと考えられる。

撮影現場は大西洋に位置するアゾレス（諸島）。マルコスは6人の公妃に囲まれ、最愛の王子として、「大天使メタトロン」の位置を取ってポーズを決めている。この6人の公妃のうち2人は後に女王となっている。

この写真は、意図的に彼を「王」として、そしてメタトロンとして認めているのだ。[12]

マルコスと共に写る同じ年代の公妃は次の通り。

オーストリア・トスカーナ家の一族で、トラーパニ伯フランチェスコ王子と結婚したトスカーナ大公妃マリーア・イザベラ。

後にザクセン女王となったスウェーデン、ヴァーサのカロラ妃。

後にポルトガルとアルガルヴェにて王妃となったアーデルハイト・フォン・レーヴェンシュタイン・ヴェルトハイム・ローゼンベルク妃。

後にロシア大公爵夫人となったザクセン・アルテンブルク妃、アレクサンドラ・フレデリケ。

後にジェノヴァ公フェルディナンドと結婚したザクセン・エリザベス妃。

そして生涯独身を通したバイエルン王国のアレクサンドラ・アマーリエ王女。


指示に反することだとしても、マルコスは実の母親に会いたいという気持ちを抑えきれなかった。マルコス・マノエルはワイト島へと向かい、そこで1850年の夏から5～6年間を過ごしたとされる。ワイト島は「小さな英国」と称され、ヴィクトリア女王の統治下にあった。

1850年から1856年の間、マルコス・マノエルがポルトガルに居たという記録はない。この時期は母親であるヴィクトリア女王と共に、ワイト島のオズボーン・ハウス〔かつての英国王室の離宮〕で暮らしていたのだ。ここで王政について学びながら、ガーデニングに没頭した。


マルコス・マノエルはその後リスボンに戻ると、22歳で自身最後の世話係アナ・マチャドの娘、19歳のアナ・テレザと結婚する。式は1856年5月18日にリスボンで挙げられた。2人は7人の子どもを授かった。言うまでもなく、すべての子どもがイングランド、スコットランド、北アイルランド、ザクセン・コーブルク・ゴータ、ハノーファーの正統な国王の子孫である。

子孫のフランシスコ・マノエルは言う。

「私が1999年にワイト島のノリス城やオズボーン・ハウスへ行った時、ある女性に出会い、ヴィクトリア女王の若き頃の話を聞いた。その女性はオズボーン・ハウスで20年も働いていたという。彼女は、女王がオズボーン・ハウスに息子を隠していて、その息子が盲目だったという噂について語った」

確かにヴィクトリア女王には隠し子がいたが、盲目だったのは息子ではなく、その子の父親カンバーランド公ジョージこと、ハノーファー王ゲオルク5世である。

ヴィクトリア女王は「ゴシッククイーン」としても知られ、キリスト教の信仰はとても篤かった。彼女には秘密や謎が多く、とくに欧州王族の純血統（サングレアル）とその精神面に関心を持っていた。それもあってか、マルコス・マノエルの人生すべては極秘に、かつ計画的に展開されていき、暗号化し残されたのだ。

女王の座を守るためにも、最優先の純血統の存在が必要だった。彼女にとってのそれは正統な長男であり、真の王子マルコス・マノエル。彼の名前の意味は「神の刻印、我と共に」である。

マルコス・マノエルの人生の空白の6年間（1850年7月から1856年5月まで、16歳か

マルコス・マノエル誕生から22歳までの時系図

ヴィクトリア王女（1834年４月25日～1834年７月）誕生～生後３カ月

カーライル城、ケンジントン宮殿、ワイト島

ポルトガルへの旅路（1834年７月～10月６日）生後３カ月～５カ月半

リスボン仁慈堂（1834年10月６日～７日）生後５カ月半

乳母ホアキナ・マリア（1834年10月７日～1836年１月21日）生後５カ月半～21カ月

リスボン仁慈堂（1836年１月21日～28日）生後21カ月

保育士アナ・イナシア（1836年１月28日～1840年８月16日）21カ月～６歳４カ月

リスボン仁慈堂（1840年８月16日～10月29日）６歳半

イリア・デ・ヘスス（1840年10月29日～1841年１月２日）６歳９カ月

リスボン仁慈堂（1841年１月２日～23日）６歳９カ月

マリア・マチャダ（1841年１月23日～1844年10月29日）６歳９カ月～10歳半

リスボン仁慈堂（マチャダの契約更新に伴い、1844年10月29日～12月12日）10歳８カ月

マリア・マチャダ（1844年12月12日～1850年５月１日）10歳８カ月～16歳１カ月

アナ・マチャド＆アナ・テレザ（1850年５月４日～７月12日）16歳３カ月

アルガルヴェからアゾレスへ航海（1850年７月12日～16日）

メノーラーの写真（1850年７月17日～18日）

アゾレスからワイト島へ航海（1850年７月18日～27日）

ヴィクトリア女王（1850年７月27日～1855年秋または1856年春）16歳～22歳

リスボンの聖カタリナ教会で結婚（1856年５月18日）

ら22歳までの期間）、これは母親ヴィクトリア女王と過ごしていた時期にあたる。王室専用船でよくビアリッツ（フランス南西部）などへ旅していたという。

ヴィクトリア女王は自身が正統な血統ではないことを理解していた。彼女の役割はあくまで象徴であり、そのため国会とはさほど関わらなかった。滅多にロンドンにいることはなく、当時の議員たちを困らせていた。

ヴィクトリアは自身の不在の理由をつくるため、見せかけの暗殺未遂事件を計画し、それでロンドンを離れることができた。代表的な事件はロバート・ペイトという人物により、１８５０年７月27日に実行されている。

この事件はマルコス・マノエルが16年の月日を経て帰郷したという知らせでもあり、そのおかげでヴィクトリアはロンドンを離れ、最愛の王子、正統な長男と６年も共に過ごすことができたのだった。

欧州王族の純血統は、イエスとマグダラのマリアの子から始まった！

ヴィクトリア女王を追った伝記作家たちは皆、まわりくどい長文で記録していた。難読化された書物は、読者を困惑させ、的を絞らせない意図があったと見られる。このような文体は、一種の情報検閲だったとも言える。

赤ん坊のマルコス・マノエルが亡命の旅へと発ったあの時、ワイト島の南岸部にあるフレッシュウォーター湾から出航したと、ジャック・ラッセル・テリアを象(かたど)ったスタッフォードシャー陶器（第4章参照）に印されている。

当時フレッシュウォーター湾の住人だったアルフレッド・テニスンは、この光景を目撃していたと考えられる。それがあってか、彼は後にヴィクトリア女王側近の桂冠詩人（王室が詩人に与える最高の称号）に任命された。「永遠と1日」の任務だった。

彼はさらに文学者として初めて「卿(きょう)」に昇格、シオン修道会に属し、聖杯という言葉を使ったことがないにもかかわらず「聖杯の詩人」とされた。テニスンが聖杯について触れた時も、わざと濁らせるような言葉遊びで表現した。テニスンの文体は暗かったが、性格も暗かった。メロヴィング朝の影響が強かったこの頃、表現をあえて不明瞭にするのが主流であり、聖杯に光が照らされるのは「ザ・シン」の終わり、２０１２年9月19日とされていた。

その時こそ、聖杯が表舞台で脚光を浴びる時と定められていた。

聖杯は欧州王族の純血統からなる「バビロンの亡命王(エクシラーク)」こと「捕らわれの王子たち」と深い繋がりがある。聖杯はダビデ家から始まり、エマニュエル・イエス（キリスト）を通り連なる血統の象徴だ。

テンプル騎士団、知られざる上位層、イルミナティやイエズス会等の教えでは、聖杯の形はさまざまであり、杯をはじめ、時には石や本といった形で表現されているという。

聖杯の始まりは、プランタジネット家の末裔にあたるアンジュー家にある。両家共に、「魔法の血統」こと、メロヴィング朝の血統を引いている。

英国では、アーサー王伝説と共に、聖杯という概念が強固になった。フランスではクレティアン・ド・トロワ、そして現ドイツのバイエルンではヴォルフラム・フォン・エッシェンバッハの長編詩によって植え付けられた。

これらとは対照的に、アルフレッド・テニスンは聖杯に関わるようなことは何も成していなかった。彼はマルコス・マノエルがフレッシュウォーター湾から旅立ったという知識だけで位を与えられたのだ。


ローマ教皇グレゴリウス1世も、ベネディクト会（カトリック教会最古の修道会）を創立するなど、カトリック教会にメロヴィングの血を入れる、通称**「レッド・ムーブメント」**（血の乗っ取り）を推奨した。

メロヴィング朝の王たちはすでに廃位していたが、教皇グレゴリウス1世は「魔法の血統」を残すことは有益であり、生き残ったメロヴィング人をベネディクト会に吸収させ、カトリック界においてカトリック両王とした。これにより、グレゴリウス1世はとっくに息絶えたとされていたダビデ王の血統をよみがえらせ、継続できると考えた。

これが十字軍やテンプル騎士団の原点だ。

欧州王族の純血統はエマニュエル・イエスとマグダラのマリアの間から始まったとされる。妊娠していたマリアは、エルサレムからフランスやポルトガル、アルガルヴェを経由して、英国へと向かった。

　聖杯の伝説もまた、真実を濁すために創られたのだが、その歴史を部分的に残すという役割もあった。伝記作家たちは王室と密接に繋がってはいたが、血統も聖杯の知識も人それぞれだった。記録として残された聖杯は、新たな所在地で（英・仏・独などが所有を競い合った）真の王の物語を伝え、王に相応しい素質、その歴史、そしてマークなども表わしている。

　フランセス・ジョセリン子爵夫人がマルコス・マノエルに譲渡したロイヤルマークもそれをハッキリと表わしている。子爵夫人には、父親である第3代パーマストン子爵（ヘンリー・ジョン・テンプル）が率いるテンプル騎士団やフリーメイソンの支援があった。

　マルコス・マノエルがサングレアルの血筋であることは、彼がポルトガルのサン・ロッケ教会に置かれたことから見てとれる。サン・ロッケは古代セプティマニア・ナルボンヌ（南フランス地中海沿岸のローヌ川西方の地域）と結びついている。ここは、ダビデ王の血統からなるバビロンの亡命王（エクシラーク）の中心地なのだ。

　これはレパンセ・デ・ショイエ〔ドイツ版「聖杯伝説」の中で最後に聖杯を掲げて現われる女性〕を通したメロヴィング朝の侵略の物語だ。その事実はローマ教皇グレゴリウス1世のベネディクト会修道院制度〔ゲルマン人＝アリウス派キリスト教徒への布教〕によって証明されている。

マルコス・マノエルは偽ウェールズ皇太子こと、異父兄弟アルバート・エドワードよりも7歳半年上だった。マルコスが紛れもなく長男であり、国王と呼ばれる子孫の中で唯一正統な国王だった。彼こそサングレアルの血を引く本命の王子で、テンプル騎士団も「キリスト」と称する人物だったのだ。

メロヴィング朝の血の乗っ取りの一環として、サングレアルをカトリック教会内に隠した。カトリック教会には外向きの面と内向きの面があった。マルコスの存在も、サングレアルとして手に入れた血を守るために〝秘められたもの〟となり、聖杯はその事実を示すマークとして、彼を守るものでもあった。

秘密を知る者には、次々に王室から称号が与えられていた?!

ヴィクトリア女王と盲目のカンバーランド公ジョージは1834年3月9日に結婚し、生涯にわたり離婚はしなかった。正式に離婚したという記録も証拠もない。2人の関係はどちらかが亡くなるまで続き、可能な限り密会していたのだ。

2人が結婚してから6年後、盲目のカンバーランド公ジョージは父のエルンスト・アウグストと共に、ヴィクトリア女王とザクセン公アルバートの結婚式に出席した。しかし、その初夜に床入りしたのはジョージであり、アルバートではなかった。正統な王族が9人生まれた後でアルバートは「配偶者」の称号を与えられた。だが実のところ、アルバートは42歳にして童貞のまま死去したのだった。

ヴィクトリアは最初の夫と強制的に引き離されたことに対する反抗として、日記に綴った通り、2回目の結婚の初夜はジョージと過ごした。

子どもにして花嫁となり、母親になったヴィクトリア王女はその後、女王となり、ザクセン公アルバートと重婚。9人の子どもを授かったが、無効な結婚だったため、全員不正統な私生児だった。

ヴィクトリア女王は「ヨーロッパの祖母」として知られ、次男のエドワード7世は「ヨーロッパの父」と称されたものの事実はそうでない。欧州王族は、ほぼ全員不正統な私生児から成ると言っても過言ではない。

マルコス・マノエルの存在は決して公にされなかった。つまり、彼の人生は英国王室最大の秘密、「グレイト・シークレット」なのだ。

ヴィクトリアは最初の夫、盲目のゲオルクがハノーファー王になった後、自身が王妃として29

年間も所持していたハノーファーの財宝を返却した。子どもの頃は財宝を身につけて遊び、大人になると自分が正統なハノーファー王妃であることを密かに主張するために身につけていた。

フランセス・ジョセリン子爵夫人はヴィクトリア女王の下、王族子孫の管理人を務め、ポルトガルにいるマルコス・マノエルにロイヤルマークを送り届ける任務を担った。イングランド有数の女性写真家としてマルコスを撮影し、ヴィクトリア女王のためにフォトモンタージュを制作した。

ジョセリン夫人は、パーマストン子爵ことヘンリー・ジョン・テンプルの実娘でありながら、公式には義理の娘とされている。パーマストンはヴィクトリア女王の統治下における戦時大臣兼外務大臣であり、2度首相となった。彼はジョセリンの母と不倫関係にあり、後に2人は結婚した。

英国王室の最大の秘密とは、マルコス・マノエルの存在と彼のポルトガルへの亡命だった。多くの貴族はこの秘密を知っており、それぞれが秘密を保持するために働き、役目を果たした者には称号が与えられ昇格した。

その中には、ヴィクトリアの実母ケント公爵夫人マリー・ルイーゼや彼女の愛人ジョン・コンロイ、彼女の兄弟のベルギー王レオポルド1世とザクセン・コーブルク・コハーリ公爵フェルディナントとその息子、ザクセン・コーブルク・ゴータ子爵フェルディナント（後のポルトガル王フェルナンド2世）とポルトガル女王マリア2世がいた。

英国のメルボルン首相、メルボルンの姉エミリー・ラムも知っていた。ウェリントン公爵、サルダーニャ公爵、ウィリアム・カー大将。英国ユナイテッド・グランド・ロッジ・グランドマスターのサセックス公爵オーガスタスや、フランセス・ジョセリン子爵夫人と父パーマストン子爵、そしてパーマストン夫人も同様である。

先ほども伝えたが、アルバート公がヴィクトリア女王の正式な配偶者となったのは、公式に9人の子どもが生まれてからのこと。ヴィクトリア女王が生んだ9人の子ども、ヴィクトリアの女官たち、ジョン・ブラウン、資格なしで桂冠詩人になったアルフレッド・テニスン、そして、ロスチャイルド家も、皆、王室から称号が与えられている。

他にもマルコス・マノエルが真のウェールズ公で真の摂政皇太子である事実を知っていた人物がいた。彼らも適当に昇進させてもらった。

マルコスには父違いの弟にあたるウェールズ公アルバート（エドワード7世）がいたことも知られていた。ウェールズ公が2人。1人は本物、もう1人は偽者、この2人が接触してしまわないように、慎重に極秘で計画が実行された。この秘密の重圧を背負った者には、引き換えとして称号と社会的地位が与えられている。

子どもが兄弟を気にするのは当然のことだ。弟のアルバートも、もちろん気になっていた。

「ママ、僕にはお兄ちゃんがいるの？」

ヴィクトリアは、そんな子どもらしい息子の素朴な疑問にどう答えていたのだろうか……。

１８６９年10月6日、ついに「神聖王ジョン2世」として戴冠！

１８５２年４月25日、マルコス・マノエル18歳の誕生日。

この日を境に王位に就くべく候補者となったマルコスは、イングランド・スコットランド・ウェールズ・アイルランド・直轄植民地・被保護国を含む連合王国の元首「英国王」になるはずだった。

だが、英国最大の王室の秘密は「禁断の秘密」として、１８１２年９月19日から２０１２年９月19日まで２００年続くとされた「ザ・シン」の縛りが解けず、公式な戴冠式は開催されなかった。しかし、マルコス・マノエルの王権を神聖なものとする儀式だけは極秘で行なわれた。

１８６９年10月６日、聖ブルーノの日。

ついに、王子マルコス・マノエルは、イングランド・スコットランド・ウェールズ・アイルランド・直轄植民地・被保護国の王、〝神聖王ジョン２世〟として戴冠された。

ヴィクトリア女王はこの日を記録するため、ロンドンにある２本の跳ね橋を開けた。各橋にはマルコス・マノエルの主権を示す暗号が示されている。

サングレアルの末裔だけに**「ジョン王」**の名称が与えられるのだ。それが王政のルールである。1901年1月22日、母ヴィクトリア女王が逝去したその日から、弟の戴冠式が終わるまでの間は、神聖なる英国王ジョン・マノエル2世が主権を握り、公に王位に就く絶好のチャンスだった。

内部関係者は真の摂政皇太子マルコス・マノエルの存在を知っていた。ところが、次期後継者が決まるまでには19カ月半の猶予があったのだが、結果的に7歳半年下の不正統な私生児・異父弟のエドワードが、「エドワード7世」として王座に居座ることになってしまった……。

2つの世界大戦は、欧州に残る正統な血統を全滅させるための謀略

ヴィクトリア女王の下、王族子孫の管理人を務めたフランセス・ジョセリン子爵夫人はウェールズ公バーティーことエドワード7世について、「コンパスの針がズレている」と論じている。骨相学者にも狂気の症状があると診断されていた。

その奇行は歴史の中でも確認できる。たとえば、ある時ウェールズ公バーティーは、わざわざニューヨークまで出向き、米国南北戦争の火付け役となったり、マルコスを保護するポルトガルとその植民地を破壊すると挑発し、ポルトガルの国としての地位を取り下げさせ、君主制も撤廃させると脅迫したりした。

もちろん脅迫だけでは済まなかった。ウェールズ公バーティーは言葉の通りポルトガルを捩じ

伏せた。さらには、彼は第1次世界大戦、第2次世界大戦の考案者だとされ、不正統な血統で占められた英国王室を守るため、他の欧州王室に攻撃を仕掛けたのだ。欧州に残る正統な血統を消し去って、自身の血が最後まで――「ザ・シン」が解けるまで、残るように注力した。

聖書における最初の殺人者カインのようなエドワード7世が死去した1910年5月6日に、もう1度、真なる英国王ジョン2世、マルコス・マノエルが王位に就くチャンスが訪れようとしていた――。ところが、その1カ月と1週間前に、マルコス・マノエルが殺されてしまった……。自らの死を目前にして嫉妬心が剝き出しになった異父弟バーティーの手によって……。

正統な王は平和を推進するには必須な存在。

ダブリンと繋がるアイリッシュ・メイソンリー（lodge Regeneration n° 338）は1842年にポルトガルのマルコス・マノエル家の真横に「アイルランドの地方グランド・ロッジ」を建てた。1835年からグランドマスターを務めたマルコス・ピント・ソアレス・ヴァズ・プレト神父は、ブラジル皇帝ペドロ1世やポルトガル女王ドナ・マリア2世の証聖者だった。女王ドナ・マリアの2人目の夫となったのは、マルコス・マノエルをリスボンに送り届けた、あのフェルディナントだった。

しかし、このフリーメイソンのグランド・ロッジはエドワード7世の手下に侵略されていた。そしてメイド（家政婦）を利用して、マルコス・マノエルの毒殺によるレジサイド（国王殺し）

を実行した。

子孫のフランシスコ・マノエルは言う。

「マルコスの性格と気性はどうだったかというと、亡命王(エクシラーク)の悲しみが感じられた。親のもとで育っていない深い悲しみも感じられた。いつも家では黙食に厳しく、7人の子どもは厳格なルールを守らなければならなかった」[13]

ザクセン・ヴェッティン家は「エマニュエル」と「マノエル」という名前が多く見られる家系である。

「マノエル」はユダヤ・ポルトガル語で「エマニュエル」だ。「マルコス・マノエル」の名前に込められた意味には、「この子を記す、ザクセン・ヴェッティン家のユダヤ・ポルトガル人、エマニュエルとして」がある。

マルコス・マノエルは自分自身の立ち位置をよく理解していた。家族に真実を明かす危険性も把握できていた。イングランド・スコットランド・ウェールズ・アイルランド・直轄植民地・被保護国の王の家族にあたる、真のロイヤルファミリー、マルコス・マノエル一家。

75歳になった英国亡命王(エクシラーク)、マルコス・マノエルは「大事な話がある」と家族を招集した。7人の子どもは皆リスボンに住んでおらず、集まるのに1週間かかったという。

マルコスはついに家族に真実を明かす決心をしたのだ。彼が孤児にして、英国女王およびインド女帝のヴィクトリアと、盲目のハノーファー王ゲオルク5世の間に生まれた長男であり、「隠された英国王」すなわち〝神聖王ジョン2世〟であることを。

1856年5月18日にマルコスとアナ・テレザが結婚式を挙げたあの聖カタリナ教会から、目と鼻の先にある彼の自宅、聖カタリナのポルトゥゲサ通り5番の家で食事会が開かれることになった。

そして1910年4月1日、マルコス・マノエルの7人の子どもとその配偶者、孫と18カ月の初曽孫リリーことルシンダ・ダ・コンセイサン・マーカスが食事会に出席した。素晴らしいひとときだった。

全員食べ終わった頃、英国王ジョン2世マルコス・マノエルが口を開いた。家族全員が注目する中、マルコスが**「私は……」**と一言発すると突然、顔がダイニングテーブルへと沈み込む。そして、そのまま息絶えた。

弟の戴冠式から7年半後、隠された英国王ジョン2世は1910年4月1日に帰らぬ人となった。その日は、イースター後の最初の金曜日であり、エイプリル・フールでもあった。[14]

その場に居合わせた遺族は皆、驚きと恐怖、大きなショックを感じていた。なぜこんなことが起こるのだ？　マルコスが皆の人生を一変させる重大発表を目前にして、帰らぬ人になるなんて！　遺族の回顧録には目撃者たちの毒殺を疑う声が綴られていた。そこには1人だけ怪しい人物がいたのだ。

マルコスが倒れるとメイドはのんびり歩きで医者を呼びに行った。待機時間はとても長く感じた。しばらくして訪問医が到着し、死亡が確認された。その場で死亡診断書にサインして呆気なく済まされた。

後々に、彼女に毒を盛られて亡くなったことが判明した。それを命じたのは、私生児エドワード7世。その後、ほどなくして自らも死んだ。あるいは、このレジサイドのせいで殺されたのかもしれない。

マルコスの意向で、妻のアナ・テレザは未亡人にしてロイヤルマークの保護人となった。彼女を通して、子どもたちも父の真実を知るようになる。アナ・テレザは夫の死後12年間もロイヤルマークを守り抜いた。そしてロイヤルマークは長男ジョゼ・マーカスに託された。

亡命王（エクシラーク）、ダビデ王の末裔はどんな時でも王だ。その子孫も、もちろん真なる君主一族。今現在でも、真のロイヤルファミリーは健在である。彼らこそ正統な英国王位継承者なのだ。

赤髪に青白い瞳のマルコスの長男ジョゼ・マーカスは強健な青年だった。彼は自身が本物の英国王だと確信していた。そのため、ポルトガル語は喋れたものの、頑なに英語だけで会話するのが彼のポリシーだった。リスボンで営んでいた船舶会社では社員も原則としてこのポリシーを守らなければいけなかったという。英語しか話してはいけない会社だった。

フリーメイソンによる罰か？　エドワード7世の死

もしエドワード7世による暗殺計画が失敗に終わり、マルコスが助かって正体を明かしていたら、エドワードは「偽りの王」として歴史に不名誉な名を刻むことになっていただろう。

マルコス・マノエルは欧州王族の純血統（サングレアル）だ。したがって、「スターファミリー」の一員でもあったため、殺人罪には厳しい処罰が科された。マルコス・マノエルのレジサイドから5週間後、異父弟のエドワード7世は1910年5月6日に死去する。真の王マルコス・マノエルを殺害したとして、おそらくフリーメイソン流の罰が科せられたと考えられる。

エドワード7世は死の床で家族に自身が不正統であることを告白したという。

「エドワード7世は、死と同時にローマ・カトリック教会に受け入れられたため、王権はすべて無効になっていた。必然的にジョージ5世の権利も無効になったはずなのだが……」[15]

エドワード7世の人生は公私共にすべて失敗に終わったと言っても過言ではない。それに加え、王族として不正統だったという事実もあったため、1908年から1918年の間、欧州の多くの王族は国外追放へと追いやられた。その多くはポルトガルに亡命し、大半の者がリスボンから20キロ西に位置するエストリルに住み着いた。現在でもまだその子孫が残っている。

マルコス・マノエルの子孫フランシスコ殿下は、勇気を持って自身が正統な亡命王（エクシラーク）であることを家族に示した。彼こそ隠された英国王、ヴィクトリア女王と最初で唯一正統な夫である盲目のカンバーランド公ジョージの長男、マルコス・マノエル殿下に直結する正統な王位継承者なのだ。

英国大使館も知っている「神聖王の血族」の存在

フランシスコ・マノエル殿下は有名なリスボンの骨董屋に勤めていた。そこで長年にわたり、多くの英国駐在大使からアンティーク家具の修理の依頼を引き受けてきた。家具と言っても、ただの家具ではない。どれも理由あって選ばれた品々ばかりだ。フランシスコこそ、本当の英国王であることを示す暗号が、大使館からたびたび持ち込まれる家具に秘められていた。

そこには、修理を必要としない物もあった。分析の依頼も珍しくなかった。技巧を凝らして作られた一点物のアンティーク家具に隠された引き出しや棚を見つけ出すのも、職人フランシスコの仕事だった。その中には、どの君主が誰にどんな理由でプレゼントしたか、などといったメッセージが隠されていた。すべては、フランシスコに真実を知ってもらうためだったのだ。

発見した物や分析結果をレポートにまとめて家具と共に大使館に届ける際、大使館はフランシスコへの対応に困っていた。

「この方はご自身が英国王であることに気づいていらっしゃるのだろうか。彼は我々を揶揄(やゆ)しているのか？　まだヒントが足りないのか？　明確に文書で伝えるべきなのか？　英国大使はもう何人も来ては去っていく。いつになったらご本人が英国王だと気づくのだろうか？」

大使館内ではこういった噂が絶えなかった。

職人フランシスコが英国大使に、お茶会などのイベントに招待されることも少なくなかった。作業エプロンのまま出席したフランシスコには、誰よりも先にお茶が提供された。他の来賓や外交官、スタッフ全員の前で大使本人から頬にキスされ、そして「この方が本物の英国王です！」と紹介された。

今となればロイヤルマークの解読はフランシスコの天性。これも孤児から亡命王(エクシラーク)、そして英国王への道のりが与えた教訓で培った才能である。

1996年、フランシスコ・マノエルは、幼馴染みフェルナンド・ヴィミオソ（ヴィミオソ伯爵・現ヴァレンサ侯爵）と、リスボンから少し離れた町シントラにあるフェルナンドの自宅でコーヒーを飲んでいた。フェルナンドはなぜかフランシスコに「今日は君に英国の面影がある」と言った。

そこで初めてフランシスコは家系の真実を彼に明かした。そして、その日を境に家族に関係する書類を改めて読み返すことにしたのだ。フランセス・ジョセリン子爵夫人のお望み通り、マノエル一家は代々にわたりロイヤルマークをすべて大切に保管し続けていた。

マノエル家の亡命生活は１６０年間も続いた。ロイヤルマークを所持するようになっておよそ１６０年。フランシスコが家族の関係史料を本格的に調べ始めたのは１９９６年。現在でも研究は続いているという。

この英国王室の秘密は「ザ・シン」の縛りにより、２００年間公表できない決まりとなっていた（１８１２年9月19日〜２０１２年9月19日）が、ついに王族子孫の管理人フランセス・ジョセリン子爵夫人は２０１０年にロイヤルマークが公開される手続きを制定した。

その言葉通り、２０１０年、明るみに出ることになった。

とはいえ、あらゆる邪魔が入り、公表はできなかった。しかし、亡命王（エクシラーク）ファミリーが本物のロイヤルファミリーである噂と認識は広がっていた。マルコス・マノエルと彼の子孫は皆、イングランド・スコットランド・北アイルランド・ハノーファーの王と王族、ザクセン・コーブルク・ゴータの公子・公爵、正統な君主一族である。

そもそも、家族の歴史やロイヤルマークと写るヴィクトリア女王の正統な長男、マルコス・マノエルの写真などが掲載された本書の出版が許されたこと自体異例だ。先を見据えていたのだろうか。

ロイヤルマークはギフトとして贈られ、相手が「王族」であることを示す品々だ。それに、マルコス・マノエルの場合、ただのロイヤルではなかった。彼は神聖なる英国王ジョン2世、そして彼の家族はロイヤルゴールドの血統を継ぐ真の王族「サングレアル」なのである。

ある時、フランシスコ・マノエルが家具職人として仕事をしていた英国大使館では「この件〔フランシスコが真の王族である〕は、お城2、3個、数千万ポンドと称号で片付けられるだろう」と噂されていた。

それを耳にしたフランシスコ・マノエルの反応は、素早く明確だった。

「そもそもお城は我々から盗まれたもので、今のところ私はまだ家族を養えている。それに称号を与えるのは私だ」

酷似！　ヴィクトリアの父「ケント公」と「ネイサン・ロスチャイルド」

フランシスコ・マノエルは英国女王およびインド女帝のヴィクトリアとハノーファー王盲目の

ゲオルク5世直系の長男であり、現代の生ける「サングレアル」だ。

貴族法の血統主義によると、亡命王(エクシラーク)はいつでも次期王位継承者になる。

サングレアルは、マグダラのマリアとイエスの血統であるデウス家、そしてイエスの兄弟の末裔だと言われている。英国や欧州の王族になった血筋だ。

ヴィクトリア王女も欧州王国の純血統ではあったが、実父が公表されているケント・ストラサーン公ではなかったため、自身の正統性を主張するには、同じ欧州王国の純血統の王子と結婚し、子を授からなければいけなかった。

欧州王国の純血統の継続は、マルコス・マノエルにかかっていたのだが、実際、王になるかどうかはあくまで任意だった。だが、他の王族や偽王族、1815年頃から偽王族を操る銀行マンが王になるよりは、当然マルコス・マノエルがなったほうが望ましかった。

誰が王位を継承するのか。英国は難しい状況に置かれていた。ヴィクトリアがいなければ、王位はマルコス・マノエルの父である盲目のカンバーランド公ジョージに譲られることになっていた。

しかし、盲目のジョージはオランダ人である、カンバーランド公爵エルンスト・アウグストの息子であり、ジョージはドイツのベルリン生まれで、エルンストが外交任務中にできた子どもだった。つまり、英国人でありながら、ドイツ人でもあったのだ。

ギリギリではあったが、少なくともヴィクトリアは英国生まれ。妊婦だったヴィクトリアの母が乗る船が英国に着いた２週間後にヴィクトリアは生まれている。

ヴィクトリアの父はケント・ストラサーン公だとされているが、彼はアルコール依存症で女癖が悪く多額な借金を抱えていた。妻や家族と過ごすより、もっぱら愛人たちと過ごしていた。普段から見た目はげっそりと不健康そうだった彼には、造精機能障害の疑いもあった。

ケント公爵夫人の妊娠が確認できたら、ケント・ストラサーン公には本命の愛人のもとへ戻れる許可が与えられた。そして、ギャンブルで積み上げた借金も完済された。

しかし、ヴィクトリアが生まれて８カ月後、彼は呆気なく死んだ。ケント・ストラサーン公の肖像画の多くは、銀行家ネイサン・メイヤー・ロスチャイルドに似ているため、ネイサンが父親ではないかと混乱を招いた。確かにネイサンは出産の場にいたものの、本当は弟のジャコブ〔フランスに移住後は「ジェームス」と名のった〕がヴィクトリアの父親だったのだ。

ヴィクトリア王女は１８１９年に生まれ、カンバーランドの盲目のジョージと結婚したことで正統な王族になった。公式上では２番目の王位継承者となったヴィクトリアだったが、厳密には１番目の次期王位継承者だった。

２人の間に生まれた唯一正統な子どもがマルコス・マノエル。１８６９年10月６日に英国の神聖王ジョン２世として聖別された。

1999年5月、マルコスの直系の子孫フランシスコ・マノエルは英語とポルトガル語の2カ国語で本を出版した。その名も、『英国王位の最大の秘密』(The British Crown Great Secret)。

ロンドンでは王族に関わる書物を取り扱っている本屋は1軒のみで、発売初日に一気に100冊売れて完売になった。追加注文はなかった。なんと「ロイヤルファミリー」の工作員がすべて買い漁っていたのだ。やっとの思いでこの話が知れわたることになると思いきや、その後14年間も封印されてしまうことになる。

亡命中の摂政皇太子は亡命王(エクシラーク)と称ばれ、真の亡命王(エクシラーク)は常に王位継承順位第1位。ヴィクトリア女王がマルコス・マノエルに宛てた手紙も入手している。古高ドイツ語やフランス語で綴られた手紙には、マルコス・マノエルが英国王位の最優先継承者であることが記されている。

フランシスコ・マノエル殿下は言う。

「家族の関係資料を整理し始めてから、内容について幾度も関わりのある貴族に手紙を送りつけ、エリザベス2世が置かれている立場について忠告した。何度か返事ももらった。エリザベスはもちろん、多くの欧州王族はこの話、この歴史、私の歴史を知っている。そろそろ山場を迎える」

「多くの外交官や大使もこの話を把握している。2009年11月、首相になるであろうと予想していたデビッド・キャメロンに手紙を宛てた。私は彼を『親戚』『従兄弟』とまで呼んだ。彼は

ウィリアム４世（ハノーファー王国のヴィルヘルム国王）と女優のドロシー・ジョーダンの末裔である。この２人は10人の子どもに恵まれ、全員王室に承認され、称号が与えられた」

「唯一認めなかったのはケント公爵夫人であり、ヴィクトリア女王の母、マリー・ルイーゼだった。なぜなら彼女はウィリアム４世と同じようにはめられ、不正統でありながら承認されたヴィクトリアを産んだからだ。ヴィクトリア王女は女王となったが、カンバーランド公、盲目のジョージとの結婚があってのことだ」

ヴィクトリア女王の身長は、１４５センチメートル。マルコスを支援し続けたウェリントン公爵は、１４９センチメートル。２人とも小さかった。

ウェリントン公爵はいつも底上げ靴を履き、肖像画は身長が高く見えるよう描かれていた。ロンドンのイングランド銀行の向かいにある王立取引所前には馬に乗ったウェリントンの銅像があるが、基本的に乗馬姿の作品は王や王子限定なのだ。これは彼が担った王子マルコス・マノエルへの支持と支援がいかに重要だったかを表わしている。とはいえ、ウェリントン公爵にとって真の王への奉仕は当然のことだった。

①古代紋章学に基づき、教会は王笏のデザインと同様、球体の上にアヤメの花を様式化した意匠の尾がついたイルカが配置されている。これは近くに同じ風を感じている王子が住んでいることを表わしている。
②1962年に開通した「サラザール橋」はマルコスの生誕140年の1974年に「４月25日橋」と改名された。

マルコス・マノエル家系図

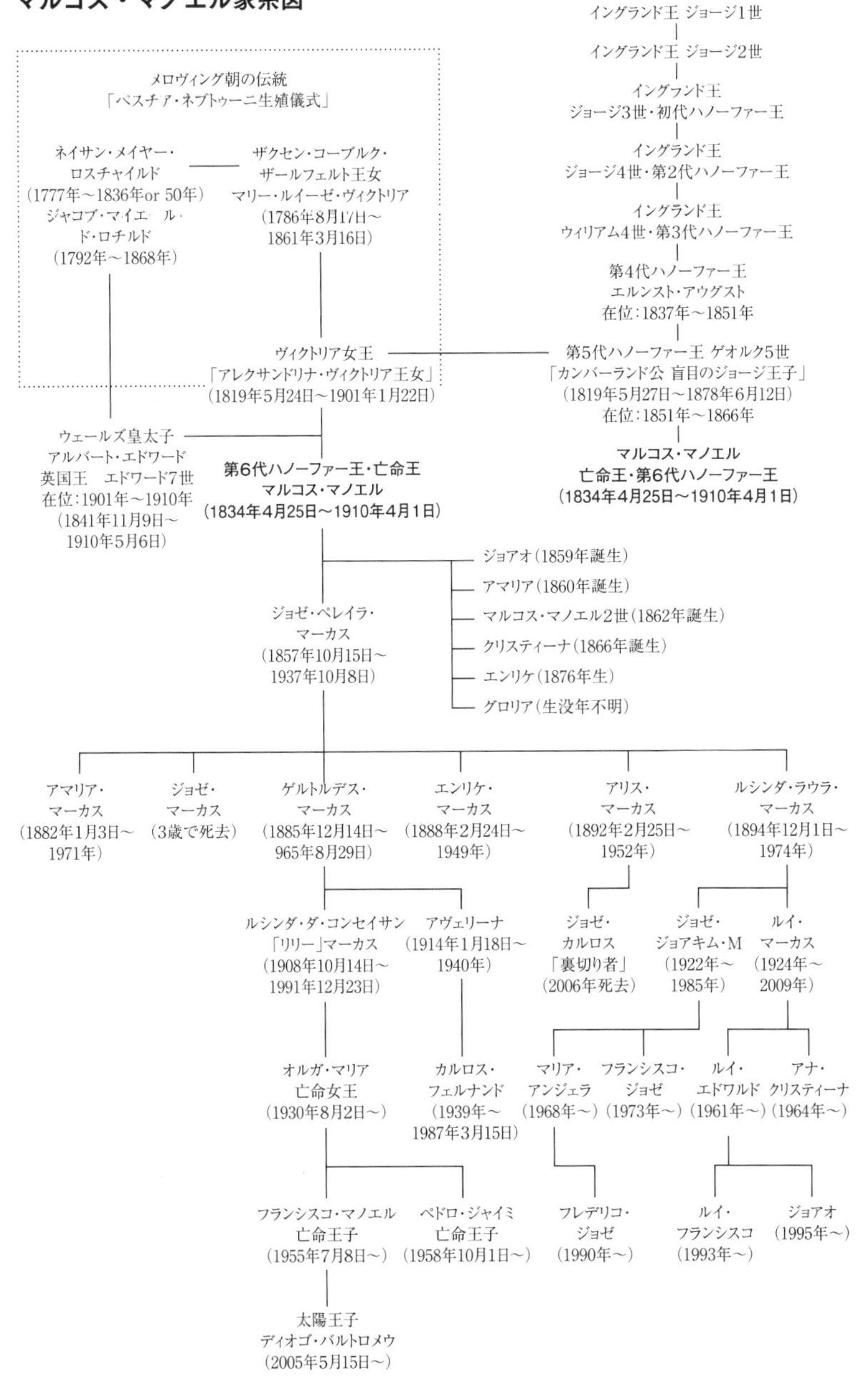

メロヴィング朝の伝統
「ベスチア・ネプトゥーニ生殖儀式」
ネイサン・メイヤー・
ロスチャイルド
（1777年〜1836年or 50年）
ジャコブ・マイエール・
ド・ロチルド
（1792年〜1868年）
ザクセン・コーブルク・
ザールフェルト王女
マリー・ルイーゼ・ヴィクトリア
（1786年8月17日〜
1861年3月16日）
イングランド王 ジョージ1世
イングランド王 ジョージ2世
イングランド王
ジョージ3世・初代ハノーファー王
イングランド王
ジョージ4世・第2代ハノーファー王
イングランド王
ウィリアム4世・第3代ハノーファー王
第4代ハノーファー王
エルンスト・アウグスト
在位：1837年〜1851年
ヴィクトリア女王
「アレクサンドリナ・ヴィクトリア王女」
（1819年5月24日〜1901年1月22日）
第5代ハノーファー王 ゲオルク5世
「カンバーランド公 盲目のジョージ王子」
（1819年5月27日〜1878年6月12日）
在位：1851年〜1866年
マルコス・マノエル
亡命王・第6代ハノーファー王
（1834年4月25日〜1910年4月1日）
ウェールズ皇太子
アルバート・エドワード
英国王 エドワード7世
在位：1901年〜1910年
（1841年11月9日〜
1910年5月6日）
第6代ハノーファー王・亡命王
マルコス・マノエル
（1834年4月25日〜1910年4月1日）
ジョアオ（1859年誕生）
アマリア（1860年誕生）
マルコス・マノエル2世（1862年誕生）
クリスティーナ（1866年誕生）
エンリケ（1876年生）
グロリア（生没年不明）
ジョゼ・ペレイラ・
マーカス
（1857年10月15日〜
1937年10月8日）
アマリア・
マーカス
（1882年1月3日〜
1971年）
ジョゼ・
マーカス
（3歳で死去）
ゲルトルデス・
マーカス
（1885年12月14日〜
965年8月29日）
エンリケ・
マーカス
（1888年2月24日〜
1949年）
アリス・
マーカス
（1892年2月25日〜
1952年）
ルシンダ・ラウラ・
マーカス
（1894年12月1日〜
1974年）
ルシンダ・ダ・コンセイサン
「リリー」マーカス
（1908年10月14日〜
1991年12月23日）
アヴェリーナ
（1914年1月18日〜
1940年）
ジョゼ・
カルロス
「裏切り者」
（2006年死去）
ジョゼ・
ジョアキム・M
（1922年〜
1985年）
ルイ・
マーカス
（1924年〜
2009年）
オルガ・マリア
亡命女王
（1930年8月2日〜）
カルロス・
フェルナンド
（1939年〜
1987年3月15日）
マリア・
アンジェラ
（1968年〜）
フランシスコ・
ジョゼ
（1973年〜）
ルイ・
エドワルド
（1961年〜）
アナ・
クリスティーナ
（1964年〜）
フランシスコ・マノエル
亡命王子
（1955年7月8日〜）
ペドロ・ジャイミ
亡命王子
（1958年10月1日〜）
フレデリコ・
ジョゼ
（1990年〜）
ルイ・
フランシスコ
（1993年〜）
ジョアオ
（1995年〜）
太陽王子
ディオゴ・バルトロメウ
（2005年5月15日〜）

第2章

英国王室を操る〝巨大闇勢力〟は「繁殖権」を略奪していた！

Purchasing Breeding Rights to British Royal Family

マルコス・マノエルを守り続けたサルダーニャ公爵は初代ポンバル侯爵の孫で、ポルトガルの首相（1750～1777年）も務めたことがあった。祖父と孫、政治家としてのキャリアはとても似ていた。反乱から始まり、政府・社会においてスピード昇進、そして互いに当時の君主制からの解放を訴える活動に注力していた。

ポンバル（本名：セバスティアン・ジョゼ・デ・カルバリオ・エ・メロ）は、ポルトガル大使を英国（1738年）、オーストリア（1745～1749年）で務め、後にポルトガル首相へと昇り詰めた。その後は、事実上の政府の長としてポルトガルや植民地での奴隷制度を廃止し、インドにおいては血統による差別も廃止した。

ポルトガルでは、キリスト教へ転換したばかりのユダヤ人、通称マラーノへの差別も廃止した。マラーノたちは、カトリック教会や君主によるポルトガル異端審問と迫害を逃れようとしていた。

ポンバルはその他にも画期的な改革をもたらした。行政・教育・経済・聖職的な改革は当然の道理だと主張し、世俗化の進展や商業の向上、貿易の規格化を推し進めた。

1750年のポルトガルの人口は約300万人。その内20万人、およそ15人に1人が、538カ所の修道院で暮らしていた。そのため、大きな災害などなしに、この深く敬虔（けいけん）な信仰家たちを世俗化させることは容易ではなかった。当時のポルトガルは主に修道院と王室からなる国だったのだ。

1755年11月1日にリスボン大震災が発生すると、「ポンバル理論」が普及し始めた。ポンバルは耐震性の高い建造物をデザインし、建設を開始する。これにより「ポンバリーノ」と称ばれる建築スタイルが生まれた。

1769年、ポンバルは侯爵に昇格した。国を締め付けていた異端審問などの規制を見直し、ポルトガルに啓蒙（けいもう）の時代をもたらした。

孫のサルダーニャも自ら立派なキャリアを築き上げ、さまざまな功績を立てたが、それも祖父ポンバルの名声があってのことだ。1820年に、ポルトガル王国で自由主義革命が起こってからロンドンでポルトガル大使を務めて亡くなるまで、サルダーニャは偉大なるポンバル侯爵の孫とあって、その強い性格で政治や戦争の分野で権力を振るったという。

「ワーテルローの戦い」で放たれた伝書鳩とその恐るべき実態

サルダーニャは20歳から軍の高官、国の外交官を務めた。ブサコの戦い（1810年）やビトリアの戦い（1813年）などで頭角を現わし、戦友のウェリントンと共に戦った半島戦争（1807〜1814年）でも勝利を収め、戦場では負け知らずだった。

2万人の兵士を率いて挑んだ1815年のベルギー・ワーテルローの戦いでは、大将ウィリアム・カー・ベレスフォードが最初に指名した将校がサルダーニャだった。そして同年6月18日、ウェリントンが勝利を収めた（とされる）その日、勝負を決めたのもサルダーニャだった。陸軍元帥同士のウェリントンとサルダーニャは、大親友でもあった。

ワーテルローは現ベルギー王国の首都ブリュッセルの20キロ南に位置する。1814年にはワーテルローの10キロ圏内からロンドンに向かって飛ぶように訓練された伝書鳩がすでにベルギーで飼育されていた。これもすべて事前に計画されていたこと。

1815年6月18日、ワーテルローの戦いは午後8時頃まで続き、ロスチャイルド家の工作員がこの日のために育てた伝書鳩を放った。鳩は320キロ離れたロンドンのバンク地域まで飛び、戦線から勝利宣告を届けた。

万が一、鳩が迷った場合に備え、真逆のメッセージが書かれていた。つまり「フランス・ナポレオン・勝利」はその逆の「英国・ウェリントン・勝利」と解くことになっていた。

馬なら早くても翌日の昼過ぎまでかかったことだろう。ところが、伝書鳩は2時間40分でロンドンのバンク地域に到着した。航海薄明の数分前だ。

ネイサン・メイヤー・ロスチャイルド（当時37歳）は、伝書鳩のメッセージがまず「文字通り」公表されることを利用し、株式・商品市場の暴落を企てた。英国のポニーエクスプレス郵便速達が届けられた頃には、すでにロスチャイルド工作員が落ち込んだ株を破格で買い占めていた。

「資産と権力が倍増し、影響力と情報網も拡大した。ロスチャイルド家は歴としたエリート諜報機関へと成長した。圧倒的なスピードと有効性で彼らはどんな国際取引でも優位に立つことができた。

車道を走るバスもロスチャイルド、海峡を渡る船もロスチャイルド……。そしてその船で運ばれるのは株式・商品市場を操る最新のニュース。ヨーロッパ大陸の未来がワーテルローの戦いにかかっている。フランス独裁になるか、それとも英国が権力を握るのか……。

ロンドン株式市場はパニック状態になった。もし英国が負けたとしたら、市場は前代未聞の大暴落を喫することになる。一方、英国が勝った場合、市場は目が眩むほどの高値まで跳ね上がる。二大大軍が決戦の時を迎えようとする中、ネイサン・メイヤー・ロスチャイルドの工作員たちは英仏両側に侵入し、急ピッチで作戦を進めていた……。他に戦線から指揮所に情報を送り届ける工作員もいた。

この大陰謀の中、指揮するネイサンにとって〝情報〟こそ必要不可欠なものだった」[1]

貴族層のギャンブルは激しかった。終わってみれば、ネイサン・メイヤー・ロスチャイルドはイングランド銀行まで所有するようになっていたのだ。

対照的に、英国王室は戦後莫大な借金を負い、国の所有銀行を失い、経済的にどん底に陥っていた……。しかし、彼らをこの悪夢から救い出した人物こそ、ロスチャイルドだった。それもなんと「英国王室の繁殖権」と引き換えに。

英国を代表する銀行家となったネイサン・メイヤー・ロスチャイルドは言った。

「陽が沈むことのない大英帝国を統治する英国王位、そこに居座る操り人形は、もはや誰でもいい。英国の金を支配する者が、大英帝国を支配する者。金を支配しているのは、この私だ」

ウェリントン公爵とサルダーニャ元帥の奮闘は、ロスチャイルド家に莫大な利益をもたらした。ウェリントン公爵は１８１４年に50万ポンド（現在の約２０００万ポンドに相当）を支給され、それに加え、ワーテルロー後には巨額な恩給も支払われるようになった。ウェリントンとサルダーニャはロスチャイルドのお気に入りとなったのだ。その証拠に、ウェリントン公爵は２度も英国首相になり、サルダーニャは侯爵となり、なんと４度もポルトガル首相に就任した。[2]

英国王室の繁殖権を手に入れるためなら、この程度のことはイングランド銀行にとってはお安い御用なうえに、いい投資だ。

ワーテルローでナポレオンを倒す時に備え、伝書鳩を調教していたおかげで、ロスチャイルド家はイングランド銀行を乗っ取り（１８１５年６月19〜22日）絶対権力を摑(つか)み取るに至った。英国王室は借金地獄から救われ、消え去らずに済んだが、それと引き換えに王室の繁殖権を手放してしまったのだ。

それから3年後の1818年8月、ロスチャイルドの兄弟2人が早速、手に入れた繁殖権を行使し、ケント公爵夫人の種付けに成功する。そこで誕生したのがヴィクトリア王女だ。ちなみに、ヴィクトリアが産んだ子ども9人も、父親はロスチャイルド家の人物だった。

フランシスコ・マノエルは言う。

「ネイサン・メイヤー・ロスチャイルドがあの時放った言葉（『英国王位に居座る操り人形は誰でもいい』）は、彼と彼の弟であるフランスの銀行家、ジャコブ・マイエール・ド・ロチルド（「ロチルド」はロスチャイルドのフランス語読み）男爵がメロヴィング朝の伝統に基づき、ヴィクトアールにヴィクトリア王女を産ませた後に言ったこと。彼はすでに王位に就く人形を操っていたのだ」

「つまり、ロスチャイルドの兄弟2人にとってヴィクトリアは姪でもあり娘でもあったということ。彼らの父親マイヤー・アムシェル・ロートシルト（「ロートシルト」はロスチャイルドのドイツ語読み）が考案した『第1子極秘繁殖計画』から生まれたまさに第1子、それがヴィクトリアである。このことは、イエズス会のアダム・ヴァイスハウプトが記録しているがゆえに、よく知られていることだ」

「この綿密に立てられた計画を実行するにあたり、まずジャコブ・マイエール・ド・ロチルド男爵の不正統な娘である王女ヴィクトリアが、次期英国王位継承者のカンバーランド公、盲目のジョージと結婚する必要があった。そうすれば、ロスチャイルド家の血が王族として正統化されることになるからだ」

「彼らの目論見通り、この結婚と第1子の誕生により、ヴィクトリア王女は英国女王の権利を得た。ヴィクトリアが英国女王になり、盲目のカンバーランド公ジョージは依然、英国王位第2継承者兼ハノーファー王ゲオルク5世として公務に勤め続けることができた。この当時、ハノーファーと英国は同君連合体制にあった（1837年6月20日〜1866年9月20日）」

「イングランド・スコットランド・アイルランド、そしてハノーファーの王族の血統に投じたたった一つの種が、ロスチャイルド名家を史上最強の凶器へと変貌させた。そして、隠された王を通して英国君主をも奪い取ってしまうことになった」

正統性と不正統性が交わる王族の繁殖は実に複雑である。

ヴィクトリアは正統な子孫が英国王位につける権利を奪い返していた！

ヴィクトリア女王が直面していた状況は、とても肩身が狭く厳しいものだったが、彼女は誠実に、発想力と大きな勇気を持って、秘密の愛息、亡命王（エクシラーク）の存在痕跡を巧みに刻み、自身の正統性を成立させた。

マルコスは18歳の誕生日、1852年4月25日を迎える前に、帝王になるための訓練を2年間行なった。しかし、王位に就くはずだった3日前に、パーマストン子爵がなぜか急遽作戦を中断したため、マルコスは公式には王にはなれなかった。これにより、英国王室は完全に乗っ取られた状態となる。女王ヴィクトリアが亡くなった１９０１年以降、英国ロイヤルファミリーは、真っ赤な嘘から成る操り人形の王族となり果ててしまった。

英国君主の正統性を取り戻すには、マルコス・マノエルの血を引く者が王位に就くこと以外に方法はない。だからヴィクトリア女王は必死な想いでロイヤルマークを製作し、時代を超えて人々に伝わるように証拠として残したのだ。最愛の長男マルコス・マノエル――真の英国王、スコットランド・アイルランド・ハノーファーの王、真のザクセン・コーブルク・ゴータ公マルコス・マノエルの存在と血統は、意を決して守り抜かねばならないものだった。

ロイヤルマークの保管や相続方法に関しては、原則ヴィクトリアの指示通りに受け継がれてきた。何があっても決して売らないこと、そして品々を磨かないことなどのルールも設けられている。１６０年にわたる亡命生活をよそに、ロイヤルマークはすべて美品のまま保たれてきた。様子を見ながら少しずつ他のマークも公開されるだろう。

ヴィクトリア女王は、自身が置かれた複雑な立場を理解していたからこそマルコス・マノエルの存在を記録する必要があった。王室が将来的に正統なものに再び変わることを願い、女王はロイヤルマークや手紙などを通じて、マルコスが真の君主であり、正統なる王位継承者である証拠を残したのだ。

英国貴族法によると、マルコス・マノエルの家系においては、どの代であっても第1子は王権の主張ができる。

ヴィクトリア女王は巧みに英国君主が正統な子孫に渡るよう仕組み、失っていた本来の君主制を奪い返した。彼女こそ、英国王室史上最も偉大な女王だ。

ウェリントン公爵やサルダーニャ侯爵、ザクセン・コーブルク・ゴータ公国のフェルディナント公子（後のポルトガル王フェルナンド2世）の3人は真実が現実となる日まで、生涯をかけて尽力した。マルコス・マノエルが彼らの中心に存在し、時には愛弟子のように守り、まるで代父のようだった。それに加えて、ロスチャイルド家もまたマルコスを見守っていた。

1825年にサルダーニャ元帥は外交官になり、反乱が後を絶たないオポルト市の知事（1826～1827年）にもなった。

サルダーニャ元帥は自由軍の最高指揮官としてポルトガル内戦（1828年5月18日～1834年5月24日）に参戦する。それは絶対君主主義と立憲君主主義の勢力はもちろん、英国、スペイン、フランス、そしてカトリック教会の介入も招いた戦いだった。自由軍が勝利を収め、1834年5月26日にエヴォラモンテの条約（譲歩）が結ばれると、ポルトガル王ドム・ミゲル1世は「ブラガンザ侯爵」としてイタリア、イギリス、ドイツへと亡命することになった。

終戦後、立憲君主制は復活し、ミゲル1世の代わりに姪のポルトガル女王マリア2世が返り咲いた。

マリア2世（在位1826年5月2日〜1828年6月）
ミゲル1世（在位1828年2月26日〜1834年5月26日）
マリア2世（在位1834年5月26日〜1853年11月）

マリア2世は王女時代、同じく王女だったヴィクトリアのダンスパートナーで、2人は大の仲良しで幼馴染みだった。ヴィクトリアが長男、最愛の王子マルコス・マノエルの亡命地としてポルトガルを選んだのもマリアの存在が大きな要因だった。

ポルトガル女王マリア2世は、ジョアン・カルロス・サルダーニャ・デ・オリヴェイラ・ダウンを自由戦争中に「サルダーニャ伯爵」と命名する。その後、王位に返り咲いた翌日には「サルダーニャ侯爵」に、そしてフェルディナント公子とマルコス・マノエルを「ロイヤルハウス」まで案内した2カ月後にはアルモステル伯爵、1846年11月4日にはサルダーニャ公爵に任命した。

ザクセン・コーブルク・ゴータ公国のフェルディナント公子は昇格したてのサルダーニャ侯爵

の助けを借り、極秘事項の守れる態勢が整っていた立憲君主制のポルトガルにマルコス・マノエルを送り届けたのである。

サルダーニャ侯爵は7度のクーデターを取り仕切った。1825年5月27日には無所属で首相になり、1846年10月6日にはチャーチスト運動家（イギリス労働者階級の政治運動家）として再び首相になり、1851年5月1日と1870年5月19日には改革者として計4度首相の座に就いた。その後はポルトガル大使として英国で最期を迎えることになった。

サルダーニャの名前の由来はポルトガルの最北東に位置するモガドウロのサルダーニャ教区にあるという。ここはカミーノ・デ・サンティアゴ巡礼の中心地で、テンプル騎士団が誕生した場所でもある。「モガドウロ」の語源は「ゴート族（古代ゲルマン系の民族。東ゲルマン系に分類されるドイツ平原の民族）の境界線・標識」(Mugae Gothorum）に由来する。

ポルトガル王ディニス1世は、このゴート族所縁の場所を1297年にテンプル騎士団に譲渡した。「テンプル騎士団」は1311年に消滅したとされているが、1319年に「キリスト騎士団」として復活。ディニス1世は名も記章も改め、再構築されたキリスト騎士団にもモガドウロを譲渡している。

サルダーニャ（当時44歳）が元帥だった頃、ザクセン・コーブルク・ゴータ公子フェルディナント（当時17歳）を案内し、月齢5カ月半の王子マルコス・マノエルをリスボンの「捨て子のロイヤルハウス」へ送り届けたその直前、サルダーニャはフランスの三頭秘密結社により「侯爵」に昇格させられていた。

サルダーニャが1872年9月14日、リスボンの友人レイス・エ・バスコンセロスに宛てた手紙には、サルダーニャがフリーメイソンリー・グランドマスター、カルボナーリ（19世紀前半、イタリアとフランスに起こった革命的秘密結社）全権大使、テンプル騎士団最高指揮官に任命されたと記している。[3]

フリーメイソン、カルボナーリ、そしてテンプル騎士団から成る三頭秘密結社は、信心深いテンプル騎士団員、薔薇十字団員で弱冠17歳のザクセン・コーブルク・ゴータ公子フェルディナントを高く評価し買っていたのだ。

そのためなのか、テンプル騎士団のサルダーニャは、1834年9月に急遽フランスからポルトガルに戻り、マルコスを護送していたフェルディナント公子の援護に入った。マルコスが「捨て子のロイヤルハウス」に到着した10月6日の約1カ月前のことだ。

24年間ポルトガルの軍と外交で功績を残してきたサルダーニャはこの三頭秘密結社の任務・大役を進んで受け入れた。

「サルダーニャ」の語源は「Saltus Dianae」にあり、「ダイアナの森」という意味がある。初期のキリスト教の逸話に、ダイアナが聖なる森を聖処女の礼拝堂に変えたという説があり、そこは

1997年にダイアナ妃の埋葬地としても選ばれている。

フリーメイソンから枝分かれした「フォレスター・フリーメイソン」や「フリーガーデナーズ・ブラザーフッド」はカルボナーリと深い繫がりがあった。「カルボナーリ」＝「革命」＝「暴露」「システムの変革」で、斧（＝マチャド）が代表的なシンボルだ。

マルコスが16歳になるまで、資金提供をしていた人物の正体

1872年9月28日、ポルトガルのコインブラ新聞はサルダーニャの資料について取り上げ、財務局が1839年7月19日から8月5日までの17日間、ウェリントン公爵に恩給を支払っていたことが明らかになった。[4]

最期をポルトガル大使として英国で過ごしたサルダーニャが亡くなった時、英国外交官たちはサルダーニャの資料を押収し、破棄したという。そのため、彼に関する記録はほとんど残っておらず、実際は1846年から1852年まで6年間ほど支払われていた恩給がたったの「17日間」として歴史に刻まれてしまった。

英国の外交を尊敬し、研究していたサルダーニャは、1834年から1871年までの自身の資料を監査局に依頼し、整理・保管・認証してもらっていた。

ところが、英国外交官にその資料を破棄される。結果、フリーメイソンリー・グランドマスタ

ー、カルボナーリ全権大使、テンプル騎士団最高指揮官でもあったポルトガル大使サルダーニャ公の功績は秘密のベールに包まれることとなった。

言うまでもなく、マルコス・マノエルをリスボンの「捨て子のロイヤルハウス」に送り届けたという詳細記録もなくなり、ウェリントン公爵とウィリアム・カー・ベレスフォード卿承認のもと、サルダーニャがウェリントンの戦争で得た巨額な年金からお金を引き出し、マルコス・マノエルを16年間支援し、見守っていたという公式記録も抹消されてしまったのだ。

ウィリアム・カー・ベレスフォードが英国軍大将になる前は、ポルトガル軍の元帥（1808～1817年）、アイルランド・ウォーターフォード県の下院議員（1811～1814年）、さらにはコーク県の知事（1811～1820年）を務めた。1828年にはウェリントン公爵の閣僚の結成に大きく貢献した。

ベレスフォードと父親違いの兄弟が王室の経理担当管理者だったことに加え、万が一ウェリントンが死んでしまった場合には、ベレスフォードが彼の役目を引き継ぐことになっていた。つまり、ベレスフォードはウェリントンの公務すべてを把握しなければならなかったのだ。

サルダーニャの残った資料やそのわずかな情報を取り上げたレポートから得られる収穫はあまりにも少なく、実態を知ることはできない。むしろ混乱してしまうのだが、今、述べたことは確証に近い。

ポルトガルの駐在大使サルダーニャ公爵は、どうやらウェリントン公爵が正統な王であるマルコス・マノエルに金銭的な支援をしていたことを世界中に知って欲しかったようだ。マルコスは1852年4月25日に王位に就く予定だった。それに尽力したウェリントンだったが、その4カ月後の9月14日に死去している。

「リスボン仁慈堂」に潜むポルトガルの富豪ピント・バスト家とフリーメイソンの陰

マルコス・マノエルの背後には常にフリーメイソンの存在があった。英国ユナイテッド・グランド・ロッジのグランドマスターはマルコスの従祖父、サセックス公オーガスタス・フレデリックだった。陰からマルコスを見守り、その特権はマルコスの子孫にも代々与え続けられた。

リスボンにあるサルダーニャ公爵の宮殿は半島戦争中、ポルトガル王ジョアン6世の命令により、ポルトガル王国元帥ウィリアム・カー・ベレスフォードとその兵士が使用することになった。戦後に兵士が去った後、宮殿の状態は酷く、大掛かりな修復を必要としていたが、サルダーニャにそのような資金はなかったため、フェレイラ・ピント・バスト家に売却した。その後は、ピント・バスト家がマルコス・マノエルと彼の子孫を見守ることとなった。

フェレイラ・ピント・バスト家はとても裕福なポルトガル有数の産業一家で、血筋・結婚・教育など英国と深い繋がりがあった。ジョゼ・フェレイラ・ピント・バストは１８２４年、50歳の時にヴィスタ・アレグレ陶磁器会社を創立する。慈善活動家として知られていて、特にマルコスが育った〝リスボン仁慈堂〟の母体、「ミゼリコリダ協会」に注力した。

１８２７年以降、ジョゼには「ロイヤル・ファクトリー」の商号を使う権利が与えられた。ピント・バスト家は貿易業でもその名を馳せ、マルコス・マノエルもピント・バストの傘下の貿易・運搬会社に勤めていた。

マルコスの長男ジョゼ・マーカス（当時23歳）がバージニア・ダ・コンセイサンと１８８１年3月24日にリスボンのサン・パウロ教会で結婚した際、付添人として抜擢（ばってき）されたのはジョゼ・フェレイラ・ピント・バストの息子アウグスト・ジョゼ・ヴァレリオ（・フェレイラ・ピント・バスト）（当時50歳）と甥のエドワルド・フェレイラ（・ピント・バスト）（当時18歳）だった。

１８８８年に英国留学から帰国した長男ジョゼの曽孫エドワルドとフレデリコはポルトガルにサッカーボールを持って帰ってきた。ポルトガル・サッカーの生みの親だ。２人の兄ギエルメは１８８９年1月にポルトガルで初めてのサッカーの大会を主催している。カンポ・ペケーノ闘牛場で開催されたポルトガル代表対イングランド代表の試合は、ポルトガルが２対１で勝利した。

その後サッカーはカルロス1世や上流社会の興味を惹き、浸透していくと共にポルトガルとイギリスの関係を深める動因となった。

ポルトガルは、イベリア派のテンプル騎士団によって「第2のエルサレム」として建国された！

英国戦時大臣、外務大臣、そして2度首相を務めたパーマストン子爵は、後に「ヘンリー・ジョン・テンプル」に改名した。その由来はテンプル騎士団にあった。彼は英国の影響力を拡大させ、「イギリス臣民がたとえどの地に居ようとも、不正と災厄から守護されるイギリス帝国」を築き上げようと尽力した。

100年後にドイツも同じような野望を試みた。両国とも次なる神聖ローマ帝国になりたかったのだろう。しかし、両国とも神聖ローマ帝国のように、「神聖」でも「ローマ」でもなく、長続きもしなかった。その「帝国」は短命に終わり、呆気なく消え去った。

英仏派のテンプルは物質主義で、イベリア派（ヘブライ・ブルゴーニュ）のテンプルは精神主義。ブルゴーニュ地方出身のクレルヴォーの聖ベルナルドがポルトガルの生みの親として知られている。ポルトガルはもともとテンプル国家として成立した国だ。その目標は聖杯を保有する第2のエルサレム「ポルトグラール」として育て上げ、維持することだった。

ロスチャイルド家の祖先はユダヤ系ブルグント人（ゲルマン系の民族）で、「星の農夫」と呼ばれる唯心論者だった。時を超え、彼らはパーフェクティビリスト（後のイルミナティ）へと発展していった。彼らの思想はゲルマン系テュートン族の観念論を基に立てられたもので、「失くしたもの」や「探求」といった要素は取り除かれ、「プログラムされた運命を見届ける」というものにすり替えられた。

「聖杯伝説」は念入りに捏造（ねつぞう）されたものである。神によって解説され、勇敢な態度をとる騎士によって繋がれ、獲得と啓示を繰り返してきた。

「モンサルヴァージュの秩序」と「石を照らす原始の光のグロット」によると、「聖杯は決して獲得できるものではなく、啓示によって恵まれるものである」とされている。

第3章

ヴィクトリア女王が是が非でも手に入れたかった「メロヴィング朝の血」

Conceiving for The Garden of Eden

薔薇十字団のある教祖は言った。

「ポルトガルで生まれることは、任務か処罰である」[1]

英国の作家、伝記作家、歴史家であるエリザベス・ロングフォードはこう述べた。

「ヴィクトリア女王は愛に飢えていた。幼少期に普通の子どもとしての愛情表現ができず、その苦しい過去を振り返るたび、その想いは倍増した。正直なヴィクトリアは母親を非難せざるを得なかった。

しかし、母親のプライベートな日記や資料を整理していた時、見てはいけないものだと知りながらも、冒瀆（ぼうとく）的行為に近いことだとわかっていながらも、読まずにはいられなかった。そこには我が子を想う母親の愛の言葉が綴られていた。本当は愛されていたのだということを初めて知ったヴィクトリアではあったが、自身の日記には『ママに愛されていないと思う。あの悲劇は2人〔ジョン・コンロイとケント公爵夫人〕の責任だ』と悔しさが滲（にじ）み溢れるページがあった」[2]

その悲劇とは、長男、摂政皇太子マルコス・マノエルを亡命させたことだった。

同じく、伝記作家のセシル・ウーダム・スミスの著書『ヴィクトリア女王』(Queen Victoria) には次のように記されている。

「制限だらけのケンジントン・システムは好奇心旺盛で活発な少女にはあまりにも退屈な生活だ

ったが、それを娘に押し付けた母ケント公爵夫人とジョン・コンロイはそのリスクを把握していなかった。ヴィクトリア王女はハノーファー王の血を引く者として、彼女との婚姻は最高の名誉であり、欧州貴族の間で最も求められていた女性だった。そのため、シャーロット王女のような、淫らな不倫関係に巻き込まれることはなんとしても避けなければならないことだった。しかし、シャーロットと同様、世の男は最高のトロフィーを放っておくわけがなく、手を挙げる候補者は後を絶たなかった」[3]

キャサリン・ハドソンは著書『王室の争い』(Royal Conflict)で、盲目のカンバーランド公ジョージの性癖について「ジョージは天使のように優しかったが、早熟でやんちゃで、多くの女性と関係を持っていた」と記述している。[4]

キャロリー・エリクソンの著書『小さな陛下』(Her Little Majesty)ではヴィクトリアと母ケント公爵夫人の複雑な関係について掘り下げている。

「2年前にケント公爵夫人が病で倒れると、深刻な事態は娘に大きなショックを与えた。ヴィクトリアは日記で『母をこれほど愛していたことに気づいていなかった。私の存在のすべては母あってのこと。言葉にしたくもないが、免れない終わりが近づいている今になってようやく気づいた』と書かれていた。母が死と直面している姿は、ヴィクトリア自身の胸中で封印していた想いと初めて向き合わせたのだ」[5]

『バーティーとブリキ男』(Bertie and Tinman)では、エドワード7世(ヴィクトリアの息子)が次のように話している。

「私の実の祖母である故ケント公爵夫人の霊廟(れいびょう)はフロッグモアにある。父が死ぬ少し前に彼女は亡くなった。その時、母は深い悲しみに陥った。同じ年に最愛の母と運命の相手を失ったのだ。祖母と母の関係は長い間冷め切っていた。その理由には言及しないが、母の傷は癒えず、とても苦しんでいた」[6]

ヴィクトリア誕生の裏にあった叔父レオポルド1世の策略

前出のセシル・ウーダム・スミスの『ヴィクトリア女王』(Queen Victoria)にはこうも書かれている。

「将来女王となるヴィクトリアは、1819年5月24日に生まれた。健康な満期児だったと思われる。すなわち、母親ケント公爵夫人の最後の月経はおそらく1818年8月17日。8月17日は彼女の誕生日で、ロンドンのカールトンハウスで祝賀会が開かれた。身籠もったのもその時だと考えられる。とはいえ、英国王位に就く後継者を産むことに必死だったケント公爵夫人は、夫の生殖能力を疑っていたので、妊娠の確率を高めるため、他の男とも交接していたはずだ」[7]

健康な満期児だったとはいえ、成人したヴィクトリアの身長はたった145センチメートル。当時としても小さすぎた（父親であるケント公は185センチメートルもあるたくましい体つきだったとあらゆる史料に残されている）。

「ヴィクトリアの誕生の背景には、王家の確立・拡大に異常なほどの野心を抱いていた叔父レオポルド（後の初代ベルギー国王、レオポルド1世）がいた。レオポルドは姉マリー・ルイーゼの妊娠を誰よりも待ち望んでいた。彼はドイツ公爵の次男であり、本来なら無名のまま生涯を過ごすであろうところ、その野望と熱心な性格から英国王女を射止めることに成功した。

しかし、シャーロット王女は赤ん坊を死産すると、その後亡くなってしまう。普通の男なら大人しく5万ポンドの恩給を受け取って身を引いていただろう。だが、彼の野心的な熱意は収まらず、姉マリー・ルイーゼとケント公の結婚を取り決め、後に女王となるヴィクトリアの叔父となったのだ。

さらには、ヴィクトリアと甥のアルバート（実は甥ではなく、自身の隠し子であった可能性もある）[8]の結婚も整えた。レオポルドは英国王位継承者の叔父とあって、ベルギー王国の王位にまで就くことができた。もう1人の甥のフェルディナントもポルトガル王女と結び合わせ、レオポルドはわずか1世代で自分自身と家族を欧州最強の権力の座へと導いたのだ。

彼の野心からすると、ケント公の生殖能力が不十分だと知って、そこで簡単に諦めていたとは到底考えられない。さらには、他の継承者が生まれると知ったら、軌道修正させるための手段を取っていたに違いない。

「ケント公爵夫人は8〜9月頃ロンドンで他の男と添寝していたかもしれないが、血友病患者を選んでいただろうか。その可能性は低いが、遺伝性突然変異の可能性よりは高い。多くの血友病持ちの男は子作りに成功している」

「ケント公爵夫人の性格上、もし夫に生殖能力が備わっておらず、念願の王位継承者を産むことができないと判明したら、躊躇なく他の男と寝ていただろう。時に怪しい彼女の行動からすると、ヴィクトリアが不正統な血統であるという秘密の事実も無理がない。

義兄であるウィリアム4世はミセス・ジョーダンと10人も子どもを作った。全員称号を与えられたり、王宮で遊んでもらったり、アデレード王妃に王族として快く受け入れてもらったが、ケント公爵夫人は違った。彼女は不正統な私生児（バタルド）である甥や姪に対してヒステリックになるほどの憎しみを抱いていた。

王室伝記作家チャールズ・グレヴィルによると、ウィンザー城やセント・ジェームズ宮殿で甥や姪が同じ部屋に入ってきたら、ケント公爵夫人はこれ見よがしに退室したという。

ケント公爵夫人はノーサンバーランド公爵夫人に言った。『ヴィクトリアがあのバタルドたちと関わることは許さない。この線引きを保たなければ、どのようにしてヴィクトリアに悪徳と美徳の違いを教えられるだろうか』と。

しかし、このような聖人ぶった行動はコンロイと不倫関係にあった自身の罪悪感から成る矛盾したものだった」[9]

ヴィクトリア女王はなぜ、それほどまでにジョン・コンロイを嫌っていたのか？

続けてグレヴィルはこうも記録している。

「私（＝グレヴィル）の結論では、コンロイが彼女（＝ヴィクトアール）の愛人だった。ウェリントンも同感だと言っていた」

その裏付けとして、次の2点を挙げている。

まず1つ目は、ヴィクトリアのコンロイに対する明らかな嫌悪感と王位に就いた際、コンロイを完全に王室から除外したこと。2つ目は1829年に説明もなくスペース女男爵をケンジントンから追放したことだ。おそらくスペースがケント公爵夫人の秘密を知っていたからではないかと噂された。

「スペース女男爵は25年間もケント公爵夫人に付き添った。スペースはケント公爵夫人の大親友であり、彼女が最初の夫、ライニンゲン侯に蔑(ないがし)ろにされていた頃から一緒にいた。ケント公爵夫人が妊娠7カ月の時にドイツからイングランドへ渡った時も彼女の側にいた。そして、何よりヴィクトリアをまるで我が子のように愛し、世話をした。公爵が亡くなった後も、公爵夫人の側を離れなかった」

「しかしある日突然、ヴィクトリアが10歳の時、スペースは予告なしにフェオドア王女〔ヴィクトリアの異父姉〕の女官になることになった。寒く孤立したドイツのランゲンブルク宮殿に派遣されたのだ。ケンジントンで彼女と長年共にした人たちにとってはとてもつらいエピソードで、到底納得のいくものではなかった。クラレンス公爵（後のウィリアム4世）夫人曰く、スペースにとって追放されることは殺されるも同然のことだったという。この理解に困る解雇について考える時、ウェリントンの解釈には充分な説得力がある」

「ヴィクトリアは母とコンロイが親密に過ごしているところを目撃していた。そして彼女は見たものをスペース女男爵に明かしていたのだ。しかし、スペースは内緒だったはずのそのことをケント公爵夫人自身に告げてしまった。その結果、ケント公爵夫人とコンロイはスペースを解雇することを決意した。できるものなら、ついでにヴィクトリアの側近であるルイーズ・レーゼン女男爵も解雇したかったとのことだ」

ヴィクトリアが王位に就いてから、ウェリントンは更なる詳細を明かした。

「女王が公爵夫人を遠ざけ、コンロイを憎んだ理由は、間違いなく見てはいけないものを見てしまい、2人の間柄の真実を知ってしまったからだ」[10]

ジョン・コンロイとケント公爵夫人は間違いなく愛人だった。ウェリントンは自らそのドアを開け、当時10歳のヴィクトリア王女に愛人同士が交わる現場を見せたのだ。この瞬間、ヴィクトリアの中で性の覚醒、そして反抗心が芽生えた。

現状を脅かす者はみな排除された。最初は25年間も付き添ったスペース女男爵。次には側近のレーゼン女男爵。王室内で分断と規制を生み出すウェリントンの工作は成功した。

このような状況もあって、ヴィクトリアは早熟な娘となり、性的な反抗をするようになっていった。彼女の一般的な表向きのイメージは控えめで、禁欲、節制、奉仕、悲嘆といった印象が強いが、実は真逆で、かなり積極的で乱交好きな女性だったことが記録されている。

事実、幾度も妊娠を繰り返していたという。

「ケント公爵夫人はケント公エドワードの元愛人ジュリーと違って、前夫との間に2人も健康な子どもを産んでいた。しかし、エドワードは愛人との別れを悲しみ続け、『任務を果たす気力が残っていることを願う』といった冷めた想いを友人に宛てた手紙に綴っていた。

逆にケント公爵夫人はケント公との結婚に関して冷静で現実的に捉えていた。結婚式はコーブルクにて1818年5月29日に執り行なわれた。コーブルクで短いハネムーンを過ごした後、2人はブリュッセルを経由し、ドーバー海峡を渡りロンドンへと向かった。

「ケント公爵夫人には子を宿すプレッシャーが重くのしかかっていたため、夫婦の営みには前向きだった。義理の兄弟となったクラレンス公が1818年7月11日にサックス・マイニンゲンのアデレードとイングランド教会で結婚した際、ケント公エドワードとマリー・ルイーゼも合同結婚式として2度目の式を挙げた。もう1人の義理の兄弟、ケンブリッジ公アドルフォスはこの1カ月後に婚約した。もしアデレードが子を授かることができなかった場合、必然的にケント公爵夫人の産む子が世界で最も裕福かつ有力な国の王位継承者第1位となり、本人と家族にとって明るい未来が約束されるのだ」[11]

「王位継承問題の解決に向けてホイッグ党が書き起こした「権利章典」の草案（ところどころ欠如している）は、万が一女王が子を残さなかった場合、女王の夫を優遇する規定はない。その時は、公爵ではなくハノーファー王が王位を継承することになっていたのだ。これは英国にとってなんとしても避けたい悪夢だった」

「仮にケント公爵夫人の望み通り、公爵が女王に次ぐ最高位を与えられていたら、公爵はどの王位継承候補者よりも優先されることになる。もし女王が子宝に恵まれないまま亡くなったとしても、公爵はハノーファー王の息子（盲目のカンバーランド公ジョージ）よりも上の位置付けになる。そして、たとえ女王に息子が生まれていたとしても、正統な王位継承者である我が子さえも押し退けて公爵が王位に就くこととなるのだ」[12]
しかし、ヴィクトリア朝では真逆の展開が極秘で進められていた。

自らの日記を転記し破棄するよう、五女ベアトリスに命じていた！

多くの歴史家や王政主義者、および政治家たちが王位継承権について論争を繰り広げてきたが、それは歴史の雑報に過ぎない。ヴィクトリア女王は事実として盲目のカンバーランド公ジョージと結婚し、子を産んでいたのだから。この２人の間に生まれた子は最高位――誰よりも王位に近く、正統な王位継承者である。

ヴィクトリアの願いはすでにベッドルームで叶えられていた。１８４０年2月10日に開かれた重婚となる2度目の偽結婚式でも、初夜を共にしたのは王配アルバートではなく、最初の夫、盲目のカンバーランド公ジョージだった。

セシル・ウーダム・スミスの著書『女王の日記の破壊』（The Destruction of the Queen's Diary）には次のように書かれている。

「ヴィクトリア女王の日記を破壊する理由は定かではないが、最も納得のいく説明は息子のエド

ワード7世の伝記、４６１ページにある。その著者であるフィリップ・マグナスはこう綴った
――エドワードの遺言には自身の妻アレクサンドラ王太子妃とヴィクトリア女王とのやり取りの証拠となる書簡・手紙などすべてを破棄するように命じられていた。遺言の実行を担ったヴィクトリア女王の側近エッシャー卿とエドワード7世の秘書官ノールズ閣下は公文書の保管所が散らかっていることに驚いていた。とても整理できるような状態ではなく、保管文書の大半は無差別に燃やされていた――と」

「ヴィクトリア女王は自身の日記を１９０１年に末っ子の五女ベアトリス王女に託し、原本の転記と破棄を命じた。そして王室を荒らした挑発的な時代は幕を閉じた。ベアトリスはこの極めて貴重な歴史資料を複数の青いノートに書き写し、進むごとに原本のページを燃やしていった。40年もかかった転記作業を孫のジョージ5世や彼の娘メアリー王妃でさえ止めることはできなかった。ヴィクトリア女王には自身の衷心を綴った文書の後処理を指示する権利があったからだ」

「しかし、どのようにして転記と破棄の作業が行なわれたかは定かではない。ベアトリス王女の独断で転記せずに破棄した部分も少なくはないだろう。さらには、転記した部分を都合のよい文章に変更した可能性もある。それによっては、後世は取り返しのつかない大きな損失を負っているかもしれない」

「１９０６年12月、エッシャー閣下によると、ヴィクトリア女王と信頼する貴族院院内の総務を

担当していたグランヴィル閣下の交信の記録や、フローラ・ヘイスティングス夫人（ヴィクトリア女王の勘違いによって病気を公表させられた人物）に関する手紙がエドワードの命令で燃やされたという。エッシャーはこの翌年に、さらに惨憺たる破壊行為と呼ぶべきことを発見した。女王とディズレーリ伯爵（後の英国首相）との交信記録などを含む機密資料がヒューエンデン（後にディズレーリの邸宅となる建物）の管財人だったロスチャイルド閣下の手に渡ってしまっていたのだ」

「エドワードはニューコート（ロスチャイルド本部）からウィンザー城へ発送されたすべての資料をロスチャイルドに返却するよう命じた。その中には女王が家族について綴った私的な手紙や政治的な相談を交わしていたディズレーリとの手紙など、内密なものが多く含まれていた。ロイヤルファミリーの一員がディズレーリに宛てた手紙やフレデリック王妃の結婚に関するものはすでに破壊されていた。そしてジョージ5世も１９１３年１月26日に、王室保管室にあるジョージ4世に関わる資料をすべて破壊するよう命じた」

「１９１３年３月17日、ノールズ閣下はバッキンガム宮殿にある自身の事務所から淡々とジョージ5世にメッセージを送った。『陛下殿、資料の処分は終わりましたので、この部屋を空けます』。彼は19世紀の記録の大半を燃やす任務を強いられていた。後にエドワード7世の伝記作者が参照する価値のある資料までもだ。

　アレクサンドラ王妃は遺言を残さず、１９２５年11月20日に亡くなったが、死後にすべての資料を燃やすという願いがあったという。１８７０年から王妃の女官を務め、大親友でもあったノールズ閣下の妹、シャーロット・ノールズが忠実に王妃の願いを遂行した」[13]

フランシスコ・マノエルは言う。

「女王の生涯を綴った書籍『ヴィクトリア女王』（Queen Victoria）を12年間にわたり入念に読み込んできた。アレクサンドラ王妃の資料まで燃やされたのは当然とも言えるだろう。間違いなくその中には長男エディの殺害の真実が綴られていただろう。『エディ王子は実の父親エドワード7世に殺された』などと当時報道されたこともあった。

秘密結社は、真の王がリスボンにて7人もの子孫と共にご健在だということを知っていた。高位の兄弟分・パーマストン子爵は他の愛国者らと共に、王室の真実を解読するという貴重な貢献を成した。彼らはこの滑稽な茶番を解き明かす時に備えて、その鍵となる座標を後世に残した。すべては整えてあるのだ。[14]

ヴィクトリアは娘ベアトリスに日記を託し、公表する前に必ず検閲するよう命じた。ベアトリスは40年かけて、少しでも議論の的になりそうな内容を省きながら、丁寧に日記のページを写した。その結果、何の面白味もない、骨抜きされた書物が出版された。そして、原本はすべて燃やされた。[15] そのため、内容が薄くて論点のズレた著作が数多く執筆された……」

「セオドア・マーティンが『王配の生涯』（Life of the Prince Consort）を執筆する際、女王はレーゼン女男爵を丁重に扱い、公平に期した内容にするようお願いした。女王には、返すべき恩恵があった。レーゼンの過ちだけが取り上げられるのは許せなかったようだ。マーティン氏が誤解を招くのではないかと心配されていた。

　ヴィクトリア女王はマーティン氏に、次の手紙を充てた。

『レーゼン女男爵についてですが、彼女が取った行動は野心ではなく、自分以外に女王の世話をできる人はいないと考えていたからです。女王のもとを去る事態となって気づいたのです、周りに煽（おだ）てられ利用されていた、と。

　レーゼン女男爵の忠誠心は計り知れませんでした。彼女は無私無欲に尽くしてくれました。そんな彼女の欠点だけに焦点を当てるのではなく、彼女の誠実な生き様と多くの功績を讃えるべきだと思います』

　女王は、マーティン氏にもう一通手紙を充てた。この際、レーゼン女男爵の短所やアルバートが感じていた不満などの内容は削除するべきで、家庭内のいざこざについては暗示的に触れる程度にするようにと伝えた。

　マーティン氏はその後、手紙を訂正してレーゼンの殊勲を称え、心のこもった内容へと変更した」

不幸中の幸いか？　あまり気づかれずに済んだ妊婦期間

1834年初春、王女は「気分が優れない」と、1カ月ほど部屋に籠もっていた。日記には「ママはずっと心配している。そしてレーゼンは絶え間なく気にかけてくれている」と綴り、2人への敬意を示した。

「1834年は、昨年に比べて静かだ。旅もしていないし、いつものように食事会も開かれていない。でも5月には、ソフィア王女の庭園を借りて大きな晩餐会が開催された。庭園に吊るされたランプの灯りが花々を照らし、とても美しいパーティー会場だった。スコットランドの歩兵バンドの演奏もあり、深夜1時まで来賓の接待を続けた」[17]

「公務の疲れからかヴィクトリアは頭痛や腰痛、消化不良、インフルエンザといった症状に見舞われていた。さらに、『ハノーファー人は太りやすい体質だ』『ヴィクトリアは小柄だから贅肉が強調されてしまう』などと、叔父のレオポルド1世には食生活に注意するよう繰り返し突っつかれていた」

「不幸中の幸いか、1834年は公の場に出る機会は少なく、年始早々に『気分が優れない』時期に入り、その後の大きなイベントや予定は中止された」[18]

ヴィクトリア王女の頭痛や腰痛、消化不良、インフルエンザなどは思えば妊婦によく出る症状だ。実際、1834年3月21日から4月30日まで寝込んでいた。その期間中にあたる1834年4月25日、ヴィクトリアはカーライル城で出産した。翌5月には例のスコットランド歩兵が演奏したパーティーが開かれ、7月にはマルコス・マノエルを伯父に委ねたのだ。

伯父フェルディナントに「亡命王」を送り届ける任務を与えた理由

「1834年7月、ヴィクトリアの母であるケント公爵夫人の2番目の兄、ザクセン・コーブルク・コハーリ公フェルディナントが訪れた。伯父フェルディナントはヴィクトリアの心の拠(よ)り所となり、すぐさま父親的存在になった。レーゼン女男爵と共に、コンロイの計画などについて相談に乗り、ヴィクトリアの不安を解消させてくれた」

「その時に得た情報はとても有力で、ヴィクトリアは今まで見えていなかった現実が見えるようになったという。フェルディナントが『フウロソウの種（＝マルコス）』を持って旅立った日は、苦い涙が止まらず、『これほどの悲しみを感じたことは私の記憶にない』と日記に綴った」[19]

「ドイツでフウロソウとは『鶴の嘴(くちばし)』のシンボルで、英語でもゼラニウム（フウロソウ）は〝鶴の嘴〟という意味がある。ギリシャ語のゲラヌスも『鶴』を意味し、鶴の求愛ダンスが基となった鶴の舞（ゲラニクス）はギリシャで妊娠、洗礼と再生、精神の覚醒等を祝う際に披露される」

「鶴の渡りは春の到来を示すとされることから、鶴は新たな始まり、再生の象徴となり、キリスト紀元ではキリストの復活を指す。これに由来してマルコス・マノエルは『神の刻印、我と共に』と名付けられたのだ」

「コウノトリや鶴が赤ん坊を運んでくるというイメージもここから来ていると考えられるが、水鳥として、聖なる水源に立ち入りできるとされるなど、精神と深い繋がりがある鳥なのだ」[20]

ヴィクトリア王女が伯父のザクセン・コーブルク・コハーリ公フェルディナントに「フウロソウの種」を渡したことは、マルコス・マノエル自身を象徴するだけでなく、彼が子沢山に恵まれる願いも込められていた。そのおかげかマルコスは母と同様、子沢山となり、7人の子に恵まれた。優秀な歴史学者ならフウロソウの種が子の象徴であることに気付き、その子を探すきっかけになるであろうというメッセージも含まれていたに違いない。

1834年7月、ケンジントン宮殿にて食事会が開かれた。出席したのは4名、ジョン・コンロイ（当時47歳）、レーゼン女男爵（当時49歳）、ヴィクトリア王女（当時15歳）とザクセン・コーブルク・コハーリ公フェルディナント（当時49歳）。

ジョン・コンロイは途中で退席し、ケンジントン宮殿の塔にある部屋で生後3カ月の孫マルコスの世話をしていたケント公爵夫人ヴィクトアールのもとへ向かった。

残されたレーゼンとフェルディナントは食事中ヴィクトリアからマルコスを引き離す必要性について説明した。そこでヴィクトリアは伯父のフェルディナントにフウロソウの種が入った袋を渡した。これがマルコスを彼に託す合図だったのだ。

フェルディナントも退席し、ケンジントン宮殿の塔の階段を上り、コンロイとケント公爵夫人からマルコス・マノエルを受け取った。実の母親とその愛人と伯父という3人による極秘の計画。15歳のヴィクトリアは事の重大さを把握できていなかったのだろう、なぜなら後に3人はヴィクトリアの恨みを買うこととなるのだから。

コンロイはヴィクトリアとレーゼンが待つテーブルに戻り、あっさり一言「事は済んだ」と告げた。

それから数年後、ケンジントン宮殿の塔は解体された。これもまた何か重要な秘密の出来事があった場所だと示すロイヤルマークなのだ。

ザクセン・コーブルク・コハーリ公フェルディナントはマルコス・マノエルを連れ、ケンジントン宮殿を後にした。2カ月もの間、ヴィクトリアをおだてながら説得していた息子のザクセン・コーブルク・ゴータ公フェルディナントとロンドンで合流。フェルディナントの努力は、ヴィクトリアの不安を和らげ、支えになった。彼がマルコスの暮らす国の王になれたのも、これが主な要因だったと考えられる。

「1836年3月にポルトガル女王マリアと結婚したザクセン・コーブルク・ゴータ公フェルディナントは、ポルトガルに向かう途中、イングランドに立ち寄った。そこで彼は14歳のヴィクトリア王女の恋心を掻き立てていた」[21]

1834年5月、ザクセン・コーブルク・ゴータ公フェルディナントは故郷のドイツを後にし、英国へと向かった。2カ月間、幼いヴィクトリアの女心を弄んだ。そして7月、父親と合流し、王子マルコス・マノエルの命を託され、隠れ場所のポルトガルにマルコスを送り届ける任務が与えられた。

ザクセン・コーブルク・ゴータ公フェルディナントは若くしてテンプル騎士団と薔薇十字団に入団し、深い信仰心からその規則を厳守していた。17歳にしてすでに高い地位と評価を得ていたのだ。

それゆえに、彼はマルコス・マノエルを英国から連れ出し、3カ月間の旅路を経て、聖ブルーノの日にあたる1834年10月6日の午後5時30分にリスボンの「捨て子のロイヤルハウス」へと送り届ける任務も与えられたのだった。

ザクセン・コーブルク・ゴータ公フェルディナントと父ザクセン・コーブルク・コハーリ公フ

エルディナント、そしてジョン・コンロイはポルトガルに向かう道中、マルコス・マノエルをチャールズ1世とチャールズ2世を含む英国亡命王(エクシラーク)所縁の地を巡る旅に連れていったと考えられている。ザクセン・コーブルク・ゴータ公フェルディナントが、初めてポルトガルを訪れたのは1834年だったが、歴史上「全貌を明らかにせざるを得ないため、記録しないほうがよい」とされ、公式には1836年が初めてとされている。

前述したが、ポルトガル女王ドナ・マリア2世とヴィクトリア女王はとても親しかった。ダンスレッスンでもパートナー同士で、2人は数多くの舞踏会に出席し、憧れの的となっていた。14歳だったヴィクトリアは信頼できる親友のドナ・マリア2世に愛息の世話を頼むと同時に、マルコスの付添人の王子フェルディナントとの結婚をお膳立てした。

ドナ・マリア2世はヴィクトリアより7週間だけ年上だった。1835年1月26日、15歳にしてロイヒテンベルク公アウグストと結婚したが、彼はその2カ月後の3月28日に毒殺された。犯行の黒幕は当時のポルトガル首相パルメラ侯爵だった。

しかし、その波紋はまったく広がらず、その出来事から9カ月後の1836年1月1日には代理人をもって、フェルディナント公と再婚した。式は4月9日に開かれた。よって、フェルディナントはフェルナンドとなり、1837年9月16日には長男ペドロ王子の誕生と共に、正式にポルトガル王配フェルナンド2世となった。その後、ペーナ宮殿やペーナ庭園を造るなど、「芸術王」の異名を持つようになった。

ポルトガル女王マリア2世が1853年11月15日に亡くなった際、息子のペドロが王位に就いた。ポルトガル王ペドロ5世だ。しかし、ペドロの統治は短かった。極秘の情報を収集し、流出させたとして暗殺された。正式には、コレラもしくは腸チフスが死因とされているが、いずれも簡単に仕込むことができる。数カ月後にはペドロの兄弟2人も死去。そして33日後の1861年12月14日、ヴィクトリア女王の「夫」、王配アルバートも殺された。殺されたのは英国王室の秘密を知っていた者ばかりで、彼らは皆、口が軽かった。「ザ・シン」が解かれる前に「真実」を明かすことは厳禁だったのだ。

フランシスコ・マノエル殿下は言う。

「なぜポルトガル女王ドナ・マリア2世の指輪とヴィクトリア女王の銅メダルが我が家に代々受け継がれてきたのか、これで説明がつく。ヴィクトリア女王は正式にはポルトガルを訪れていないことになっているが、受け継がれたロイヤルマークは明らかにポルトガルに滞在されたことを示している。女帝ヴィクトリアの銅メダルは一点物で、裏面にはポルトガルの十字架が描かれている。入念に探してみたが、同じような物はどこにも見つからない。この一つしか存在しない」

訝（いぶか）しい！　ジョン・コンロイに無数に贈られた「ポルトガルの栄誉」

続けて、フランシスコは言った。

「フェルナンドがマリア女王と結婚してから、ジョン・コンロイにはポルトガルから数多くの栄誉が贈られた」

「これに対してウィリアム４世は厭わしく感じており、彼の許可なしで外国の勲章を受け取る、身につけることを禁止にした。さらには、アヴィス騎士団〔ポルトガルの騎士修道会〕の勲章が贈られた際には、パーマストンも恥をかかされることとなり、パーマストンは自身の名誉のためにも、できることなら公式に発表することを控えたかった」

「アヴィス騎士団の勲章が授与された英国人はコンロイただ１人だと言われている。彼に贈られた栄えある外国勲章はこれだけではなかった」

「ポルトガルの最高勲章『塔と剣』も贈られる許可証をマリア女王から受け取った。しかし、ここでも運命の悪戯が起こる。ポルトガル国内で巻き起こっていた革命により、女王が国人に指令を下すことが不可能になったのだ。そのため、勲章を授与する機会を設けることができなかった」

「勲章『塔と剣』には、多くの謎がある。英国人の画家ピッカースギルによるコンロイの肖像画には、『塔と剣』の勲章が目立つように描かれているが、ポルトガル国立公文書記録管理局によれば、彼にその勲章が授与されたという記録はない。ただ、マリア女王の許可証や、ヴィクトリア女王から得た外国勲章を身につけてもよいという許可証は残されている。

「とりあえず、アヴィス騎士団の勲章で満足せざるを得なかった。立派ではあるものの、『塔と剣』には及ばない。当然後者のほうが好ましかっただろう。なぜならどこに行っても近衛連隊が揃って盛大にジョン・コンロイのお出迎えをするようになっていたからだ」[22]

「さらには、ブラガンザ公・摂政ペドロにより、１８３４年に若き女王ドナ・マリア２世の名において、聖ベントのアヴィス騎士団は財産を没収され、廃止となった。それから60年後の１８９４年、エルネスト・ヒンツェ・リベイロ政権下で復興された」[23]

「再び運命（もしくは家族？）の悪戯が起こる。ジョン・コンロイは半島戦争に一切関わらなかった。それどころか、正式には、１度もポルトガルの地に降り立ったことすらなかったのだ。ましてやあのウェリントン公爵でさえ、アヴィスの勲章を授与されていない」[24]

「ジョン・コンロイがローマから息子のエドワードに１８４０年１月13日付で宛てた手紙にはこう綴られていた。

『親愛なるネッドよ、青酸よりポルトガルの酸のほうがいいぞ』」[25]

２００３年６月16日にマンチェスター市長グリン・エヴァンスがフランシスコ・マノエル殿下

に宛てた手紙にはこう書かれていた。

「……ジョン・コンロイとヴィクトリア女王の母ケント公爵夫人の関係を掘り下げていけば、多くの興味深い発見に繋がることでしょう。……仰る通り、ジョン・コンロイが王家の誰かしらと親密な関係にあったことは明らかで、おそらく例の子がポルトガルに送られた件が非常に繊細な事柄として取り扱われた理由でしょう。

――グリン・エヴァンスより」

ジョン・コンロイがあれほどのポルトガルの勲章を授与されるには、単にマルコスをケント公爵夫人から預かり、フェルディナントに渡したこと以外にも理由があったはずだろう。

おそらくコンロイ自身もフェルディナントと共に、マルコス・マノエルのポルトガル亡命の付添人としてポルトガルに向かったのだろう。亡命先まで付いていかなかったとしても少なくとも国境まで付き添い、ヴィクトリア女王に報告するため、一足先に急いで帰国したのではないだろうか。

第4章

世界秩序が激変！ヴィクトリア女王の実父はいったい誰なのか？

Jack Russell Terrier – 21 – Princess Victoria's Father

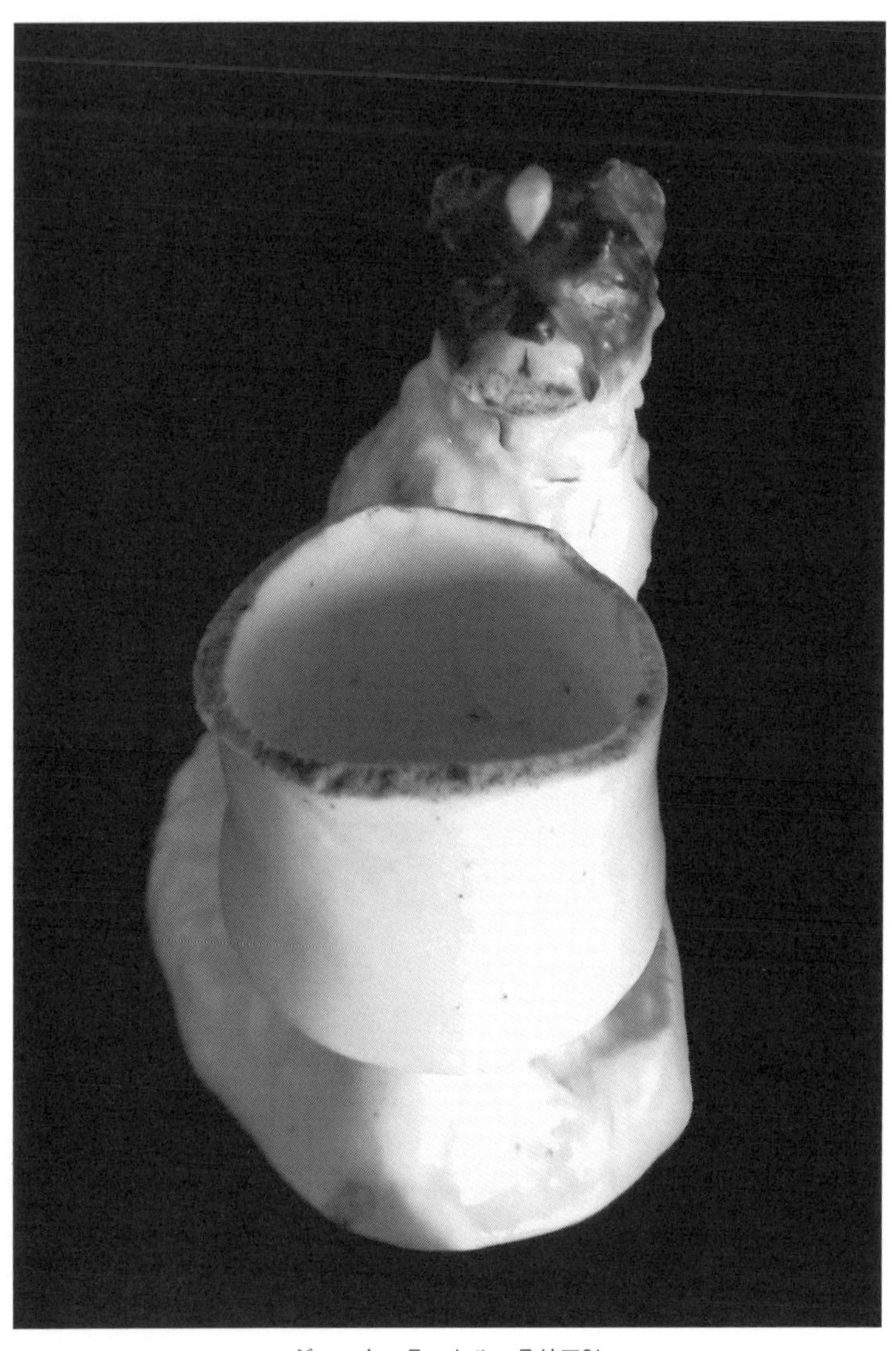

ジャック・ラッセル・テリア21

この章からは実際に残された「ロイヤルマーク」について検証していく。

まずは「ジャンク・ラッセル・テリアの陶器」（右ページ図参照）。

隠された英国王マルコス・マノエルに贈られたロイヤルマークの一つである。英国ウェスト・ミッドランズに位置するスタッフォードシャーは英国フリーメイソンの本拠地であり、この陶器は高度な技術を持つ職人の手により制作された。職人はカトリックでもキリスト教徒でも正教徒でもなく、神秘主義思想を信奉するグノーシス主義者だった。

グノーシス主義によると、イエス・キリストはダビデ家の末裔であり、メロヴィング朝の血統を引き、大天使ミカエルやエルサレムの由来とされるサレムの王メルキゼデクとも関わりがあるとされる。

スタッフォードシャーはレンヌ・ル・シャトー〔南フランスに位置する都市。ある教会に残された財宝にまつわる謎で知られる〕に酷似していると言われている。


ジャック・ラッセル・テリアのロイヤルマークは、ロイヤル・スタッフォード陶器で作られており、１８５０年にリスボンにてヴィクトリア女王の女官であり、王族子孫の管理人でもあった未亡人のフランセス・ジョセリン子爵夫人からマルコスに届けられた（54ページ参照）。

マルコス・マノエルはイングランド女王ヴィクトリアと盲目のハノーファー王ゲオルク５世の長男であり、唯一正統な子。１８３４年４月25日、カンバーランドのカーライル城にてヴィクトリアは秘かに、そして静かにマルコスを産んだ。

表に出てくることのないエリート層「レックス・デウスの血統」（イエスの血統）を継ぐ循環の輪を結び合わせ、それを完成させたのが、マルコス・マノエルの誕生だった。

マルコスの誕生は、神秘主義思想を信奉する秘密結社「ハイカレッジ・オブ・イニシエート」（イルミナティB）が最も濃く正統な王族の血統を追求し、巧みに計画した大プロジェクトでもあったのだ。

濃厚な「蜜」は、ギーズ・ロレーヌ家（スチュアート朝）とヴェルフ・エステ家（ハノーヴァー朝）を近親交配させることで作り出そうとしていた。ヴェルフ・エステ家はハノーヴァー家（ブルーノ家）の祖先にあたり、ブリタニア〔古代ローマがグレートブリテン島の南部に設置した州の一つ〕初代帝王マーカス・アクティウスまで遡ると言われている。

マルコス・マノエルをポルトガルまで送り届ける極秘任務を担ったザクセン・コーブルク・ゴータ公フェルディナントはマルコスの従兄弟であり、テンプル（英国）・フリーメイソンリー入会者、スコティッシュ・ライト第33階級（最高大総監）、フレンチ（仏国）・フリーメイソンリー薔薇十字団員だった。マルコスをポルトガルまで無事に送り届けたおよそ3年後に、フェルディナント公はわずか21歳にしてポルトガル王フェルナンド2世となったのだ。

彼が属していた薔薇十字団にも階級がある。その原点は「ライト・アンドニラマイト」にある。

最高階級の名は「薔薇十字崇高王子」。この階級に達する者は暗号化の極意を知る。ゆえに、「正しい日付」で記録する方法も身につく。子孫の誕生日をどう記録するかによって、その日付からその子の血統を証明できるという。

フェルディナントは実の従兄弟マルコス・マノエルを１８３４年10月６日の聖ブルーノの日にリスボンの「捨て子のロイヤルハウス」まで送り届けた。

ハノーヴァー家はブルーノ家の傘下にあるため、ハノーヴァー家に生まれる息子はみな「ブルーノ」と呼ばれている。ゆえに、「10月６日」に登録することで、マルコス・マノエルがあのブルーノ家の末裔であることを示し、ハノーファー王国においても最も正統な王位継承者となる王子であることを表わしているのだ。

ヴィクトリア女王が生涯産んだ子の数は11人。しかし、公式の記録では息子４人、娘５人の計９人と伝えられている。記録から漏れている２人は、隠し子の長男マルコス・マノエルと、使用人のジョン・ブラウンとの間にできたもう１人の隠し子だ。[1]

１８５０年、16歳だったマルコス・マノエルに収納箱いっぱいのロイヤルマークが届けられた。多くの捨て子は実の親を証明する「捨て子のマーク」を持っていたが、彼の場合はロイヤルマーク、それもただの王族の印ではなかった。マルコスがイングランド・スコットランド・アイルランド・ハノーファー王国の王子であり第1位王位継承者、およびザクセン・コーブルク・ゴータ公爵領の継承者であることを示す超貴重な品々が箱に詰め込まれていたのである。

冒頭の「ジャック・ラッセル・テリア21」の陶器は、王子マルコスのために製造された最初のシンボルとして箱詰めされた。これ自体が、シンボルを用いた暗号化システムを読み解く鍵であり、マークが明かす真実の重みを表現している。もしこれらが解読・記録・公開された場合、歴史は大きく変わってしまうという警告の意味も込められている。

ジャック・ラッセル・テリアの陶器に刻まれた「ヴィクトリア女王の父親」の真実！

歴史において、ヴィクトリア女王の父親はケント・ストラサーン公エドワード・オーガスタス王子と記録されている。

しかし、事実は違った。ヴィクトリアの実父は「ロスチャイルド家の1人」だったのだ。

ヴィクトリア女王の母親は、ケント公爵夫人マリー・ルイーゼ。1818年、ケント公爵夫人はベルギーのワーテルローからスイスへ向かった旅中に風邪をひき、3日延泊することになった。それからフランスを旅した。ちょうどその頃、ロスチャイルド家の祖マイアー・アムシェル・ロートシルトの五男ジャコブ・マイエールもパリに滞在していた。ジャコブ・マイエールは第33階級のフリーメイソンだった。

ケント公爵夫人が旅行から戻った頃にはすでに妊娠していた。

この「出来事」の直前にケント・ストラサーン公爵は、フランクフルトにあるロスチャイルド家のドイツ本部を訪ねている。用件は、結婚に充てる資金を請うため。その時、ある交換条件が出されたのである。それは、**ケント公の初産の繁殖権を譲り渡すこと**。それをのむことで、資金が支払われた。その初産で生まれたのが後に大英帝国の女王となるヴィクトリア王女だったのだ。

巷では「ヴィクトリア女王の実父は三男のネイサン・メイヤー・ロスチャイルド（当時41歳）だ」という噂が広まっていたが、果たしてそうなのか？　すべてはこのジャック・ラッセル・テリアが知らせてくれる。

ヴィクトアールの受胎はメロヴィング朝の伝統的方式で行なわれた。当時32歳だった彼女が参加したのは、メロヴィング朝の伝統、**ベスチアア・ネプトゥーニ生殖儀式**だったのだ。この儀式は「母」１人につき「父」２人が与えられるというものだ。

つまりヴィクトリア女王の「父」はロスチャイルド兄弟、ネイサンとジャコブ２人の内のどちらか１人。[2]

１５１ページの写真でもわかるように、ジャコブはヴィクトリア女王にそっくりだ。「ジャコブ」の別称は「ジャック」。ジャック・ラッセル・テリアの左足には5本の指があり、ジャコブが5人目の息子であることを示す。右足には4本の指、合計9本の指は日数「9日」を表わしている。そして左足5本目の指は27本の線を指していて、27歳のジャコブの種が実ったことを表わす。ヴィクトリア女王が生まれた1819年5月24日は、ジャコブの誕生日の9日後だった。

ネイサン・メイヤーとジャコブ・マイエールのロスチャイルド兄弟と共にメロヴィング朝のベスチア・ネプトゥーニ生殖儀式でケント公爵夫人はヴィクトリアを身籠もったのである。ジャコブの種が根付いたとして、彼がヴィクトリアの実父だとメロヴィング朝では承認された。そして、このジャック・ラッセル・テリアのマークはジャコブが実父であることを明確に示しているのだ。

その時、女ったらしでアルコール依存症だったケント・ストラサーン公爵はすでに破産していた。そして新たな愛人と暮らし始めていた。

ケント公爵はヴィクトリア女王が生まれた8カ月後に死んだため、ヴィクトリアに似ているかどうかは確認できていないうえ、彼の写真は残されておらず、ネイサン・メイヤー・ロスチャイルドに似た肖像画しかない。

ジャック・ラッセル・テリアの左肩と金の首輪の下にはニスで覆われた血の跡がある。これはアダムの肋骨を意味し、マルコス・マノエルはジャコブの肋骨から生まれたことを示している。つまりロスチャイルド家のジャコブ・マイエールだ。

ヴィクトリア女王（右上、下）と実父、ジャコブ・マイエール・ロスチャイルド（左上）

血の横には、かつての海上交易民族として知られるフェニキアの頭文字「W」が逆さまの「M」で表現されている。これは「禁断の秘密」であることを表わしている。

このニスで覆われた血はDNAの証拠を残すために施されたものだ。現代のDNA解析技術があれば、フランスのジャコブ・マイエールの血であることが判明する。それはすなわち、アシュケナジム・ハザール系（東欧系ユダヤ人）との混血による欧州王室への侵略が確認できるはずだ。

フランシスコ・マノエル殿下は言う。

「私はロスチャイルド家に何度も連絡をとっている。このジャック・ラッセル・テリアのロイヤルマークを分析する許可をロスチャイルド家の皆さんに与えると伝えた。この血を解析してジャコブのものであることをどうぞ確認してください、と」[3]

左足5本目の指が示す27本の線は、ワイト島の「ニードルス（針）」の地形を描いている。そこはマルコス・マノエルが英国を後にし、聖杯の港・ポルトガルへ向かった出発点だ。

犬の左足の形状は、ワイト島のムーンズヒルにある巨大な足跡の形によく似ている。そこからはニードルスを一望できる。マークが示すこの部分は、イングランド・スコットランド・アイルランドの王がワイト島のこの場所から旅立ったというメッセージが込められている。

イングランド・スコットランド・アイルランドの女王であり、初代インド女帝および「ヨーロッパの祖母」、「ヴィクトリア・グロリアーナ」とまで称されたヴィクトリア女王。彼女は、生まれる前からロスチャイルド家の工作により、不正統（バタルド）だったのである。

ヴィクトリア女王は、世界を治める君主の中で最も正統な王族の統治者として育てられたが、それはすべてでっち上げの大陰謀だった。

この工作を考案したのは、メロヴィング朝のあの儀式に関わったヴィクトリアの実の伯父にあたる英国銀行家、ネイサン・メイヤー・ロスチャイルド。建築家でもあった彼は、あることから世間の目を逸らすため、お金でナポレオン戦争を引き起こし、両側に資金提供を続けた人物だ。1815年6月18日、ワーテルローの戦いが終戦すると、経営難に陥った英国銀行はロスチャイルドのものとなり、英国王室も破産寸前となってしまう。そのため、彼らもロスチャイルドの甘い蜜に頼らざるを得なかったというわけだ。

ヴィクトリアは、どうしても
カンバーランド公ジョージと結婚する必要があった！

そんなヴィクトリア王女自身だったが、彼女にも正統な血統になる方法がたった一つだけあった。正統な血統の王子と結婚し、その王子の子を授かること。その救世主こそ盲目のカンバーランド公ジョージだった。

妊娠と結婚——2人は共に14歳だった（当時、結婚が可能な法定年齢は12歳以上）。

ケント公のヴィクトリア王女と盲目のカンバーランド公ジョージの結婚式は1834年の四旬節にフランス北西部に位置するタイダル・アイランドのモン・サン・ミシェルにて極秘で行なわれた。

1834年3月9日は日曜日で、英国では母の日だったが、まだフランスでは祝われていなかった。イースターの21日前、ペンテコステ（聖霊降臨日）だった。当時のモン・サン・ミシェルは秘密のノートルダム（教会）で、ブリトニーとノルマンディーの国境沿いにそびえるタイダル連山の一部である。

結婚式から47日後、ヴィクトリア王女はイングランド最北端にあるカーライル城で正統な王子を産んだ。その子に与えられた仮の家系の名は「マルコス・マノエル」。彼はカーライル城の最下層の部屋「アドミランダ」で誕生した。

このアドミランダはスコットランド女王メアリーが監禁されていた部屋だった。正統な王子マルコス・マノエルは亡命させられることが最初から決まっていて、それを予告するかのようにこの部屋が選ばれたのだろう。

ヴィクトリア女王の長男はネイサン・メイヤー・ロスチャイルドの姪の息子であり、ジャコブ・マイエール・ド・ロチルドの孫。とはいえ、カンバーランド公ジョージが実父である以上、

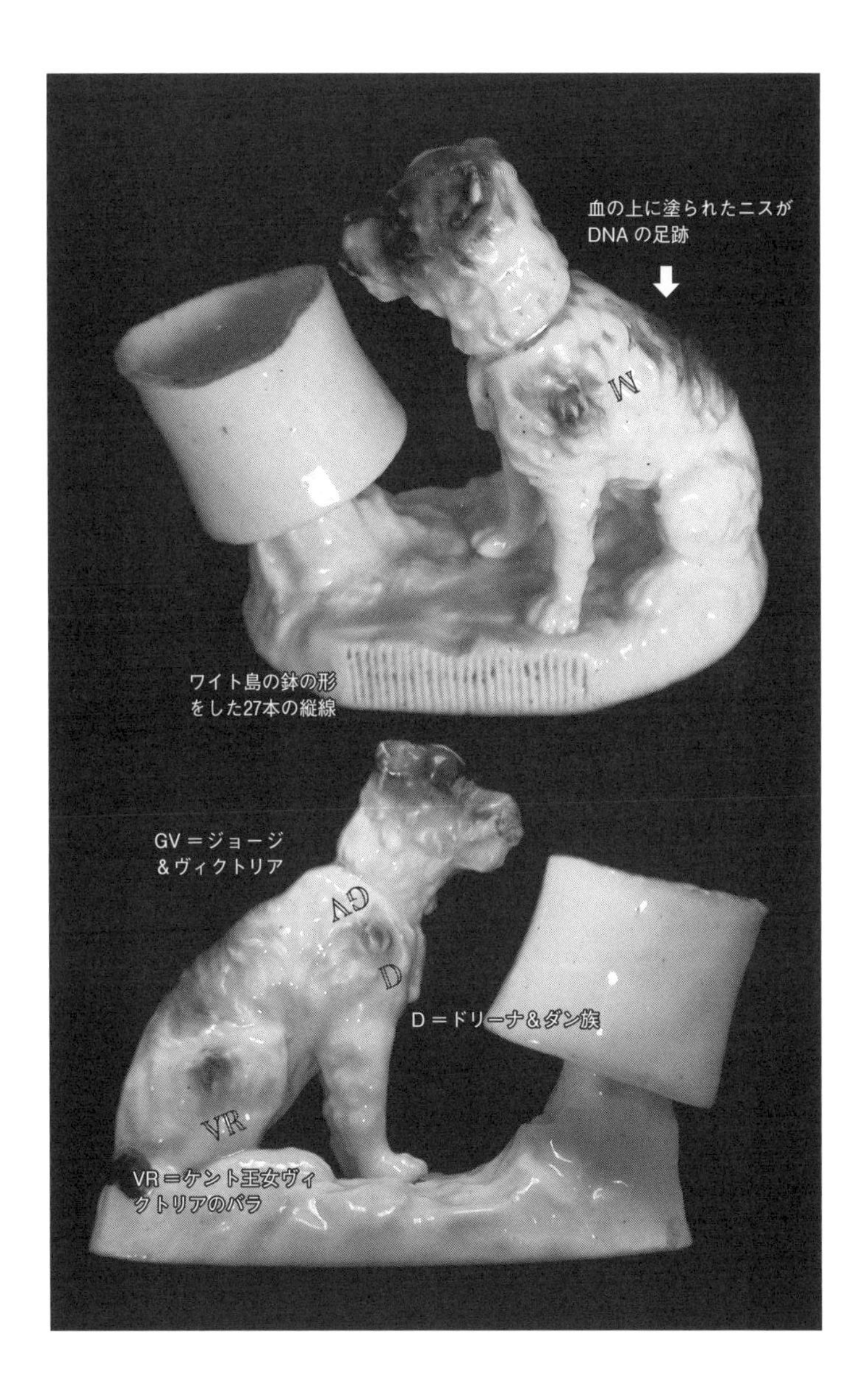
血の上に塗られたニスが
DNA の足跡
M
ワイト島の鉢の形
をした27本の縦線
GV ＝ジョージ
＆ヴィクトリア
GV
D
D ＝ドリーナ＆ダン族
VR
VR ＝ケント王女ヴィ
クトリアのバラ

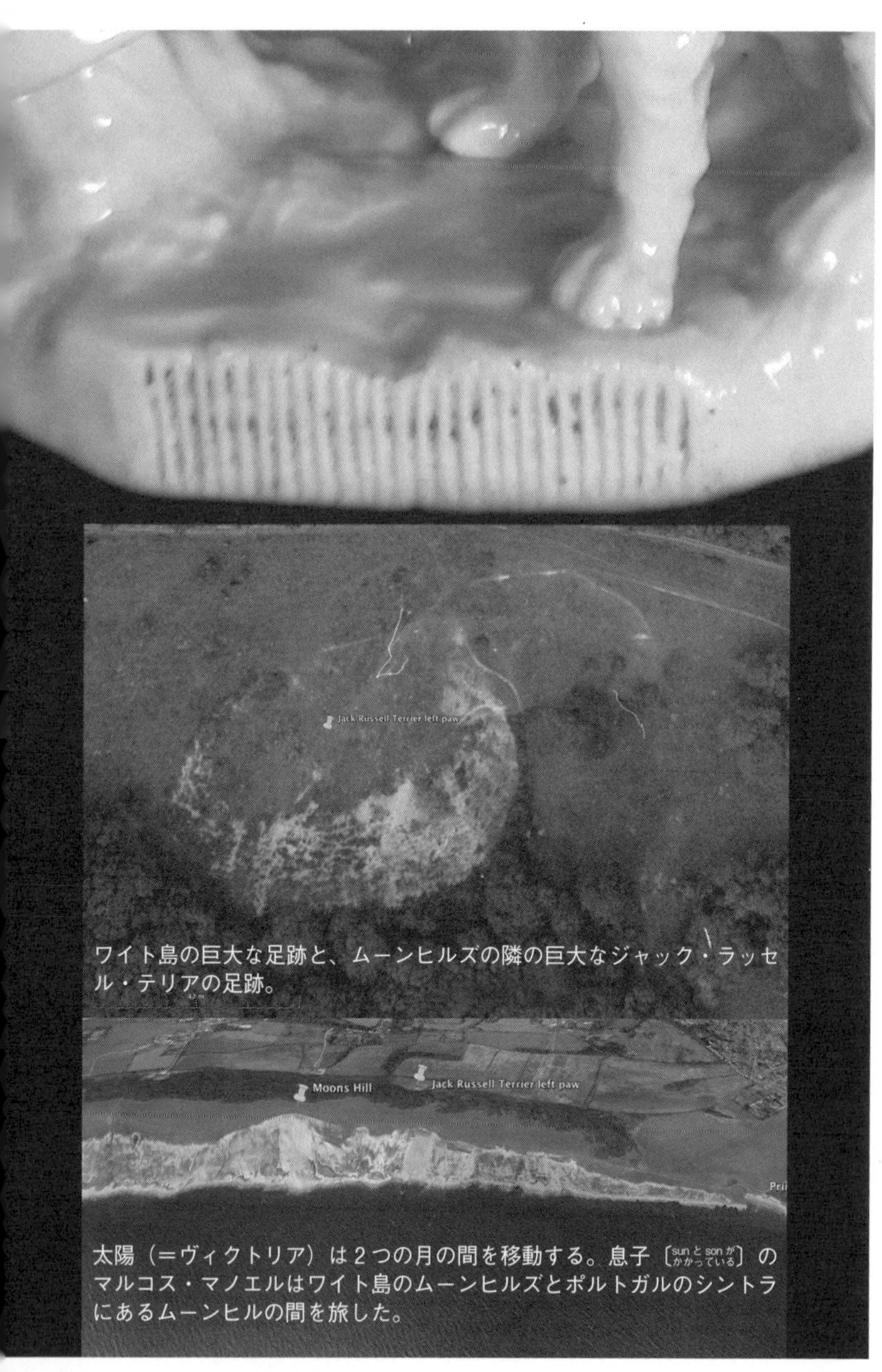

ワイト島の巨大な足跡と、ムーンヒルズの隣の巨大なジャック・ラッセル・テリアの足跡。

太陽（＝ヴィクトリア）は２つの月の間を移動する。息子〔sunとsonがかかっている〕のマルコス・マノエルはワイト島のムーンヒルズとポルトガルのシントラにあるムーンヒルの間を旅した。

Moons Hill
Jack Russell Terrier left paw
マルコス・マノエルはリスボンに住んでいたが、ポルトガルのシントラにある「ムーンヒル」の頂上に建つペーナ城に、父ハノーファーの盲目王ゲオルク５世を訪ねた。「シントラ」はワイト島と同じく月の女神アルテミスの別名シンシアー、ムーンヒルのムーア語名から来ている。
↑
サウサンプトン
↑
ポーツマス
←ノリス城
←オズボーンハウス
ハート城
↓
ヤーマス城
↓
ムーンヒルズ
↓
←カリスブルック城
←フレッシュウォーター湾
↑
巨大な足跡
Terrier left paw
←巨大な足跡
ムーンヒルズ
Prince Ferdinand SCG takes Marcos Manoel
フェルディナントがマルコス・マノエルを連れ、ポルトガルへ旅立った場所。

マルコス・マノエルこそ最も正統な君主であり、王族としては最上位なのだ。

フリーメイソンの原点、「天（巨人）の蔓」の血統と「契約の箱」を守る工作機関・谷の修道会

ジャック・ラッセル・テリアの右足にはアルファベットの「D」が刻まれている（155ページ参照）。これはドリーナ（＝ヴィクトリア）とダン族の「D」。逆さまに見るとジョージ（＝ゲオルク）の「G」とヴィクトリアの「V」とも読める。この下には、ケント王女ヴィクトリアを象徴するバラの花がある。

しかも「A」はフリーメイソンのシンボルマークの一つ、コンパスを表わし、「コンパスローズ（羅針図。地図や海図に東西南北の方位を示すために置かれる図形）が行き先を示す」という意味を持つ。そこには「バラが車輪に変わる」という意味も含まれる。[4] 言うまでもなく、マルコス・マノエルは、〝薔薇の女王〟から生まれ、リスボンの仁慈堂でローダホイール（車輪）に乗せられ送り届けられた。

このマルコス・マノエルの存在そのものが、フリーメイソンが創造し、暗号化した秘密なのだ。フリーメイソン自体が存在するのもこのような秘密を守るためである。

フリーメイソンの原点は「シオン修道会」にあり、「天（巨人）の蔓」の血統や契約の箱を守るための工作機関「谷の修道会」として創設された。

公式記録ではヴィクトリアが生まれた時、彼女の王位継承権は３人の伯父と父についで５番目であったが、父と伯父が次々と亡くなり、わずか18歳という若さで最も正統な世界最高位の君主となっていた。しかし、本来ならその座に就くべき者はただ１人、息子マルコス・マノエルだったのだ。ヴィクトリアは女王として統治していたが、その権利と身分は正統な息子を産んだことから得たものである。つまり、ヴィクトリアは女王になるべき人物ではない。ならば、重婚からできた彼女の子孫９人は全員不正統であり、いわゆる私生児なのだ。

彼らを「偽りの王族」と言う。

ポルトガルで亡命生活を続ける真のロイヤルファミリーの存在は、〝偽りの王族〟らにとっては最大の脅威だった。そして、真実を知るロスチャイルド家にとっては英国王室を操作するために利用できる脅迫材料でもあった。結婚と交配を繰り返すことで、ロスチャイルド家はほぼすべての欧州王室に血を混入させることに成功していた。

ヴィクトリア女王にもロスチャイルドの血が流れていた。しかし、彼女の不正統な血は、最高君主の亡命王（エクシラーク）マルコス・マノエルを産んだことで、ようやく正統になれたのだ。

これは19世紀から20世紀における最大の秘密である。この事実が明かされれば、英国のみならず、植民地や全世界にも多大な影響をもたらすことになる。秘密が暴露された場合、今ある歴史や情報はすべて無効・無意味になってしまうため、一種の「陰謀論」として真実は曇らされ続けてきた。

この「英国王室最大の秘密」は2012年9月19日まで公表してはならないとされた。

結果、マルコス・マノエルはロスチャイルド家にとって最も強力な政治的武器として利用され続けた。結果、その力は英国だけにとどまらず、彼らは他の欧州王室をも支配できるようになっていった。1837年、ヴィクトリア女王の戴冠はもちろん、1852年にマルコス・マノエルが18歳になった時も、ロスチャイルド家は裏で糸を引きながら操り人形たちを踊らせていたのだ。

真のロイヤルファミリーの存在は現在でも偽りのロイヤルファミリーと、彼らと交配した者全員への脅迫手段として利用されている。この事実が明かされれば、ほぼ全員が不正統なバタルド、いわゆる一般人となり、王族としての地位は剝奪(はくだつ)されてしまうだろう。

犬は「聖杯の守護者・ダン族」のことを示している！

暗号化されたスタッフォードシャー陶器でできたジャック・ラッセル・テリアは、マルコス・マノエルに譲渡されたロイヤルマークの一つだ。母ヴィクトリアは後に英国女王およびインド女帝となった一方で、父ゲオルクはハノーファー王になった。これによって、ヴィクトリアはハノーファー王妃として30年間もハノーファーの財宝を保有していた。

このことは「犬」に象徴されている。最古の犬は1万年前にカナンの地に生息したカナン犬とされる。フェニキアに含まれていたカナンの地にはヘルモン山があり、ヘルモン山、通称ダン山は、聖杯の守護者、ダン族を表わしている。

ヘルモン山は「天国の門」と称され、神族が地上と往き来する場所だと伝えられていた。地球上の民にとっても「神聖な場所」とされ、その泉は「救いの泉」と称されており、ヨルダン川の水源地である。ヘルモン山は元祖シオンの山。エルサレムが誕生した際、エルサレムの7つの山はすべて「シオンの山」と呼ばれていた。

ヘルモン山＝シオンの山＝ダン山は「禁断の知識」を秘めた「禁断の場所」とされ、世の終末を示し、黙示録・啓示を表わす。そこには、神の恵みが血に宿るダビデ家の末裔に関する禁断の秘密も含んでいる。

聖書において、神の時代のネフィリムとは「監視人」や「神族」「輝く者（エロヒム）[5]」「神の子孫」、または「堕天使」とも呼ばれる。ノアの父、レメクは盲目で777歳まで生きたとされ、息子のノアをネフィリムの子孫だと信じていた。

「私はとても変わった息子を授かった。我々とは違う生き物としか思えない。瞳はまるで太陽光のように輝き、顔つきにも燦然（さんぜん）たる鮮やかさがある。この子は天使の子だ。私から生まれたとは考えられない」[6]

ヘブライ語を語源とする「ネフィリム」という言葉は『創世記』6章4節で「巨人」という意味合いで用いられている。「当時もその後も、地上にはネフィルム（巨人）がいた」。『欽定訳聖書』でも「ネフィリム」の由来となった「ニパル」という「名高い者」を意味する言葉が使われている。『詩編』58編8節では、「npl」は「流産」を意味し、ネフィリムは「流産から成った超人」として伝えられている。

ラバの『創世記』26章7節では「ネフィリムは神の教えと共に、自らも地上へ堕ち、不死性から世界を中絶（ネフィリム）で埋め尽くした」と書かれている。[7]

ロスチャイルド家は、いつも「新種の動物」を作り出す!

陶器にされたジャック・ラッセル・テリアは新種の犬として繁殖され、1819年にジョン・ラッセル牧師により発表された。ジャック・ラッセル・テリアはヴィクトリア女王を象徴するマークであり、制作当初はまだ王女だったヴィクトリアが「新たな系図を作り出す」という意味を表わすマークとして用いた。

ロスチャイルド家は新種の生物を作り出すのが大好きで、それをマークとして使うことが多い。3本の角が生えた世界一背の高いキリンも彼らの仕業である。

1800年代末期、ネイサン・メイヤー・ロスチャイルドの孫、バロン・ナティー・ロスチャイルドは自らが作ったジャック・ラッセル・テリアの子犬を友人のザクセン・コーブルク・ゴータ家の王女たちに贈った。

王女たちが子犬を受け取ったことで、ジャック・ラッセル・テリアは王族や貴族の間で流行り出し、プードルやコーギーよりも求められるようになった。そのため肖像画で一緒に描かれていることが多い。

この「ジャック・ラッセル・テリア」という名前には、歴史を明かす暗号が秘められている。「ジャック」は英国のユニオンジャックと、イサクの息子ヤコブを表わす。ヤコブは名前をイスラエルに改名したので、「ジャック」は「イスラエル」としても捉えることができる。「ラッセル」はドイツ語のロス、もしくはレッドを意味する。そして「テリア」は〝地〟と〝土〟という意味だ。

つまり「ジャック・ラッセル・テリア」は「ユニオンジャックの英国人とロスドイツ人の地・イスラエル」という意味が含まれているのだ。

英国とドイツは血と遺伝子で繋がっており、その原点はイスラエル・レバノン・シリアをはじめ、ヘルモン山、3147/33、エルサレム、ノア、モーセ、イエスとマリアの血統やシオンの山――本来はヘルモン山を意味していたが、エルサレムを取り囲む7つの山を含めてシオン山と呼ぶようになった[8]――など「神聖なもの」にある。

「ロス」もまた、スキタイが支配した南ロシア（コーカサス地方）からアイルランドまでの地域で、紀元前8世紀から紀元前1世紀にわたって「王議会の座」を務めていたが、それは同時に、「王議会の環の終焉」を意味している。

「言語を超えた思考を伝えるために人は表象を用いた。シンボルや記号は明かすことも隠すこともできる。知識を持つ者にとっては明白なことでも、無知の者にとっては不可解な謎のままだ」[9]

「7」と「3」と最強の数字「21」――〝彼ら〟はカバラに基づいて実行する!!

秘密結社の長は言う。

「新たな番号が掛け算か足し算、もしくは神聖な数字を組み合わせて生み出されると、その数字は秘密結社のシンボルとなり、何が起こっているかを会員(団員)たちに伝達する一方で、それ以外の人々からは隠すことができる。

計画したことを実行するにあたり、正しい神聖な数字が使われた場合は、とてつもないパワーが放たれると言われている」[10]

秘密結社は科学的知識など、特に**数学を崇拝**する。数字には魔法の力があり、神聖な数字は組み合わせによっては、さらに強力なものへ化すと彼らは信じている。

「古代の宇宙進化論において、数字は重要な鍵である。神秘主義の体系は数字が基盤とされ[11]、秘密結社は宇宙の秘密は数字の中に秘められていると信じている」[12]

数字そのものが崇拝され、マルコス・マノエルの存在や生得権、地位や聖地にすまう祖先などは数字の増強性を用いて暗号化された。

カバラの「カバ」は、「ラ」の累乗である（＝22）。数字の11を表わす「M」を2つ並べると22になる。つまり22はMM（Marcos Manoel）とカバラの暗号。[13] エリザベス1世の通称、グロリアーナの「グローリー」もカバラを意味する。

情報は神聖な数字を拡大・増強する能力を持つ者の手によって秘められた。マルコス・マノエルの誕生にもこのような数字のパワーが応用された。そして伝承された知識を持つ者だけがいずれマルコス・マノエルが「ある血筋の王子」だということを公開できる。

太陽神ミトラスの儀式では、カラスは崇められ、悟りの第1段階を象徴する。エジプトの聖大アントニオス（修道士生活の創始者とされる）や聖ベネディクト（西欧修道士の父）は洞窟に暮らし、食料はカラスが運んできたという伝説がある。カラスはマルコス・マノエルが生まれたカーライル城と、送り届けられたリスボンのシンボルでもある。

数字の最も高度な増強は神秘主義の指導者の手によって行なわれ、「21」が第1の傑作とされる。「21」は神秘主義の指導者にとって最も聖なる数字「7」を拡大した強力な数字なのだ。

聖ベネディクトが亡くなった（547年）3月21日は「聖ベネディクトの晩餐の日」とされた。聖大アントニオスのマントを授かったセラピオンも同じ日に亡くなり、黄道帯の牡羊座の日でもある。

聖ベネディクトの没日（547年3月21日）は「3」と「7」と「21」を表わす。（547＝5＋4＋7＝16＝1＋6＝7）。「7」は最も神聖な数字。数字そのものに力があり、その数字を足したり（7＋7＋7＝21）、掛けたり（3×7＝21）することでその力が拡大・増強されるということだ。

神秘主義者のエリザベス・ヴァン・ビューレンは次のように述べている。

「7は最も神聖な数字であり、すべての中心、すべての魂、宇宙全体を治める数字。7を掛けるとその強さは倍増していくため、3×7つまり21が最も強力な数字であることに驚きはない」[14]

「3は最初の神聖な数字、最初の完璧な数字である。3は異教徒の三位一体を象徴する」[15]

幾何級数（隣り合う二項の比が一定であるような級数）では三角、ヒンズー教では第3の眼を表わす。神秘主義は他の数字と3を掛け合わし、新しい数字を作り出すこともあるが、3を繰り返し掛け合わせ増強していくこともある。

イエズス会およびテンプル騎士団の教えによると、「21」は秘密の暗号で「目に見えない・知られざる上位者、イエスの末裔」を表わすとされる。

まるで魔法かのように、ヴィクトリア女王の長男、亡命王(エクシラーク)マルコス・マノエルは１８３４年４月25日にカーライル城（＝カラス）で生まれ、１８３４年10月にリスボン（＝カラス）へ送り届けられている。誕生日を見てみると、25日から「７」（２＋５＝７）、１８３４年からも「７」（１＋８＋３＋４＝16＝１＋６＝７）が見出せる。さらにマルコス・マノエルは16歳（１＋６＝７）の時にロイヤルマークを譲渡された。３つの「７」が重なり、７＋７＋７＝21となる。

つまり、マルコス・マノエルはカーライル城（カラス）にて４月（４番目の月）に生まれ、10月（10番目の月）にリスボン（カラス）にて登録され、合わせると14になる（＝４＋10＝14＝２×７）。彼が生まれた年は１８３４年（＝７）で、生まれた月と届けられた月を合わせると７＋７＋７＝21だ。

マルコス・マノエルの誕生、亡命、そして資産などは、まるでチェックリストのように、神秘主義の指導者により意図的に工作された。その目的はマルコス王子がいつでも王族としての地位を数字やシンボルで証明できるようにするためだった。

『出エジプト記』に現われる古代イスラエルの民族指導者モーセは、エジプトの太陽神アテンの息子（＝ファラオ・アクエンアテン）である。モーセは古代エジプトの知恵をすべて伝承したとされ、薔薇十字団の儀式はそれゆえに「原子」から始まる。

神秘主義思想カバラによると、ダン族が聖杯を守護するシオンの山（＝ヘルモン山＝ダン山）にて、モーセは7を増強した「21」を表わす3147／33の暗号を伝承されたという。モーセはノアの洪水を示す数字を知り、これが「33年に起こる」という予言のもととなった。

英国からも親からも離れ、幼くして極秘の亡命生活に追いやられたマルコスだったが、それでも自身の正体と地位を証明できた。神秘主義の指導者やカバラの使い手にとって、マルコス・マノエルは純粋なメロヴィング朝の血統を持つ最高位の象徴であり、ゆえに王位が侵略された証拠でもあった。そのため、マルコスの亡命は神秘主義の指導者やイエズス会、テンプル・フリーメイソンリーの錬金術師や薔薇十字団のロスチャイルド家の見えざる手により巧妙に印され、最重要機密として隠されたのである。

マルコス・マノエル王子を隠蔽（いんぺい）するにあたり、「7」とその増強した数字は彼の地位と英国王位、ハノーファー王位、ザクセン・コーブルク・ゴータ公国の生得権を示す暗号として使われた。聖なる数字さえ見せれば、自身が流浪の身の「隠された英国王」こと亡命王（エクシラーク）であることを証明できたのだ。

マルコスの隠蔽そのものがシンボルであり、世界最大の陰謀の目印として、そして「レッド・ムーブメント」のマークとして、ロイヤル・スタッフォードシャー陶器に彫り込まれた。これはカトリック教会にメロヴィング朝の血を入れる「血の乗っ取り」とも呼ばれている。

ヴィクトリア女王の長男の隠蔽、彼の誕生・亡命・伝説はイエズス会の了承と助けを得て密かにそして巧みに実行された。イエズス会では古代エジプトの伝統に影響されているため、女王にはできるだけ多く子孫を残す義務があると信じられていた。ゆえに、他王国の王や王子など、夫ではない男性と子作りさせられることも少なくなかった。

これらのすべてがロイヤル・スタッフォードシャー陶器で作られたジャック・ラッセル・テリアに暗号化されている。それだけではなく、その数字はさらなる大きな秘密を解き明かすもとになる――その隠された秘密が明かされる時、**「神の時代の終末」と「王の時代の到来」を告げる**のだ。

これもまたマルコス・マノエルの遺産の一部である。

モーセにも伝えられていた暗号「３１４７／33」とは？

陶器の下は、スコットランドのアルバナック王の王位を象徴する足形が象られている。足形（または靴）は「所有」を表わし、その多くは石に彫られて後世に残された。[16]

ジャック・ラッセル・テリアは足形の上に座っている。これは「王を生む足形」を意味する。犬と比較するとその足形は巨大なものに見えるが、実際には赤ん坊のもの、しかもマルコス・マノエル本人の足形だ。

この足形にはモーセが伝承された暗号「3147/33」の数字が刻まれている（次ページ参照）。

紀元前3147年は神の時代の終末、王の時代の到来を示す。

紀元前3147年は神々が去り、代わりに王が居座った年。[17]

紀元前3147年は大洪水が起きた年。これは王名表にも記されていた。

カバラでは「33」はイエス・キリストの時代を示すため、「3147/33」はイエス・キリストが誕生する3147年前という意味も込められている。[18]

「33」を横にすると「MM」と読める。言うまでもなく、マルコス・マノエルのイニシャルだ。

そして3147は、イスラエルの地中海沿いに位置したとされる今はなきフェニキア王国の座標でもある。[19]

「21」はスコットランドの亡命王族や知られざる優越者、イエスの末裔の数字。

すなわち、王の足形の数字はこう読む――

3147（大洪水）↓ 3＋1＋4＋7＝15

33（紀元前）↓ 3＋3＝6

⇩

15＋6＝21

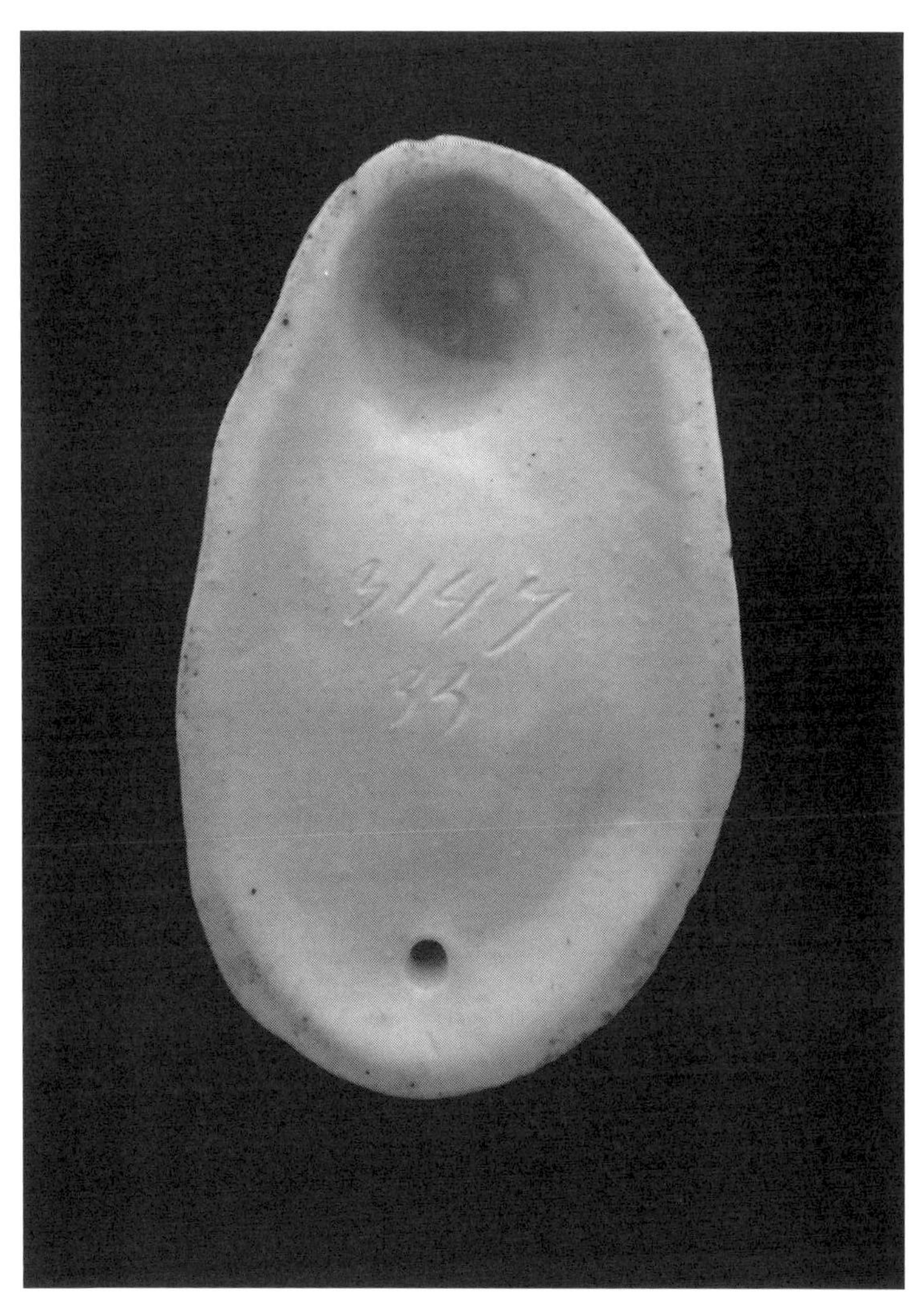

ジャック・ラッセル・テリアの下にある足形の裏面。球体は「天国のドーム」と小さな円筒の「地球」を描いており、「紀元前3147／33年に堕天使／巨人が天からヘルモン山／シオン山に（地上に）到着したこと」を示している。

3147

＋＋

33

⇩3477（3＋4＝7）7＋7＋7＝21

「7」は天国の数字。

7＋7＋7＝21＝三位一体、天の奥義における最も神秘的な数字。

カバラ信仰ではこう解釈される――

「7」は入門の数字（7＝3＋4）であり、物質と無限なる者（神）との融合を表わす。

カバラ信仰の「21」には、歴史が含まれているのだ。マルコスの25日の誕生日（＝7）や、生まれた年である1834年（＝7）、生まれた月である4月とリスボンに到着した10月（＝4＋10＝14＝2×7）同様、さまざまな意味合いや記録が組み込まれているのが、「21」というシンボルだ。

秘密結社において、マルコス・マノエルは「選ばれし王子」であり、神や巨人の血統を引く代表者でもあることは常識だったのだ！

フリーメイソンにおいて第33階級はとても重要な位置付けにあると、しばし紹介しているが、

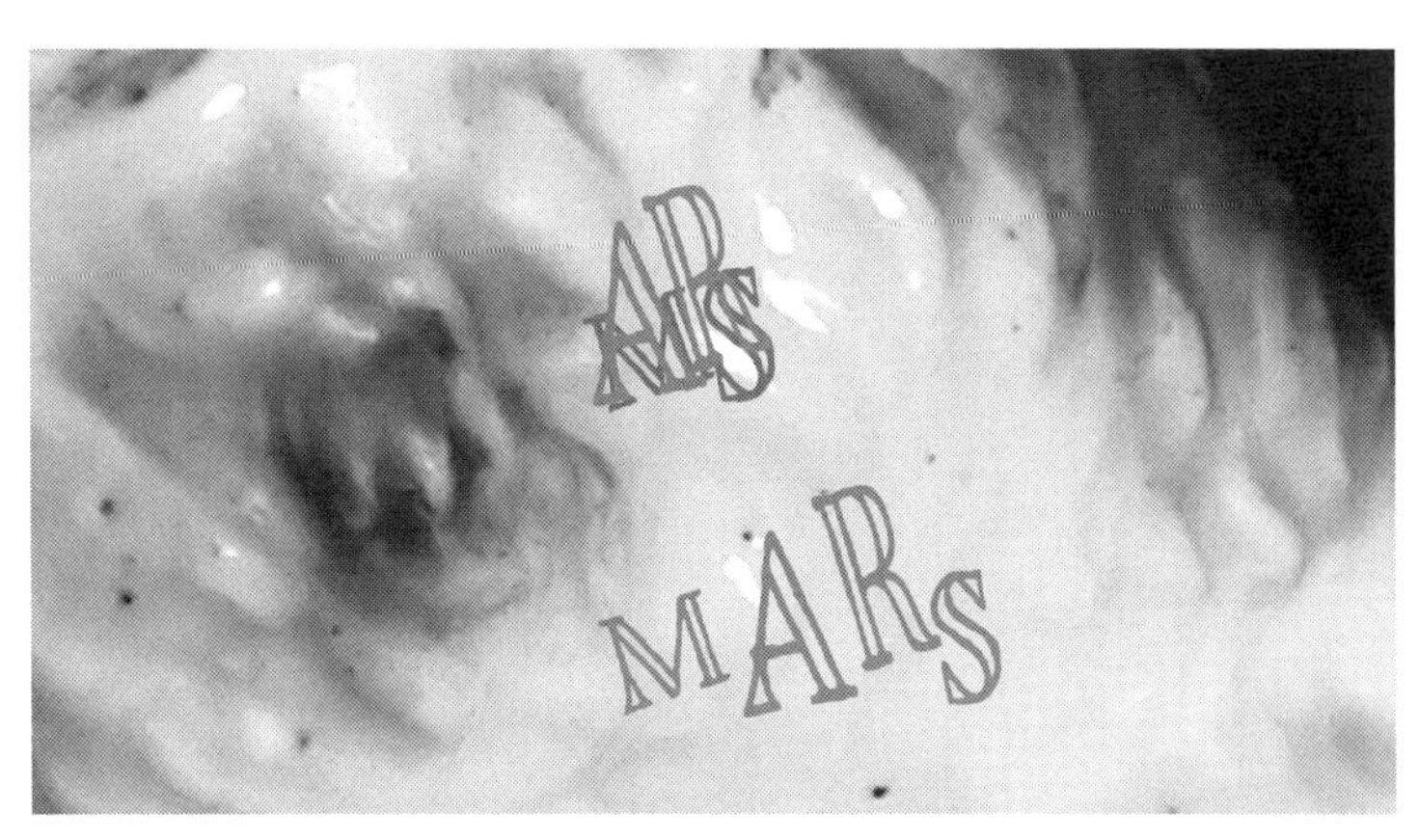

「テンプル騎士団がエルサレム占領中に基地を設立した起源は、ヘルモン／シオン山に遡ることができる。（20 Sandy Hamblett, 'Godfrey de Bouillon's Templar Knignts, Mount Sion and the Essenes', The Journal of the Rennes Alchemist, 2003年６月）

その原点はテンプル騎士団やフランスのメロヴィング朝とそれを構成するダン族との関係にまで遡ると言われている。[20]

ロスチャイルド家の始祖マイヤー・アムシェル・バウアーは、後にマイヤー・アムシェル・ロートシルトに改名し、「マイヤー・アムシェル・ロートシルト・ウントゥ・ゾーネ」（ロスチャイルドと息子たち）という商標登録で家業を創業する。それから、頭文字「ＭＡＲＳ」で知られるようになった。

「Mars」とはすなわち、火星。この惑星は古代ローマにおいて、戦の神だった。また、Mars は March（3月）の語源であり、Martius（マルティウス）や Marcus（マーカス）、そして Marcos（マルコス）などの名前の由来でもある。陶器の犬に刻まれた「３１４７」の「３」は横にすると「Ｍ」になり、「ＭＡＲＳ」を表現している。さらには犬の左肩には『旧約聖書』に登場する地名「シェケム」〔現パレスチナの中央に位置する〕の文字が……。これも「MARS」を表わしている。

国際子午線が「パリ」から「英国」に変更されたカラクリ

太陽王ルイ14世はフランスの王として72年間在位した（1643〜1715年）。その間に北緯31度47分、東経33度にあるヘルモン山に対する経度パリ本初子午線を測るため観測所をパリで建設する。

実際にはヘルモン山は北緯30度46分18・12秒、東経33度31分7・32秒に位置するため、47マイル（75・6キロメートル）と36マイル（57・9キロメートル）の誤差がある（精度97％）。しかし、SETI（地球外知的生命体探査）は、プラトンの神聖幾何学〔同じサイズの多面体が5つある〕を使い、ヘルモン山が緯度33度、経度33度に位置することを証明した[21]。

バス勲章〔イギリスの騎士団勲章の一つ〕授与者で王立学会会長のジョージ・ビドル・エアリーはヴィクトリアが誕生した年の1819年に、ケンブリッジのトリニティー大学に入学すると、すぐさま優等生として讃えられた。

エアリーは1833年に（1846年にも）王立天文学会において金メダルを受賞。その後、1835年6月には王室天文官に就任し、1836年には王立協会のフェローに選出され、学術雑誌『哲学紀要』（Philosophical Transactions of the Royal Society）やケンブリッジ哲学学会に貢献したが、専門分野は数学と物理学だった。

ジョージ・エアリーは１８３６年にグリニッチに引っ越し、１８５１年にはグリニッチ天文台にて新たに４つ目のグリニッチ子午環を設置した。これは１８８４年に本初子午線として国際的に認められ、世界の大半の船舶が航行の基準点として利用するようになった。その前まではパリ子午線が使われていた。

ジョージ・エアリーは数学者であり哲学者、そして王立学会の一員だったため、薔薇十字団の知識もあった。「３１４７」と「33」もしくは31度47分と33度が、現イスラエル、レバノン、シリアに位置したフェニキア王国のヘルモン山とリンクすると頑なに主張し続けた。

ヘルモン山は１０００平方キロメートルにわたる巨大な山だ。２８００メートル級の頂が３つあり、冬になると雪に覆われる。「天国の門」や「長の山」、「禁断の場所」や「堕天使の門」（輝く者）としても知られているところだ。

緯度１度＝60海里マイル（１１１・20キロメートル）
緯度１分＝１海里マイル（１・85キロメートル）
パリは北緯48度50分０・00秒、東経２度20分14・02秒。
グリニッチは北緯51度28分40・12秒、西経０度０分５・31秒。

パリはグリニッチに対して2度38分40・12秒南、2度20分19・33秒東にある。

パリ子午線を基準にすると、ヘルモン山は北緯30度46分18・12秒、東経33度31分7・32秒に位置する。

つまり北緯は31度47分にあり、東経が33度にあることになる（精度97％）。

グリニッチ子午線を基準にすると、ヘルモン山は北緯33度24分58秒、東経35度51分27秒に位置することになる。北にわずか28マイル（45・06キロメートル）の誤差で、こちらも精度97％だ。

パリは東経33度で、グリニッチは北緯33度と記録。しかし、グリニッチは北緯31度47分をヘルモン山から293キロメートル南に位置する北緯31度47分、東経35度13分51秒のエルサレムのゴルゴタに移動させたのだ。[22]

これらを整理すると、1851年から1884年の間に北緯31度47分はヘルモン山からゴルゴタに変更され、東経33度は北緯33度と記録されるようになった。フリーメイソンや薔薇十字団をはじめ、錬金術師（王水）やグノーシス主義者にとって、「33」はヘルモン山（シオン）を象徴する数字なのだ。

1000平方キロメートルに広がるヘルモン山とその周りを囲む地域で湧き起こった歴史的工作事件。これは偶然なのか、運命の悪戯か。合わせてそのタイミングを考えると、偶然にしてはあまりにも都合がよすぎた。

マルコス宛のロイヤルマークは製作され、１８５０年４月下旬に贈られた。そして１８３６年から１８５１日目に完成したグリニッチ子午線が１８５１年に公開され、１８８４年には正式に世界海図の基準となった……。その年、マルコス・マノエルは50歳を迎えた。

「３１４７／33」は巨人と王の足形に刻まれ、１８５０年にマルコスへと贈り届けられ、公式の本初子午線をパリからグリニッチに改定、ヘルモン山（神々と巨人）を保持しながら、エルサレムのゴルゴタ（神々と巨人の末裔イエスを由来とする）を時空と所在地の基準として世界に紹介したのだ。

これらもマルコス・マノエルが神々や巨人から成るイエスの血族、つまり王の血統であることを示すために行なわれたことである。

秘密結社が持つ、数字「33」への異常なこだわり

メロヴィング朝は6世紀頃、「勝手に」フランス・パリで根を張った。「トロイの王子パリス・プリアモス」や「トロイの木馬の潜入」などと称し、王朝の拠点となった。パリの語源は「Phar-a-Isis（＝ファライシス）」、ドリュイド信仰（古代ケルト民族が創始した宗教）の「イシス神殿」からきている。イシスはもちろん「豊穣の女神」。そしてイシスのもう一つのシンボルは「ダイアナ」だ。

パリは大きな渦の上に建設されている。ある説によると、パリの地下には生贄（いけにえ）などの儀式が行なわれていた施設が存在するという。この儀式はイシス神殿やドリュイド神殿に祀（まつ）られる女神ダイアナへの捧げ物なのだ。これがパリ子午線の原点である。「ヘルモン山は東経33度、パリ本初子午線に位置する」として記録されるのも、ドリュイドの女神・イシスへの贈り物だった。

「33」への執着、異常なまでのこだわりは、遡ると古代ヘルモン山に通じる。現在でもSETIは神秘主義思想の指導者と宇宙政治を専門とする軍事諜報員で構成されている。しかも彼らは宇宙だけでなく、バチカンの記録を「探査」するのも許可されている。とにかく彼らは皆「33」にまつわるものすべてを崇拝している。

SETIのウェブページ「www.seti.org」には、「SETI特別プログラム　SETIスターになろう！」と掲載されている。「SETIスター」は豊穣の女神「イシュタル」と同音異字だ（"SETIstar"と"Ishtar"）。

イシュタルと言えば、バビロンの「イシュタルの門」。そこから誕生したのが星の家エステ家――ヴェルフ・エステ家。エステ家からブラウンシュヴァイク・リューネブルク家になり、その後ハノーヴァー朝へと発展していく。ハノーヴァー家はもう一つ、「黒の貴族」または、「レプティリアン」とも呼ばれている。

SETIとイシュタルが同音異字だったため、一種の確認作業ではあったが、この結果は予想していなかったものだ。

Ｓｅｔ（セット）の語源は、古代エジプトの神セット・ジューゲ・ジョルジスこと聖ゲオルク（あるいは聖ジョージ）であり、聖マイケルと同様にドラゴン退治の伝説を持つ。聖マイケルは堕天使ミカエル、語源はカバラ信仰では「３１４」の数値を持つ「メタトロン」（ちなみにエル・シャダイ（全能の神）と同じ数を持つ）にある。マルコス・マノエルも「３１４」、つまり、メタトロンで記されている。

マルコス・マノエルの父である盲目のハノーファー王ゲオルク５世が王位に就いたのは、４つ目で最後となったグリニッチ子午線が制定された年でもあった。１８８４年には本初子午線として制定、盲目のジョージの死から10年後のことだった。

ハノーヴァー家は、ドイツ国民の神聖ローマ帝国の財務係だった。そしてＳＥＴＩも神聖ローマ帝国の延長にある。

神々の時代が終わり、王の時代が始まる頃まで遡ると、聖書には「天から舞い降りてきた巨人」が農業の実用的なアドバイスを始め、電池や消えない電球などのテクノロジー、教育とアルファベットを人々にもたらし、街を構築したと記されている。これが事実ならば、周辺地域に比べ５０００年は進んでいただろう。

軍の情報局も数字「33」や「３１４７」の頭の３桁「３１４」に囚われている。その歴史は神々の時代の終末と王の時代の幕開けまで遡るのだ。

１８５１年から１８８４年の間、北緯31度47分はヘルモン山からゴルゴタに移され、東経33度で表記されていたヘルモン山は北緯33度に変更された。

本初子午線がパリから英国に変更されても、33度というのは変わらず、ゴルゴタへの移動は認められた。

まるで歴史のネオンサインかのように、イエスはヘルモン山に舞い降りた堕天使と巨人の末裔であることを示している。ゆえに、「主イエスの変容」（福音書に記述された、イエス・キリストが高い山に弟子たち（ペトロ、ヨハネ、ヤコブ）を伴い、旧約の預言者であるモーセやエリヤと語りながら白く光り輝く姿を弟子たちに示したと聖書に記された出来事）があるのだ。

ハノーファー・エステ（星）家がヘルモン山の堕天使とゴルゴタのイエスの血を引くことも歴史のネオンサインだ。この血統はハノーファー・エステ王、盲目のゲオルクから正統な長男だったマルコス・マノエル王子へと繋がれている。

つまり、盲目のジョージ王子とヴィクトリア王女がフランスのモン・サン・ミシェルで式を挙げたのにも理由があったのだ。それはエステ家（スターまたは、イシュタル）を称え、そして息子の存在を主張するためだった。

モン・サン・ミシェルには神秘信仰のコードネームがある。「科学的聖杯」＝３１４……。式は１８３４年3月9日に行なわれた。日曜日（SUNDAY）は星の日（STARDAY）ともいう。１８３４＝３１４／8、または３１４／永遠。3月9日は母の日だった。母と言えば、母親の象徴、豊穣の女神イシスだ。

彼らの結婚には呪いをかけるという意図もあった。そして、生まれてきたのが長男であり、正統な後継者マルコス・マノエル王子の時代から「科学とロケットの時代」が始まると秘密結社内では信じられていた。

内輪の人はマルコスが**科学的聖杯の守護聖人**であったことは知っていたので、彼の2度目の埋葬はモン・サン・ミシェルにて、1914年に足して「3」になる日程で行なわれている。ここには「314」の数字や「21」に由来する「3」などが関わっている。「21」は「ザ・シン」（禁断の秘密）の象徴であり、神聖なる数字「7」を倍増した最も強力な数字なのだ。

マルコス・マノエルは最初に長年住んでいたポルトガルにあるペナ城のシヴァ・リンガムで埋葬された。そこは聖ジョルジオの「聖杯の玄関口」ことポルトガルにおける2つ目のお城だった。これもまたマルコスが「隠された王」だと認められていた証拠だ。

隠された英国王マルコス・マノエルはその後、モン・サン・ミシェルでもう1度埋葬された。これにもまた深い意味があった。彼がまず聖杯の守護聖人であり、星の家であるエステ家、つまり豊穣の女神イシュタルの末裔であり、ヘルモン山の堕天使の末裔でもあるということを認めている証しだ。つまり彼は正真正銘イエスの末裔、イエスとマグダラのマリアの血統、つまり神の血統を引く王位継承者第1位であるということだ。

このような血筋のマルコス・マノエルは地球上すべての王の上に立ち、統治すべき運命だった。その血筋は現在、マルコスからフランシスコ・マノエルへと繋がれた。ゆえに、ハノーファー・エステ王、盲目のジョージ公とヴェルフ家のヴィクトリア女王の間に生まれた唯一正統な子孫、隠された英国王こと科学聖杯の守護聖人マルコス・マノエル王子の末裔である、フランシスコ・マノエルが正統な王位継承者になるのだ。

聖書によると、ヘルモン山は巨人と堕天使が空から地球上へ舞い降りてきた場所であるという。

「当時もその後も、地上にはネフィリム（巨人）がいた。これは、神の子らが人の娘たちのところに入って産ませた者であり、大昔の名高い英雄たちであった」（『創世記』6章4節）

「バシャンの王オグはレパイム（巨人族のこと）のただ1人の生存者であった。彼の寝台は鉄の寝台であった。これは今なおアンモン人のラバにあるではないか。これは普通のキュビト尺で、長さ9キュビト、幅4キュビトである」（『申命記』3章11節）

キュビトは4×1・8メートル。4メートル級の遺物、まさに巨人のものだ。

『創世記』6章4節には、洪水の後（紀元前3147年）、ネフィリムがこの地に戻り、オグが統治する「巨人の国」を作ったと記録されている。そしてモーセとヨシュアがその巨人たちを倒したとされる。

聖書でいう「堕天使」は、「忘れられた巨人族アヌンナキ」とも称ばれる。

古いエルサレムの地図にはマルコス・マノエルの足形が描かれている。足のアーチの部分に位置するのが、ダビデの町シオンだ。

イエスのはりつけはゴルゴタの「Cavalry（＝カヴァルリー）」で行なわれ、ザクセン・コーブルク・ゴータの「ゴータ」や「Chivalry（＝騎士道）」の由来とされている。

「3147／33」の印はマルコス・マノエルの足形と、ヘルモン山の「監視人」あるいは「天人」のネフィリムやアヌンナキ、ギリシャ神話のアルゴナウタイ（コルキスの金羊毛を求めてアルゴー船で航海した英雄たちの総称）をも繋げる。

洪水とノアの方舟の後、ネフィリムがエルサレムの地に戻り、ダビデ家（紀元前3147年以降の王の時代）とダビデの町が誕生し、その後、イエスのはりつけがあり、カヴァルリーとゴルゴタ（33年）からヘルモン山を祀るテンプル騎士団やザクセン・コーブルク・ゴータなどが生まれた。これらすべてが代々伝わってマルコス・マノエルの血に混在していたのだ。これが王の血統の真実である。

ソロモン神殿を建設したヒラム・アビフが〝隠したこと〟を、今もなお探し続けている！

黄金の三角形、「黄金のデルタ」はヒラム・アビフの財宝を象徴する。「財宝」とは「秘密」のことだ。

ヒラム・アビフとは、ソロモン神殿を建設した人物である。その伝説によると、3人の職人がヒラムから秘密を無理やり聞き出そうとした際、ヒラムはデルタの形をした首飾りを井戸に投げ捨てた。

この話もあのスタッフォード陶器で作られたジャック・ラッセル・テリアの犬の鼻の下に見てとれる。秘密は井戸の底に消えたのか、それとも隠されたのか……。白の塔、またはダビデの町シオンの歴史の中に再発見されるのか。

ヒラム・アビフは黄金のデルタを井戸に投げ捨てた。フリーメイソンの存在意義はその秘密を探り、発見することだ。ヒラム・アビフはその後、同僚の3人の職人ジュベラ、ジュベロとジュベラムに殺害された。[23]

ロンドン塔と同じように、黄金のデルタは「魂の井戸」を指している。それがこのロイヤル・

スタッフォード陶器が王室の知られざる歴史を記すフリーメイソンの純正品である証拠だ（次ページ参照）。フリーメイソン会員にどの分会に属するか聞いた場合、その人が「ロイヤルアーチ」に属しているなら、「黄金のデルタ」と答えるだろう。

ジャック・ラッセル・テリアが覗き込む魂の井戸の形状や角度はダビデの町、ロンドン塔の白の塔、そしてスコットランド女王メアリーが監禁されていたお城の混成で形成されている。

白の塔はロンドン塔の最も重要な部分である。城の天守で、キリスト教界において最も大きな本丸の一つだ。天守はとても強度が高く、最後の逃げ場として城の中で最も安全な場所とされる。もともと白の塔はロンドンにおける王権の本拠地として建設された。軍人や馬を休ませる場所、そして外部侵攻があった場合、ロイヤルファミリーが避難できる場所として作られた。

長年にわたり、白の塔の周りでは改築・補強工事が繰り返され、その結果、ロンドン塔の敷地には21基の塔が立っている。「21」は「ザ・シン」の数字だ。「禁断の秘密」（禁断の知識）を指す「ザ・シン」の歴史は神の時代の終末と王の時代の始まり、紀元前３１４７年の大洪水まで遡る。

白の塔は増築され、城の主人の住居、ロイヤルファミリーの別荘、そして重要な囚人の収容施設として使われた。

白の塔は１０６６年、ノルマン人の侵入後、征服王ウィリアムが建設した。当初はモット・ア

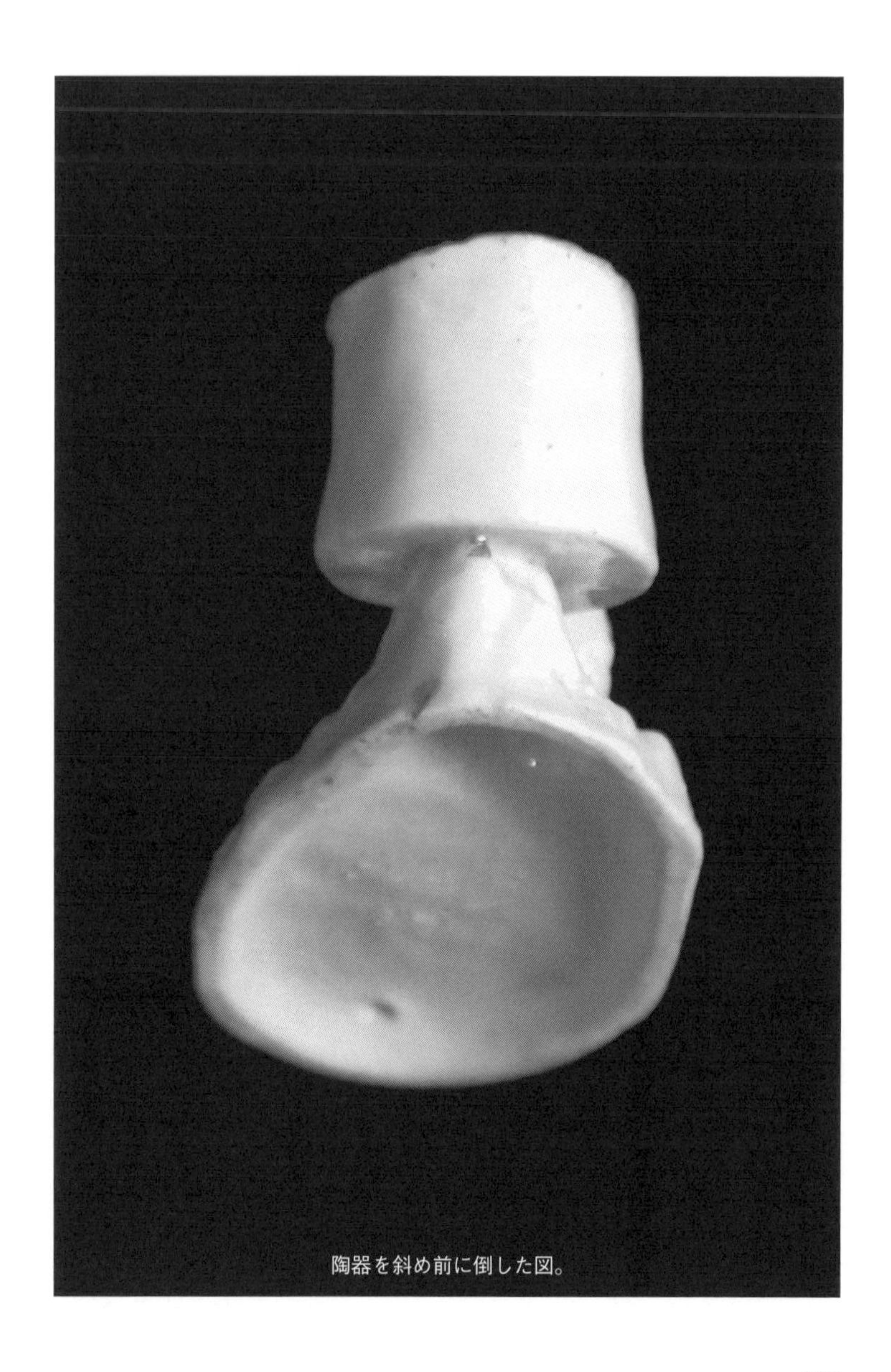
陶器を斜め前に倒した図。

ンド・ベイリー式城郭だったが、天守は後に石で改築された（１０７８〜１０９７年）。改築作業の指揮を執ったのはガンダルフだった。同時に彼はロチェスター主教に任命され、ロチェスター聖堂の建築も担ったため、白の塔の工事は後回しになり、完成が遅れた。

白の塔は本来「グレイト・タワー」と称ばれていた。プランタジネット朝の英国王エドワード3世の統治中に、繰り返し白漆喰（しっくい）を施す伝統から、「白の塔」という名前に変わった。

処刑されたスコットランド女王メアリーは、イエスの血を持つ「真のレックス」だった！

後の英国王ジェームズ1世の母であり、スチュアート家の血を継ぐスコットランド女王メアリーは24歳で留置されると、その20年後、44歳で刑の宣告が下されるまでカーライル城の「アドミランダ」で監禁された。メアリーはたびたび延期となる自身の処刑を待ち続けていた。処刑が執行された頃には、彼女は変わり果てた姿になっていて、誰一人として本人確認ができる証人はいなかった。１８０センチメートルと長身だったメアリーはその頃、白髪混じりのショートカットになっていて、よくウィッグをかぶり仮装をしていたという。

女王メアリーは、まず池の中心に浮くロックレヴェン城で留置された（１５６７年6月15日〜１５６８年5月2日）。脱獄後、カーライル城で再び捕獲、留置される。城の堡塁（ほうるい）（敵の攻撃を防ぐために頑丈に構築さ

カーライル城の最下層にある部屋は（古代ローマ語で）「アドミランダ」と言われている。スコットランド女王メアリーは、1568年にここに投獄された。その後、ヴィクトリアはこの「アドミランダ」で長男マルコス・マノエルを出産した。
アドミランダ

カンバーランド、現在のカンブリア州にあるカーライル城。

スタッフォードシャー州にあるチャトリー城。

英国のフリーメイソンの中心地にあるスタッフォードシャー州タットベリー城。

1542年スコットランド女王メアリーはここで生まれ、1569年、ジャック・ラッセル・テリアも同じくここで作られた。

ノーサンプトンシャー州にあるフォザリンゲイ城。

スコットランド女王メアリーが投獄された収容所。

れた陣地）で過ごすことが許可されていたメアリーは、そこで監視の下、乗馬をしたり、芝生でサッカーを楽しむ従者たちをのんびり眺めたりしていたという。日課だったメアリーと侍女たちの遊歩が由来となり、城の南側の門楼が「淑女の散歩道」と改名された。

　メアリーはその後、海岸から離れたイングランドの内陸部にあるベリヌス線沿いの城へ移送される。ボルトン城（１５６８年７月中旬〜１５６９年２月４日）からタットベリー城（１５６９年２月26日〜１５８５年）へ、シェフィールド城と近隣の地所ウィングフィールド荘園やチャッツワースハウス（１５７０年〜１５８４年）からチャトリー城（１５８５年のクリスマス〜１５８６年９月25日）、フォザリンゲイ城（１５８６年９月25日〜10月25日）へと移送される。

　各所では少なくとも16人の世話係が付き添い、食事は32種類のメニューから選べるサービス付きで、銀製食器で摂るのが決まりだった。

メアリー御一行とその荷物を移送するには、馬車30台を要したという。夏季休暇まで許可されていたメアリーは、7度もダービーシャーの温泉街バクストンで夏を満喫した。

1587年2月、英国女王エリザベス1世はスコットランド女王メアリーの死刑執行令状に署名する。身柄を確保されてから19年と8カ月、メアリーは裁判にかけられ、処刑された。

しかし、なぜメアリーは脱走しなかったのだろうか。城の外で自由に乗馬をしたり、温泉に行ったりし、7つの城と2つの荘園にわたって過ごした拘留者としての19年間。監視の目を盗んで逃げ出すことはいくらでもできたはずだ。

メアリーが「処刑」された時、自身の流血が目立たぬようにと、「侍女に真っ赤な血の色のドレスを作らせた。ペチコートやタイツも真っ赤なものを揃えた」。切断された頭部が持ち上げられた際、ウィッグから白髪混じりのショートカットの頭が転がり落ちてきた。さらにその直後には、ドレスの胴部からスカイ・テリア〔スコットランドのスカイ島原産の犬種〕が現われ逃げていった。これも丹念に準備された「合図」、真のレックスが処刑されたという印だ。

「スカイ・テリア」と「レックス」は両方とも「天と地の間」を意味する。彼女は真のレックスだった。

彼女の処刑は長年延期を繰り返し、執行された頃には証人になれる人が不在だったため、公式記録は矛盾だらけ。さまざまな説があるが、どの説にも「変装」と「脱走」が含まれている。これも、天守閣や白の塔も容認する王族の伝統芸なのだ。

スコットランド女王メアリーが投獄されていた城は、チャッツワースハウスを除いて、すべて解体された。その後のチャッツワースハウスは増築され、敷地も拡大された。建設作業で明らかになったのは、メアリーは城壁の外、「メアリーの木陰の休息所」と呼ばれるおよそ４００万平方メートルの森を自由に行き来できたことだ。まるで童話に出てくるかのような単純な脱走劇を演じるのに相応しい絶好のロケーションだった。

スコットランド女王メアリーは斧で３回斬りつけられる刑で処刑された。この３撃はソロモンの神殿を建てたヒラム・アビフを殺害した３人、ジュベラ、ジュベロ、ジュベラムを象徴する。これぞメイソンリー。フリーメイソンの伝説が歴史となった瞬間、そして歴史の捏造が始まった瞬間だ。

これがメロヴィング朝、エステ家、ヴェルフ家、そしてスチュアート家の歴史なのだ。

英国としては国王殺しなどの大逆罪は避けたかった。そのため、マイヤー・アムシェル・ロートシルトが築き上げた長子繁殖プログラムで生まれた王族や、特にマルコス・マノエルを守るよう努力が費やされた。

レプティリアンとも呼ばれる「黒の貴族」が極秘に成し遂げた〝血の乗っ取り〟

マルコス・マノエルに贈られた陶器の犬の眼は左右非対称になっている。片方は犬の眼で、もう片方はレプティリアンの眼だ。黄金のデルタを見下ろす井戸の中を覗き込んでいるという設定で作られており、魂の井戸の秘密を表わしている。犬の右眼は蜥蜴の眼、アヌビスの眼、王の眼、メロヴィング王国の眼（巨人の末裔の眼）であり、エステとヴェルフ、つまり「星と狼」である。ヴェルフ家は、ウルフ家またはアヌビスのケント家（エジプトのファラオ）とも呼ばれる。ケント公が王または女王になることになっている。

英国の歴代王はテムズ川沿いにあるウェストミンスター寺院で戴冠した。「テムズ」という名称は、ノアの曽孫、そしてニムロデの息子の名前である「タンムーズ」に由来する。「タンムーズ」という言葉は、紀元前3147年に起きた大洪水を指している。

ニムロデは「反逆（者）」を意味するため、成功した反逆者（国家の政権を手に入れた者）を意識したうえで、王位について考えるべきだ。ロスチャイルド家に「反逆者にあけわたせ」という言い伝えがあるのも、これが理由だと考えられる。

また、ケント家の「ケント」という名の由来は、エジプトの北部にあるという。先の大洪水が記録された頃、ローマ帝国の一部だった地域だ。神の領域に達したアヌビスは、ファラオたちにエジプトを案内し、公式の儀式を取り仕切ったとされている。アヌビスの別名は「ケント・アメンティウ」（主要な西洋人）だ。

アヌビスなしでは王やファラオの儀式は始まらない。アヌビスは、ロンドン塔の白い塔から君主を見守り、秘密の井戸を見張る。白い塔は、ロンドン塔にある21の塔の天守閣であり、21は「ザ・シン」（禁断の知識）を意味する。

「ウルフ（狼）」という言葉も「狼の頭を持つ男」、つまりアヌビスを表わす。アヌビスは蜥蜴としても表現されていることがあり、死・輪廻・電磁気・重力・反重力の神としても知られる。アヌビスは喋らず、呼び起こす。ウルフは神話の祖先であり、魂の案内人、アヌビスの象徴なのだ。

欧州では、ウルフの役割の一つとして、アヌビスと同様、魂の案内人であることが挙げられる。その手がかりは、ルーマニアの葬儀の歌の歌詞にある。

『狼は森の抜け道を知っている。通りやすい道で楽園に住む王の息子まで案内する』[24]

黒の貴族とは、三家の王族から枝分かれした欧州の「ヴェルフ王族」を指す。つまり、メロヴ

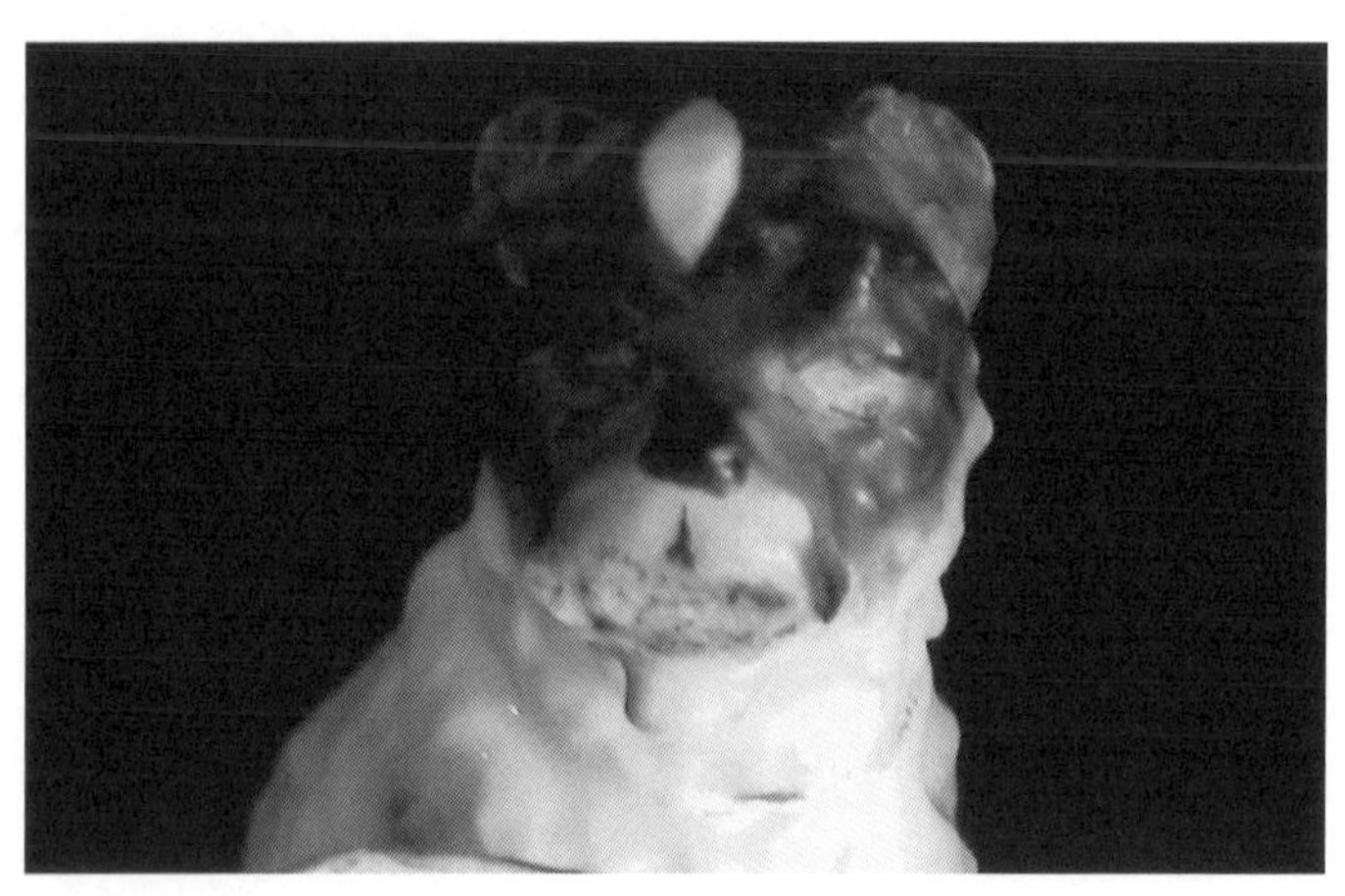

スタッフォードシャー王立陶器に埋め込まれたネフィリムのマーク。

ィング朝の「レプティリアン」たちから、エステ家とヴェルフ家が誕生し、ヴェルフ・エステ家となったのだ。

ヴェルフ・エステ家は現在でも黒の貴族の頭（かしら）だ。「レプティリアン」とも呼ばれる黒の貴族は、アヌンナキをはじめ、ネフィリムや堕天使の存在も認め、自分たちの祖先がレプティリアンだったと信じている。

非道な彼らについては、自らの血族を犠牲にする伝説が詳細に語り継がれている。亡命や国外放浪、時に不可能な任務を与えるなど、子孫、主に長子を犠牲にしたという。

「3147／33」と彫られたロイヤルマーク、ジャック・ラッセル・テリアの陶器は、ヴィクトリア女王とマルコス・マノエルの正体を世界から隠すと同時に、秘密結社の人々にマルコスの血統や生得権を

ロンドン塔の白い塔には大砲が21個あり、そしてロンドン塔には塔が21基。白い塔はロイヤルファミリーの天守閣であり、アヌンナキ、ネフィリム、アヌビス、およびノアに見守られている。すべて「21」と「3147/33」に関係する。
テリアの眼は2種類。左眼がテリアの眼で、右眼がアヌンナキ、ネフィリム、レプティリアンを意味する。拡大すると、まるで犬ではない別の生き物に見えてくる。それは“アヌビス”に似ている。額には第3の眼も表わされている――「ザ・シン」（秘密の知識）を秘めた井戸を眺める「全能の眼」。

知らせるために精密に作られた。

さらには、ロスチャイルド家に対して、マルコス・マノエルこそ黒海とアイルランドを結ぶ秘密結社「ラス・ロス・レッドロイヤル集会」の主たる**「選ばれし王子」**であることを表明するものでもある。

「レッド・ムーブメント」が数百年にわたり成功した要因は、「カトリック教会にメロヴィング朝の血を入れたこと」だ。この先駆者は、知識と目的を基盤とする聖職者団ベネディクト会を創建したイタリアはヌルシアの聖ベネディクトだった。

この隠し子のマークには王族、イエス、ソロモン、ダビデ、ノア、王、そして神々のシンボルが盛り込まれている。奥義を理解した職人の手によって制作された最高傑作だ。紀元前の歴史をもとに造られた。

ロイヤルマークのシンボルは、マルコス・マノエル王子と彼の子孫がその歴史を継承する血統にあることを示している。

マイヤー・アムシェル・ロートシルトはフェニキアの言い伝えに影響され**「第1子極秘繁殖計画」**を考案した。彼はイルミナティ（1776年5月1日〜）の共同創設者でもある。

ロスチャイルド家は、紀元前3147年の神々の時代の終末以降、最も権力のある名家であり、さまざまな歴史的原画や原文を所有していると思われる。また、ロスチャイルド家はダン族の末裔と言われている。ダンはヤコブの五男であり、後に名前を「イスラエル」に変えた。ダン族（またはダナイト）は「聖杯の守護者」の役割を担った。

マルコス・マノエルの先祖、つまり王族としてのルーツを辿っていくと、ダン族との繋がりも見えてくる。これらのマークが揃っていれば、「真の王子マルコス・マノエル」はローマ教会を脅かし、その信条に多大なるダメージを与える存在となる。

ちなみに、「教皇」の語源はラテン語の「パパム」。その「パパム」の語源は「パ・ダン」（または「パン・ダン」）、つまりダン族だ。

フランシスコ・マノエルはこう言った。

「物理的証拠や数字の増強などが明らかになったうえで、ご自身で推測し判断できるはずです。私は、マルコス・マノエル王子の血族の代表者です。血統主義を適用するならば、私はダビデ家から成る『蔓の血統』の継承者なのです」

第5章
「ケント王女ヴィクトリア」の人形に刻まれた暗号を徹底的に解明せよ！

Princess Victoria of Kent Doll – First Marriage

ケント王女ヴィクトリアの人形。

ケント王女として、ヴィクトリアは多くの人形をデザインし、時には制作もした。ルイーズ・レーゼンは、1819年のヴィクトリアの誕生から家に仕えた。ヴィクトリアがデザインした人形のほとんどは管理人であったルイーズ・レーゼンが作ったものだ。1827年に女男爵へと昇格したレーゼンは、ヴィクトリアの戴冠式後、女王の秘書官に就任（1837～1841年）する。その後、2人はレーゼンの死が訪れるまで文通を続けた。

計算され尽くした「王女ヴィクトリアの結婚」

ケント王女アレクサンドリーナ・ヴィクトリア（ヴィクトリア女王の本名）は盲目のカンバーランド公ジョージと1834年3月9日の日曜日にモン・サン・ミシェルで結婚した。この日は四旬節中で、復活祭の日曜日の21日前。英国のカレンダーでは「母の日」だった[1]。

結婚を機に、ケント王女ヴィクトリアはハノーファー公妃になった。夫は次期ハノーファー王ゲオルク5世、神聖ローマ帝国9代目の選帝侯ブラウンシュヴァイク・リューネブルク（ブルーノ家）の統治者でもあった。

ヴィクトリアは、結婚前はその分家にあたる「ザクセン・ヴェッティン家」に属していた。

数字は正しい解釈と魔法を生み出すための重要な要素である。マルコス・マノエルを生んだ繁殖プログラムを築き上げたのと同じ秘密結社がこの結婚にまつわる数字を当て込んで、計画していた。

これは「7」の数字の威力を示した彼らの最高傑作だ。7という数字は、完璧な数字「3」と掛け合わせると「21」になる。復活祭の21日前、そしてヘブライ文字で「禁断の秘密」を意味する「ザ・シン」を象徴する「21」。

さらには3月「9」日と「9」代目の選帝侯ハノーファーは、テンプル騎士団を象徴する「9」を指している。

真珠のネックスレスの原点は「ダビデ家」にあった！

ヴィクトリアは、若い頃からよく「真珠のネックレス」を身につけていた。彼女は、結婚前から真珠と縁があった。

真珠のネックレスの原点はダビデ家にある。ダビデ家の娘たちが「宇宙統一」または「王族」であることを表わすためにつけていたという。古代ギリシャで真珠は「愛、結婚、出生」の象徴だ。

真珠は「Shell（殻）」の中で形成され、「Moon（月）」と関連する。Moon-Shell（月の殻）は「ミシェル」の同音異字で、モン・サン・ミシェルにも近い。

エジプト語で「Makel（マケル）」は「青色」を意味する。この「マケル」は、英語の「マイケル」やフランス語の「ミシェル」の語源だとされている。

山の形をしたヴィクトリア人形が「モン・サン・ミシェル」を表わしていることをほのめかすため、この人形は青い帽子を被っているのだ。さらには、青い花柄のドレスを身にまとっている（それは、ロイヤル・ウエディングを示している）。右手にはモーセの杖の形をした青いガーター留めを握っている。これは神聖なエジプト太陽神「アテン」を指している。そして青い靴を履いているのは、結婚へ踏み出す第一歩を表わしている。

ヴィクトリアが子どもの頃からつけていた真珠のネックレスは、「愛」とモン・サン・ミシェルでの「結婚」を象徴し、その47日後に出産を迎えた。式を挙げた日には、ヴィクトリアは妊娠7カ月半だった。

ケント王女ヴィクトリア人形はロイヤル陶器らしく、平面図は明らかにモン・サン・ミシェルを描写している（次ページ参照）。

この人形は真珠のネックレスをつけていないが、結婚後のヴィクトリアは必ず真珠のネックレスと共にあった。これは彼女がモン・サン・ミシェルで結婚し、その結婚が依然として続いていることをさり気なく主張していたのだった。

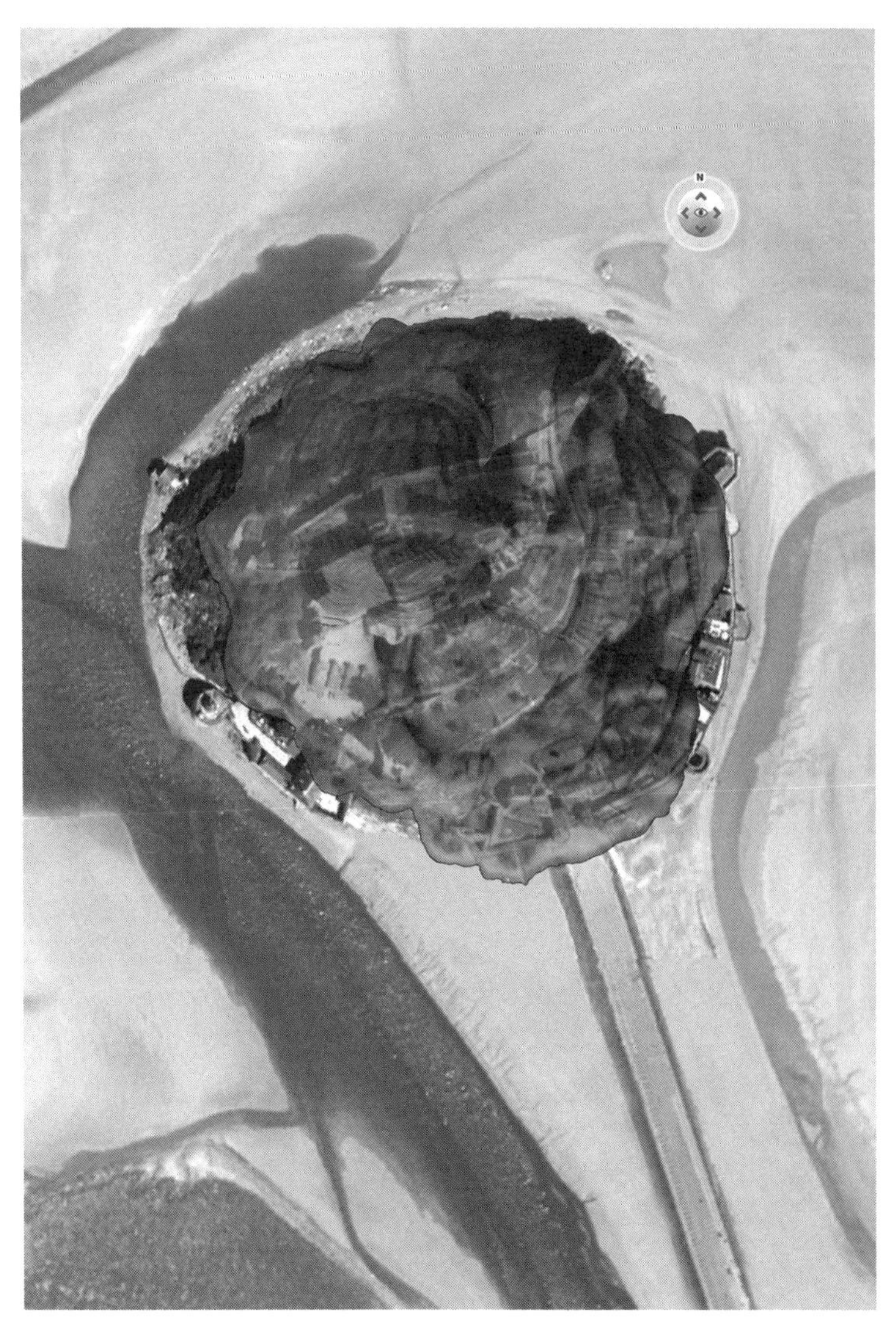

ケント王女ヴィクトリアはモン・サン・ミッシェルをめぐる結婚を描いている。

キリストの受難を象徴する「スミレ色」のドレス

人形はスミレ色のリボンが施された青い帽子を被っている。
「青色は神聖な結婚、または天と地の対立を表わす」[2]
「ラテン語で『レックス』は『天と地の仲裁役』を意味する。宇宙の統治権は王位にある」[3]
「リボンは人を孤立させ、精神的発達を妨げるという区切りとして用いられている。リボンは人を絞め殺すために使われたことから、道徳的・精神的な息苦しさを意味すると推測できる。リボンの色によって解釈は異なる」[4]

復活祭の7週前の水曜日が四旬節の始まりで、「灰（はい）の水曜日」と称ばれる（1834年2月12日）。四旬節は1834年4月1日まで40日間続く。灰の水曜日前の日曜日、月曜日、火曜日（1834年2月9日〜11日）を「カーニバル（謝肉祭、ラテン語で「肉の排除」を意味する）」と称び、四旬節は聖木曜日、聖金曜日、復活祭前日の土曜日、そして1834年3月30日の復活祭の日曜日、イエスの復活でピークを迎える。

四旬節中、信者は反省、懺悔（ざんげ）、そして祈りを捧げる。

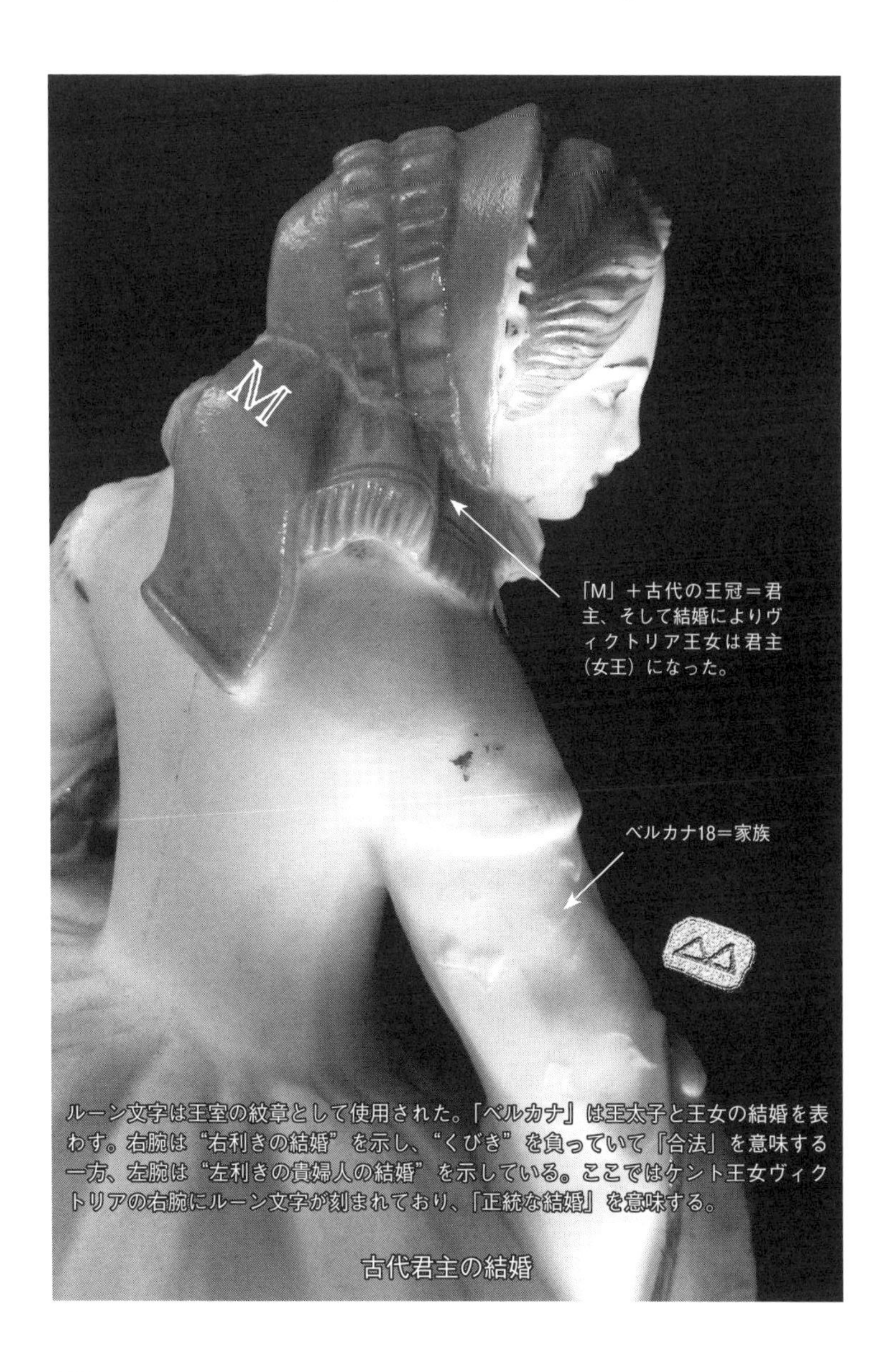
M
「M」＋古代の王冠＝君主、そして結婚によりヴィクトリア王女は君主（女王）になった。
ベルカナ18＝家族
ルーン文字は王室の紋章として使用された。「ベルカナ」は王太子と王女の結婚を表わす。右腕は“右利きの結婚”を示し、“くびき”を負っていて「合法」を意味する一方、左腕は“左利きの貴婦人の結婚”を示している。ここではケント王女ヴィクトリアの右腕にルーン文字が刻まれており、「正統な結婚」を意味する。

古代君主の結婚

スミレ色は「秘密の色」でもある。

「スミレ色は光を飲み込む口である。すなわち、スミレ色は秘密の色、その裏では、再生や化身〔神仏が教化のために姿を変えてこの世に現われる〕といった神秘が起こる」[5]

スミレ色はキリストの受難の象徴であり、「典礼の四旬節」の色でもある。

典礼の伝統とポータル男爵が書いた『象徴性辞典』(Dictionary of Symbols) に基づきこの人形を解釈してみると、ケント王女ヴィクトリア人形が表わすのはケント王女ヴィクトリアが1834年の四旬節中にモン・サン・ミシェルの大修道院で盲目のカンバーランド公ジョージと結婚するために第一歩を踏み出した姿。反省、懺悔と祈りの四旬節、ヴィクトリアはすでに長男マルコス・マノエルを身籠もっており、妊娠7カ月半だった。

ケント王女ヴィクトリアを象った人形は「マケル・ミシェル（＝青色）」を意味する「青い靴」を履いて、厳かに右足を前に踏み出している。「靴は旅人の象徴」そして「教会では花嫁が最初にピンク色の繻子の絨毯を踏む」[6]という北欧やロシアの伝統がある。

ケント王女ヴィクトリアは、自らの祖先（スチュアート家）の故郷であるフランス・ブルターニュの結婚式場に向かう旅に出た。そしてモン・サン・ミシェルで、盲目のジョージと結婚した。そこで人形が踏み出しているように、花嫁として、教会でも最初の一歩を踏んだ。

象徴主義と王位の関係性は系統立ったものである。この場合、「人間の足は〝鍵〟で、鍵は

〝統治者・王・族長〟などの象徴」だ。左右の青い靴には横線が4本入っている。これは「鍵の歯」である。

奥義的に解釈すると「鍵の4本の歯は天国を含む『神界の門』をすべて開く」ことを意味する。[7]

ヴィクトリア人形のドレスの下、脚の裏あたりには、洞穴が表現されている。この洞穴は鐘、または鍵穴の形をしている。洞穴はベネディクト会修道士がモン・サン・ミシェル大修道院を被せるようにして建設したとされる「Notre-Dame Sur Terre Grotto（この世のノートルダム洞穴、地球上のノートルダム洞穴）」を描写している。

秘密結社カレッジ・オブ・イニシエート（イルミナティB）によると、洞穴と4本の歯は「神聖への4段階」を示している。イエスはエジプトの洞穴で45日間過ごし、神秘学への入門を果たした。2010年にローマ教皇ベネディクト16世はイエスがエッセネ派（1世紀頃のユダヤ教の一派）で、洗礼者ヨハネと共にクムラン洞窟で過ごしたと裏付けた。

モーセの杖の形をした青いガーター、4本の歯がついた青い靴、そして洞穴、これらはイエスの血統とエジプトの洞窟で得た神聖さを指している。つまり、ヴィクトリアとジョージの結婚は神聖なものであり、一種の神秘学への入門だったと言えるのだ。

「ヴィクトリアのすべて」がフリーメイソンのトップ・シークレットだった!!

ピエール・ポール・フレドリック・ドゥ・ポータル男爵は中世前期から続くフランスの南部地方ラングドックの小貴族の家系に生まれた。彼はラングドックのカタリ派〔10世紀半ばに現われ、フランス南部とイタリア北部で活発となったキリスト教色を帯びた民主運動〕の末裔である。Languedoc（ラングドック）＝Langue d'Oc=Land of Oc（オックの地）はセプティマニア（南フランスの地中海にのぞむローヌ川の西方を指した旧地名）の一部で、聖ロクス〔かってカトリックで「伝染病よけ」の守護聖人とされていた神父〕の出生地だ。

ポータルはラングドックのカタリ派の先祖から色彩学を学んだ。ポータル男爵は1837年に『色彩の象徴性』（Symbolic Colours）という書籍を執筆。マルコス・マノエルの「マーク（印）」の製作者もポータルに影響されたと思われる。彼が書いた『象徴性辞典』の中でも認めるように、フレドリック・ドゥ・ポータル男爵の研究は、色彩の解釈を科学的計画へと高めた。

『色彩の象徴性』は、宗教における色彩の使用に関する珍しいフランスの論文だ。ポータルにとって一番の関心事は、先祖代々色彩が何かを象徴するものとして、どう使われてきたか、ということ。このような秘伝的な奥義は、文明の歴史を通して何らかの形で存在してきた宗教や秘密結社などの入門の儀式で代々個別に、そして慎重に伝授されてきた。ポータル男爵はこの分野の第一人者であり、当時、誰よりも知識が豊富だった。

「色彩の3つの用語――神性、聖別、非入信――は、欧州社会を3つに分ける、聖職者、貴族、民衆。キリスト教会の大きな窓ガラスは、エジプトの絵画のように、意義が2つある。「明白」と「秘密」だ。一つは入信者のため、もう一つは神秘神学のためである」[8]

ペドロ・ハイメ殿下によれば、「秘密結社カレッジ・オブ・イニシエート曰く、ヘルメス文書〔神秘主義的な古代思想の文献写本〕では『下界（Sous Terre）』への入口を『ポータル』と呼ぶ」。

同じ「ポータル」は〝宇宙光〟という言葉とも繋がる。地下のノートルダム（Notre-Dame Sous Terre）は、マグダラのマリアの秘めたエネルギーを象徴する。そのエネルギーの色はスミレ色だ。

スミレ色は宇宙光、およびエーテル（天界を構成する物質）の色でもあると考えられている。スミレ色はヴリルフォースの色でもある。ヴリルフォースとは、生命の創造力、または中性子の力。現代の量子力学が指し示すのは、中性子の力が物質と精神を結び合わせることだ。

中世前期、フランス・ラングドックの異教徒貴族に「ポータル」という名の一族がいた。この名前は秘密結社カレッジ・オブ・イニシエートが命名し、「生命創造への入口」という意味を持つ。

マルコス・マノエルはユダヤ教の天使メタトロン、または大天使ミカエルとして描かれ、1850年にサン・ミゲル島で写真に収められ、1914年にはモン・サン・ミシェルのポータルで埋葬された。

それが事実だ。

「マルコス・マノエルが受け取った『捨て子のマーク』の多くは、カレッジ・オブ・イニシエートの知恵と職人技を用いて制作されたことは明らかであり、彼の血統が神聖かつ神性なものであることを決定的に示している」

「地下のノートルダム」があるモン・サン・ミシェルとの関係、そしてケント王女ヴィクトリアの人形に「スミレ色」が施されたことは「マグダラのマリアの宇宙エネルギーの入口」や物質と精神を結ぶ生命の創造の現われであるが、それだけではない。

フレドリック・ドゥ・ポータル男爵の研究はその後、カバラの研究者エリファス・レヴィも参考にした。19世紀前期に活動した王立英国建築家協会所属のロンドンの建築家、W・S・インマンにより『色彩の象徴性』は翻訳され、ウィールズ氏の建築雑誌に掲載された。その後の1845年、単行本として100部出版された。

インマンは、ポータル男爵の『色彩の象徴性』が教会の装飾などを行なう際にとても重要な参考本になると考え、ヴィクトリア朝初期に教会のゴシック建築復興運動に携わる建築家や画家のために翻訳したという。

フレドリック・ドゥ・ポータル男爵の研究や思想はこの時期（1834〜1850年）に幅広

く認められ、そして応用されていった。とても専門的なヘルメス主義を研究する後世の秘密結社カレッジ・オブ・イニシエートの研究者たちにとっても、男爵が残した学説は欠かせないものだった。

「人類の救世主を讃える『ガーター』は聖母マリアへの奉納品。勲爵士〈世襲権を持たない準貴族。ナイト〉はキリスト神秘を保護する特別枠の入信者。命がけで信仰を維持する義務に縛られ、共に誓い合った聖職者団の『兄弟』として生涯暮らす選ばれし者。その信仰はベツレヘム〈パレスチナ・ヨルダン川西岸の地域〉で始まり、カヴァルリー（ゴルゴタの丘）で終わるというもの。この集団のシンボルは、はりつけの赤い十字架。『赤い十字架』は薔薇十字団のシンボルでもあり、団名の由来だ」[9]

ケント王女ヴィクトリアの人形は、侍祭〈ローマ・カトリック教会において「ホスチア〈聖体〉」の保全とミサの準備を司る人〉の踏石に足をかけている様子を表わしたもの。これはヴィクトリアがフリーメイソンに導かれ、神秘——母性の世界へと足を踏み入れたことを表現している。

つまり、**ヴィクトリアのすべてがフリーメイソンの最大の秘密**だった！

実際に、彼女が受胎して生まれたことも、極秘の初婚とその時授かった長男も、2度目の結婚も、すべてフリーメイソンが関わっていた。

スミレ色（紫は赤と青を同量ずつ混ぜた色）は自制・頭脳明晰・意図的行動の色、天と地の調和を表わす色。無限物質エネルギーの中間流出で、永久的に再生し続ける。第14アルカナムの大神秘を、ヴィクトリアは14歳で得たのだ。[10]

ちなみに、このアルカナムとは、人型の胎児を即、自発的に形成させる「秘密奥義」を指す。ゆえに子の誕生があったこと、14歳という若さでヴィクトリアが出産したことがこれからも読みとれる。

また、陶器の人形ヴィクトリアのなびくドレスの窪みが（モン・サン・ミシェルの）神聖な洞窟がある場所を表わしている。ドレスは4枚の重ね着（Four Dresses）――要塞（Fortress）――神の城（Godly Citadel）――大聖堂（Cathedral）〔ポルトガルのアルガルヴェ地方シルヴェスの暗示〕。

数字の「4」は十字架や正方形と結び付ける。

「先史時代から4は触れられる形あるものを示す。世界中で王族たちが『地球の4分の1と4つの海と太陽の領主』と称ばれていたことから、彼らの権力の範囲が見える。遥か彼方まで広がる大きな領土、そして臣民の完全支配」。[11]

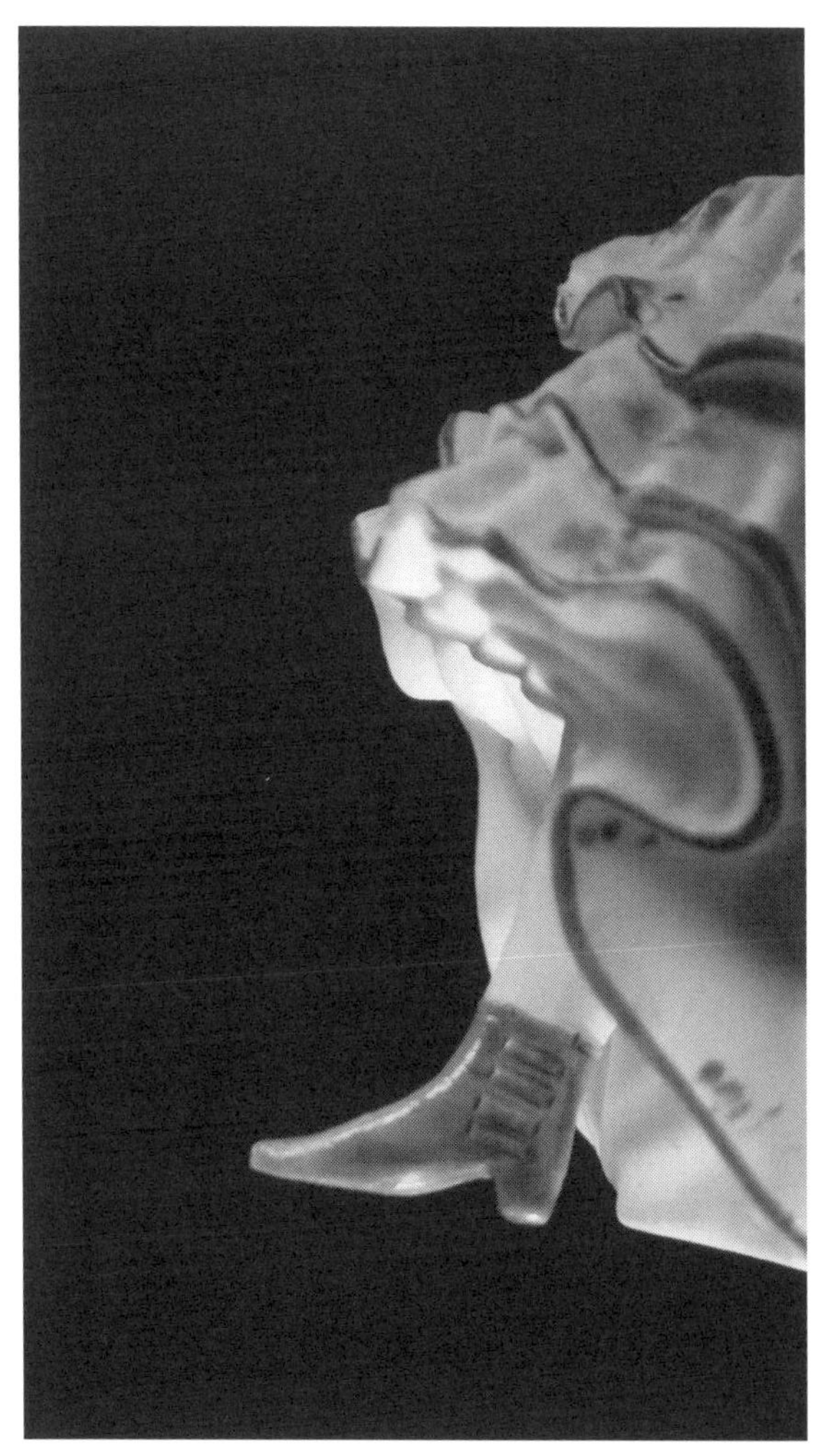

ドレスから覗き出る青い靴の４本の歯止めは「イエスの神聖な入信までの４階級」を意味する。ヴィクトリアとジョージの結婚も神聖な入信までの一環、２人ともエジプトの洞窟で伝えられた奥義を繋ぐイエスの末裔だったことの証し。

そのうえ、ヴィクトリア人形の足が上がっているのは、彼女が女王であるという表明だ。この結婚を機にヴィクトリアは女王となり、太陽の沈まない大英帝国の女帝となった。

マゼンタ色の袖は「子宮」を表現している。何が彼女の子宮に出入りしているのか。そして手には何を握っているのか。

モーセの血統。ハノーファーブルーの「W」はヴェッティン・ヴェルフ家を指す。その下にもまた子宮を表わす逆V字型。そして3輪の「フクシア」もしくは「女王のイヤリング」は、イングランド、スコットランド、アイルランドを代表するプリンセスとしてのヴィクトリアの地位を示している。青い花はロイヤル・ウエディングを意味する。さらに、この青い花、フウロソウ科のゼラニウムは「誕生」の象徴。つまり青いゼラニウムは「花嫁妊婦のロイヤル・ウエディング」と捉えられる。

「ブルーサファイア」はファラオの色とされ、「エジプトのマケル」や大天使ミカエルを象徴する「石」。スコットランド王ジェームズ1世やジェームズ6世は「公式の石」として認定し、王の杖にもブルーサファイアが施された。後にブルーサファイアはスチュアート家の公式の石になった。

ヴィクトリア女王は両手に「ブルーサファイアのブレスレット」をつけていることが彼女のト

レードマークだった。「ブルーサファイアのブレスレット」は女王のマークだけでなく、スコットランド王ジェームズ1世やジェームズ6世をはじめ、スチュアート家、エジプトのマケル、ファフオ、そして大天使ミカエルへと辿る彼女の歴史を表わすマークでもある。これらはモン・サン・ミシェルとヴィクトリア女王の関係性を物語っている。

右手に握っている「青いガーター」はモーセの杖の形をしていることから、神聖さが表現されている。羊飼いの青い杖は「迷い人を支える魔法の武器」と、「地球軸」を象徴する。

青いガーターはハノーファーのゲオルク（ジョージ）の「G」を象っている。そして人形の右手は親指と人差し指でVサインを見せている。ヴィクトリアの「V」だ。「V」と「G」の距離感や絡み具合で、ヴィクトリアとジョージの間に誕生する命を表現している。羊飼いの青い杖とガーターはイングランド、スコットランド、アイルランドを象徴する3輪の紅フクシア（または「プリンセス・イヤリング」）とあわせて具現された。結婚は神聖なものとされ、ヴィクトリアはイングランド、スコットランド、アイルランドの真のプリンセスとなった。

前からやや見下ろすと、左手に握るハンカチには「MM」の文字がある。「MM」はもちろん、心体を結ぶ結婚によって生まれた子「マルコス・マノエル」を意味する。

4層のドレスの形状は貝殻のようだ（219ページ下）。貝殻は繁殖・肥沃のシンボルであり、女性の生殖器を連想させる。そして真珠は数多くの伝説に登場する。アフロディーテ（愛と美と性を司るギリシャ神話の女神」の誕生説もその一つ。また、海を越えた遠距離恋愛を表現しているとも考えられる。ケント王女ヴィクトリアの人形は陶器の宝石箱として用いられ、開けるとカンバーランド（後のカンブリア）の地形に象られている。

ケント公に関わるプリンセスたちの謎

初代ウェールズ公妃のジョーン・オブ・ケント（第4代ケント女伯）も初婚は秘密にされ、2度目の結婚で正式なウェールズ公妃となった。「ガーター勲章」の青色は、ヴィクトリアとジョーンを括り付け、盲目の王子ジョージとの結婚で変わったケント王女ヴィクトリアの新しい地位も人形に記録した。

秘密の結婚をはじめ、どことなく似ている2人のプリンセスの運命が、この人形に深く「印されて」いる。

初代ウェールズ公妃のジョーン（当時12歳）は、1340年にブロートン地区の初代ケント伯トーマス・ホランドと極秘結婚した。2人の地位からして、王の許可を得るのは絶対条件だったはずであり、ジョーンはトーマスが反逆罪で処刑されてしまうことを恐れ、口が裂けても結婚のことは言わなかった。ジョーンはその後、ソールズベリー伯爵の息子ウィリアム・モンタキュー

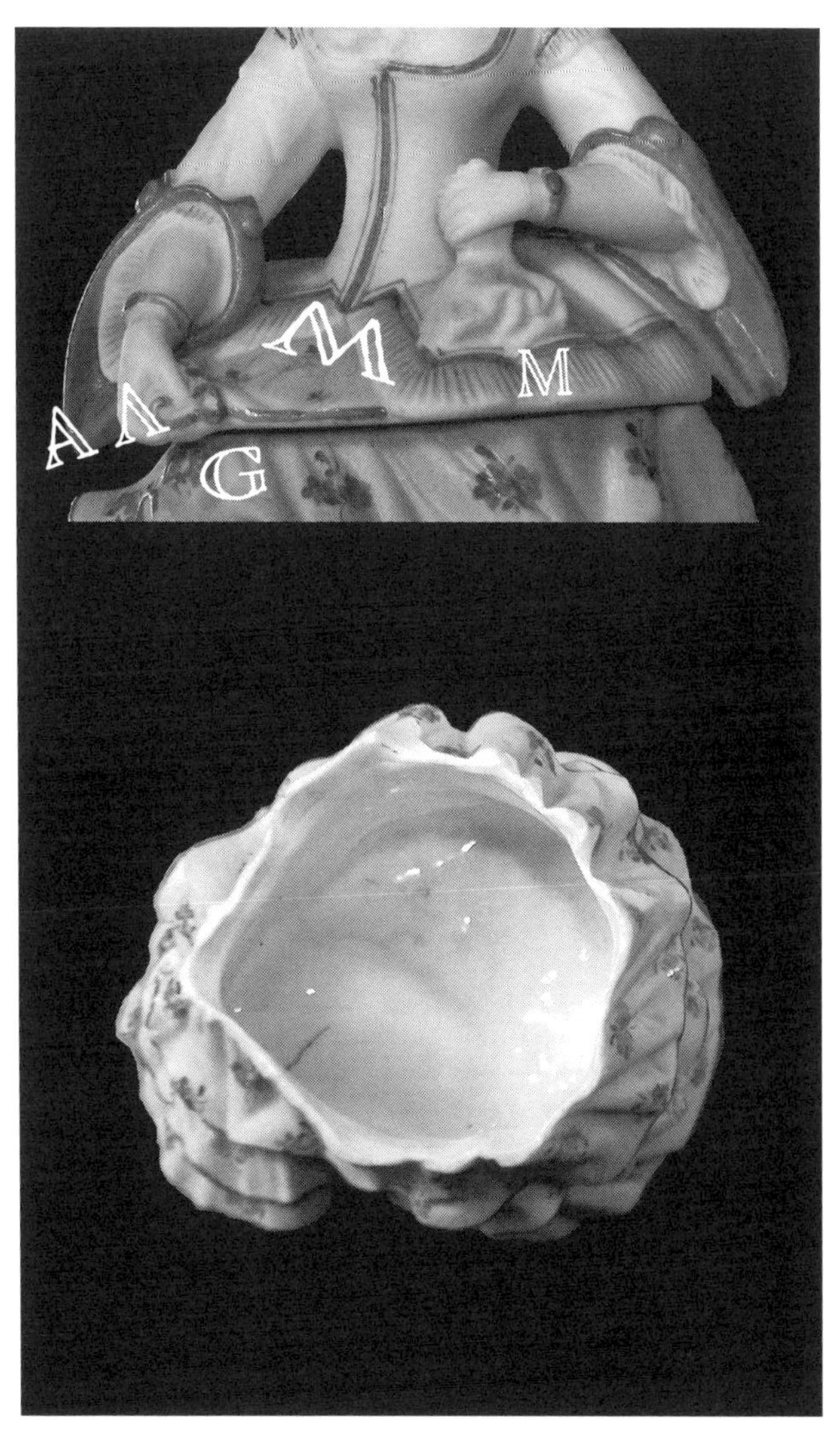

ケント公国のヴィクトリア王女の人形が「カンバーランド」の形で開き、中に宝石箱が見える。

トと結婚（重婚）した。

トーマス・ホランドは十字軍の軍務期間を経て帰国した際、極秘結婚について自白している。話は王と教皇にも届き、ジョーンも認めることになった。

1349年、ローマ教皇クレメンス6世は2度目の結婚は婚姻取り消しとし、ジョーンをトーマス・ホランドのもとへと帰した。2人は11年間（1349～1360年）共に暮らし、5人の子どもに恵まれた。1352年には、ジョーンの兄弟は全員亡くなり、両親の土地と称号は彼女に委ねられた。残されたジョーンは4番目のケント女伯、5番目のリデルのウェイク女男爵となった。

その後1361年、ジョーンは従兄弟の黒太子エドワードと2度目の極秘結婚をする。公式の結婚式は1361年10月10日にウィンザー城で開かれた。王と女王をはじめ、大主教も出席した。


14歳のヴィクトリア王女は、1834年3月9日に盲目のカンバーランド公ジョージと極秘結婚していて、彼らも王の許可を得るのは絶対条件だったが、それを待たずに行動した。王位に就くことを阻まれるのを恐れ、ヴィクトリアもまた結婚の秘密を貫いた。

ヴィクトリアはその後、ザクセン・コーブルク・ゴータ公爵の私生児長男、ザクセン公アルバートと2度目の「結婚」をする。

ハノーファー王、盲目のゲオルク5世は「ヴィクトリア女王との極秘結婚と隠し子マルコス・

マノエル」について、ある時、ザクセン・コーブルク・ゴータ公フェルディナントに告白した。フェルディナントは、この時にはポルトガル王フェルナンド2世に昇格していた。告白したと言っても、フェルディナントはすでに知っていた。なぜなら、フェルディナントはその隠し子を1834年7月〜10月にポルトガルに送り届けた張本人だったから。ただし、記録上フェルディナントが最初にポルトガルに公式訪問したのは1836年となっている。

ハノーファー王、盲目のゲオルク5世は長男マルコス・マノエルの近くに行こうと、幾度もポルトガル王フェルナンド2世を訪問している。

そのことはヴィクトリアも知っていた。伯父フェルディナントと従兄弟フェルナンド2世は長男を連れ去った2人であり、日記には「ゼラニウム（フウロソウ）の種の袋」として記されている。ゼラニウムの種は鶴やコウノトリの嘴に似た形をしていることから、「幸せを運ぶコウノトリ」を連想させるものだ。

ロイヤルマーク「ケント王女ヴィクトリア人形」は、ヴィクトリアが盲目のカンバーランド公ジョージと結婚で結ばれて真の君主権を得たことを示している。そして、マルコス・マノエルの誕生がその証しだ。

これを裏付けるのは、腕に描かれたルーン文字の「18――ベルカナ」（=家族）である。

18――ベルカナ。家族と関連するルーン文字

ポジティブ面――運気を引き寄せる、変化、変化の時期

ネガティブ面――過ち、妨害、包囲攻撃

直訳――誕生、卑族、家族の修復

〈その他の意味〉

愛――仲間との譲歩。カップルの場合は「誕生」

性格――家族に尽くす人

仕事・金銭――利益、経済的安心

健康――前向き

総合――このルーン文字は成功するプロジェクトの始まりを指す。徐々にポジティブな変化が起こる

反転――家族内の問題。争いや別れ、死や病を予告する。反逆や失敗などの意味もある

守護星――月（惑星ではないが、ここではその力を考慮する）

お香――シナモン

石――トルマリン

数字――2

タロットカード――月のカード

1835年に１歳のマルコス・マノエルを抱えるヴィクトリアを描いたスケッチ。左髪の下から、赤ん坊の君主マルコス・マノエル（M）がケント公爵夫人マリー・ルイーゼ（K）と頬擦り。カンバーランド公ジョージ（G）は10代らしい薄い髭を生やし、父であるカンバーランド公爵エルンスト・アウグスト（C）を見上げる。アウグストは君主＝Sovereign（S）マルコス（M）を世話するレーゼン女男爵を見守る。右側には赤ん坊のマルコス・マノエル（M）に添って寝る母ヴィクトリア（V）と父ジョージ（G）が表現されている。
ヴィクトリアの帽子には、犬とノウサギが織り込まれている。「ヴィクトリアはアヌビスの系統を引くノウサギをMで編まれた帽に入れた」。ルーン文字の18ベルカナと合わせたヴィクトリアのハート型ブローチ（G-V）は「これがヴィクトリアと家族にとって心より大切にしていること」を意味する。

第6章

ヴィクトリア女王とジョン・コンロイの陶器が示す「次なる英国王」の存在

Queen Victoria's Hare Heir Here - First Birth

「Hare-Heir-Here」と題された陶器。

隠し子に贈られた次のロイヤルマークは「ヴィクトリア女王のノウサギ（Hare）、後継者（Heir）、ここに（Here）」と題された陶器（右ページ図参照）。このマークにはマルコス・マノエルの誕生だけではなく、それに至った古代史や伝説をも明かし、隠された王子マルコス・マノエルの生得権が記録されている。

ロイヤル・スタッフォード陶器「Hare-Heir-Here」は「ヘルメス科学が織り成す紋章学」。天の養殖だ。築き上げられた遺産を最も貴重な種と切り札である「選ばれし王子」および選ばれし「完全論者の欧州王族の正統な血統」に託したことを表わしている。上流階級で用いられる秘密の知識がこの作品で披露されている。これも王であることを証明するために必要なのだ。

このロイヤルマークでは、画像から向かって左側に位置する若きヴィクトリア女王の管理者、ジョン・コンロイがアイルランドの伝統的正装を身にまとい、左足を上げ、白い杖を左袖に隠しながら、ノウサギ（＝後継者）を持ち上げている。この姿は「隠された英国王マルコス・マノエルが王位後継者」であることを世界に知らしめているのだ。

上流階級で用いられる謎の暗号は「神のガリア史」とリンクする！

このマークには複数のシンボルが盛り込まれている。理解するには「神のガリア史」を研究しなければならない。陶器にはケント王女ヴィクトリアとジョン・コンロイをはじめ、ノウサギ、犬（グレイハウンド）、黄色い柵等が描写されている。すべてを合わせてマルコス・マノエルの誕生と出生地を明かす、高度な暗号だ。

ここから、その一つずつを見ていこう。

まずは、**グレイハウンド**。神の猟犬であり、神からの使者。犬はアヌビスの象徴でもある。

「アヌビスを犬としてたとえない神話はあってはならない」

「犬は地球・水・月と関連する。犬は光の敵を打ち破り、拘置し、聖なる場所の門に護衛で立つ」[1]

このグレイハウンドはノウサギすなわち、後継者を見つめている。

「神の印、我らにあり」＝隠された英国王マルコス・マノエル、ここに。

次に**6枚の板が連なる黄色い柵**。これは堀の周囲に黄色いフェンス（柵）があるカーライル城を表わす。柵は「古代ローマの防衛拠点」を象徴する。この都市を取り囲む要塞には控え壁があり、それが「ルグヴァリウム」と称ばれるようになり、これが後に「カーライル城」と呼ばれるようになった。

ルグヴァリウムとは、「ケルト神話の太陽神ルーに献身的に従う」ことを意味する。ルーは自然崇拝で多神教のケルト人にとって主要な神である。またケルト人が暮らした西欧州において広範囲にわたり敬われていた。8月1日にはルーを祀る収穫祭が行なわれる。

ルーは「長腕のルー」や「諸芸の達人」、または「太陽神」といった俗称でも知られている。過去には「ルグス・ルグ・レウ・ルゴウエス」などと称ばれていた。

また、イングランドのルグヴァリウム（現カーライル）をはじめ、欧州にはルーを由来とする街が多く存在する。スコットランドのラウドン、ウェールズのディンル、オランダのレイデン、フランスのリオン、ルダン、ラン、モンリュソン、スペインのガリシア、ポルトガルのルーゴ、ルゴネス、そしてポーランドのレグニカ……すべて「神のルー」を讃えて付けられた地名だ。

黄色い柵の外側にある杭はカーライル城の入口から最も離れた部屋「アドミランダ」を指している。

犬とノウサギは、昔から月の中に見える。

犬に塗られた燃えるオレンジ色は、中秋の名月を表わしている。

次にグレイハウンドの後ろから、ジョン・コンロイに向かって描かれているハナミズキで作られた槍。この**ドッグウッド（ハナミズキ）**は、敵と戦うために使われた。そして、聖職者たちが他国の地に血まみれのドッグウッドを投げ捨てる行為は、宣戦布告のためだった。しかし、極東では「ドッグウッドは命を授ける血液を象徴し、良性の物とされる」[2]。

「Hare-Heir-Here」の陶器の製作に影響したと考えられる紀元前3000年の歴史資産ニムロデ・シュメール石とローマ神話における戦と農耕の神マールス。ニムロデ・シュメール石はエデンの園を象徴する。ニムロデは地上における最初の王で、バベルの塔を建設したとされ、バビロンの父として讃えられている。

これから読み取るに、木製の柵（カーライル城）と犬（グレイハウンド、イタリア語でヴェルトロ＝神の使者）は反論者に向けた宣戦布告を意味するのだ。ケント王女ヴィクトリアの後継者の物語を守るためには手段を選ばない、必要であれば戦争をも起こすというメッセージである。

柵の黄色と白色はハノーファー王国の国旗の色だ。横向きの杭は槍を表わし、犬の目線は空間に向けられ、来たる反論者を警戒している。この空間は、ダルリアダ王国（アイルランドから渡ってきたスコット人がスコットランド西部に建国した王国）すなわちアイリッシュ海の中心と、ソルウェー湾だと推測される。

「ケルトの伝統では、ルーの槍は炎の槍と称ばれ、狙った的は必ず射る。時には傍観者や、溶接した職人をも殺してしまう」[3]

これは「神の槍」だ。この陶器では、ジョン・コンロイはノウサギ（後継者）を持ち上げ、右腕と左足の位置でフリーメイソンを表現している。太陽神ルーの炎のドッグウッド槍はコンロイに向けられているが、ここでは的を外し、挑みくる挑戦者のいる空間に当たる設定になっている。知識は自己防衛の力となり、君主制度において昇進の道を拓(ひら)く。ジョン・コンロイの場合、ポルトガルとドイツで大勲位を与えられたが、歴史家でさえその説明をすることも、理由を見つけることもいまだにできない。

ジョン・コンロイはポルトガルで聖ベネディクト・ダ・アヴィスの勲位を与えられた。通常は、王子や他国の王に授与されるはずのものだ。しかもジョン・コンロイは正式にはポルトガルを訪れたことすらない。さらには、ナポレオン戦争や半島戦争にも参戦していない。そして何より、王でも王子でもない。なのに……。

膝は政治権力の座を指している。[4]「(圧倒して) ひざまずかせる」「膝をついて命乞いする」「膝をついて屈従する」といった言葉から、膝は全身の力の源であり、権力もしくはその権力に対して敬意を示す部位だと考えられている。

膝が指す方向は権力のシンボル。上げられた膝はその権力の度合いを示している。この陶器には、神の槍(ルーの炎の槍)に狙われるものの、槍を避けて敵が潜む空間へと飛んでいったことが表わされている。

つまり、神の槍に守られていることから、マルコス・マノエルは英国の正統な血統であることが伝わるのだ。

コンロイの左頭上にある**アザミの花**には、「もし妊婦がアザミを食べたら、息子が生まれる」という言い伝えがある。マリアアザミは聖母マリアの母乳と関連し、薬草として使用される。殉教者の肖像画はよくアザミの額縁で飾られた。アザミはこうも言われている。

「難儀を知れば知るほど高く伸びる」

「アザミ勲章」が存在するスコットランド、またイギリス国章でもアザミが描かれている。そして、スコットランド国章には“Nemo me impune lacessit”という標語がある。ラテン語で「何のお咎めもなく私には触れさせない」という意味だ。

「ベネディクトアザミ（ニオイヤグルマ）は古くから伝わる薬草で、内臓障害などの治療に使用された」[5]

ブリトン人の神「コシディウス」所縁の場所には、何が隠されているのか？

陶器を製作したヴィクトリアは、「足を上げ、子どもを抱え、足元に犬」という構図の発想をケルト民族の女神ネヘレニアから得た。ネヘレニアは船の精霊（妖精）であり、北海を航行する人々の守り神であった。ネヘレニアはケルトをはじめ、ゲルマンや印欧語族の伝統にも深い繋がりがあり、ケルトやゲルマンの神殿で女神として祀られるようになった。

そして、後にケント王女ヴィクトリアは英国女王およびインド女帝となった。彼女は30年もの間、その正統性を証明するため、最初の夫ハノーファー王の財宝を囲い、ハノーファー王国へ返却しなかった。ハノーファー王ゲオルク5世との結婚、そして正統な息子マルコス・マノエルの存在を認めさせるため、これは彼女なりの犯行だった。

ジョン・コンロイの「正装でノウサギを抱え、犬とルーの槍」と共にあるポーズは、古代ブリトン人の神マルティウス・コシディウスからインスピレーションを得た。

古くから欧州では戦士や狩人は**コシディウス**に忠誠を尽くした。コシディウスは火星の象徴であり、赤色（血の色）で描かれる。コシディウスに関する碑文がイングランド北部のハドリアヌスの長城に銘刻されているのも見つかっている。スコットランドとイングランドの領土争いの舞台となったノーサンバーランドのチェスターホルムやライジンガム、ダラムをはじめ、イングランド南西部にあるグロスタシャーのストウ・オン・ザ・ウォルド、カンバーランドのネザービー、バードスワルド、バーグ・バイ・サンズ、ボウネス・オン・ソルウェー、ボーキャッスル、ブローガムなどでも発見されている。そして、カンバーランドのボーキャッスルには本文までもが存在していた。

「BROCAVVM（カンブリアのブローガム）は事実上、ボーキャッスルだと捉えられる。その理由は、発見された9つのローマ祭壇のうち、6つはコシディウスに捧げられていたからだ」

カーライル城（ボーキャッスル、すなわちブローガム城から北へ40キロ）には「Mars Toutates Cocidius」（戦においてコシディウスに完全なる忠誠を誓う）と刻まれている。

複数の歴史家によると、マルティウス・コシディウス所縁の場所と陶器のジョン・コンロイの姿勢からして、処刑を免れたチャールズ1世が逃亡した場所を示しているのではないかと考えられている。

その中には乳児のマルコス・マノエルがカーライル城からワイト島、そしてリスボンに渡った道中に連れて行かれた場所も含まれている。まるで亡命王（エクシラーク）であるマルコス・マノエルに過去の亡命王（エクシラーク）が歩んだ道を案内しているかのようだ。

桂冠詩人アルフレッド・テニスンもしかり！亡命王の存在を知っている者への高待遇ぶり

アルフレッド・テニスン男爵はフリーメイソンの神秘学者で、聖職者団とも繋がっており、亡命王（エクシラーク）の真実を知っていた。彼の書く詩は陰気なものが多かったのにもかかわらず、史上最長となる42年間（1850～1892年）にわたり、ヴィクトリア女王専属の著名な桂冠詩人になった。さらに、詩人として初めて男爵に叙せられた。

テニスンの代表作は、アーサー王と円卓の騎士の伝説を題材にした『国王牧歌』や、『モード』――「教会は彼らのキリストを殺した」。

桂冠詩人テニスンは、ワイト島のムーンズヒル近くに住んでいた。マルコス・マノエルがポルトガルへ旅立った湾を見下ろす庭は高台にあるため、海岸からは見えない。オックスフォードの秘密結社に属していたテニスンは、その時点ですでに何が起ころうとしていたかを知っていたため、真の王が亡命に追いやられる瞬間を待っていた。

テニスンが亡くなった時、記念碑が建てられた。それは、ワイト島のムーンズヒルからポルトガルのムーンズヒル・シントラを眺めるように設置されている（次ページ下図）。記念碑はケルト十字だ。ポルトガルのムーンズヒル・シントラにあるペナ城にもケルト十字がある。ポルトガルのケルト十字を設置したのは、マルコスをポルトガルに連れてきたあのフェルナンド2世だった。彼はその旅の2年後にポルトガル女王マリア2世と結婚したのである。

陶器に刻まれた「M」と「T」の文字は「王族を奥義に入門させる」ことを示す！

メロヴィング人は「ワニ」または「マカラ」と称ばれる海の怪獣を崇めていた。「M」は「古くから伝わる神々の一つ」であるネフィリムの「波動」を表わす。ワニやマカラはネフィリムの象徴として神話的に伝えられてきた。

「M」は厳密にはメロヴィング人、およびマルコス・マノエルのメロヴィング朝の祖先に関連する。ジョン・コンロイの民族衣装に刻まれた「M」（242ページ参照）は「マルコス」、そしてワニ、マカラ、古参の神々ネフィリムの波動の文字だ。

「T」（242ページ参照）は「タンムーズ」もしくは「タワー」を表わすとされるが、この場合は「王族を奥義に入門させる」ことを意味するエジプトの「タウ十字」を表わしている。このタウ十字はギリシャ人や、再臨の象徴としてキリスト信者にも使われた。さらに、紋章学では公

コシディウス（＝「赤い者」）

（左）カーライル城塞。ワイト島ムーンズヒルのテニスン記念碑。
（右）レプティリアンの先祖を表現したとされるポルトガルのペナ城にあるケルト十字、蛇の十字架。ここに雷が直撃した。

平な正義や貿易のシンボルとして用いられている。
『エゼキエル書』9章4節でも「タウ十字」について語る場面がある。
「嘆き悲しむ人々の額にしるしをつけよ」

アッシジの聖フランチェスコも自身の徽章（きしょう）にタウ十字を使い、「タウ十字を超えるシンボルは存在しない」と謳った。タウ十字は聖フランチェスコの十字架や聖アントニオの十字架とも称ばれている。

マルコス・マノエルを最初に受け取ったエンリケタ・ダ・コンセイサンは、タウ十字を掲げるアッシジのクララ会の修道女だった。マルコスが奥義に入信することは幼少期に始まり、教母であり親友となったエンリケタに継続的に教えを受けていた。

これもマルコスがスチュアート王家の一員として持つ生得権を証明する。スチュアート家の人間は皆「生まれながらにしてメイソン」である。したがって、ジョン・コンロイは新たな君主のお披露目に際して、マスターメイソンとして表現されているのである。ジョン・コンロイはアイルランドのロスコモン地域の名家オメオルコネリー（中世アイルランドの詩人や史学者の一族）の代表者として、その特権を使い、「王造りの白い杖」（王になる者に渡す「白い杖」）を見せている。

ジョン・コンロイはノウサギ＝マルコスを掲げ、右足でタウ十字を、左足ではマスターメイソンの階級を表現し、マカラとネフィリムの波動を土台に、新君主をお披露目している。

3つの瘤は逆三角形になる。陶器にある薔薇は「薔薇十字団の印」。ヴィクトリア女王はジョン・コンロイの左側に座り（画像では向かって右側）、薔薇色のブラウスを着ている。彼女の別称は「英国の薔薇」だった。この薔薇のマークは、王立学会を創設した薔薇十字団に認証されたことを意味するのだ。

『バークの爵位』（Burke's Peerage）にはこう書かれている。

「アイルランドの年代史によると、オメオルコネリーは氏族の長として、アイルランドにあるカルン・フラオイチの聖なる山で唯一、新たな王と共に立つ権利があり、王に白い杖を譲渡する役割を担っていた。白い杖は主権の象徴であり、彼らは国の慣習を守る誓いの儀式を執り行ない、それを記録した」

ジョン・コンロイはオメオルコネリーの白い

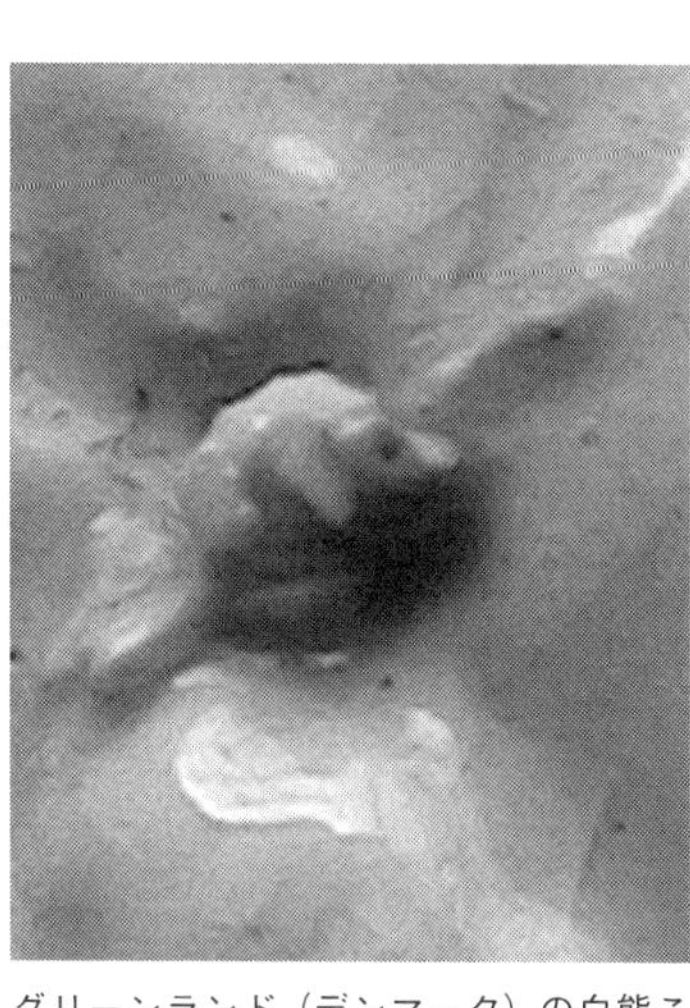

グリーンランド（デンマーク）の白熊ことグリューンと王造りの杖

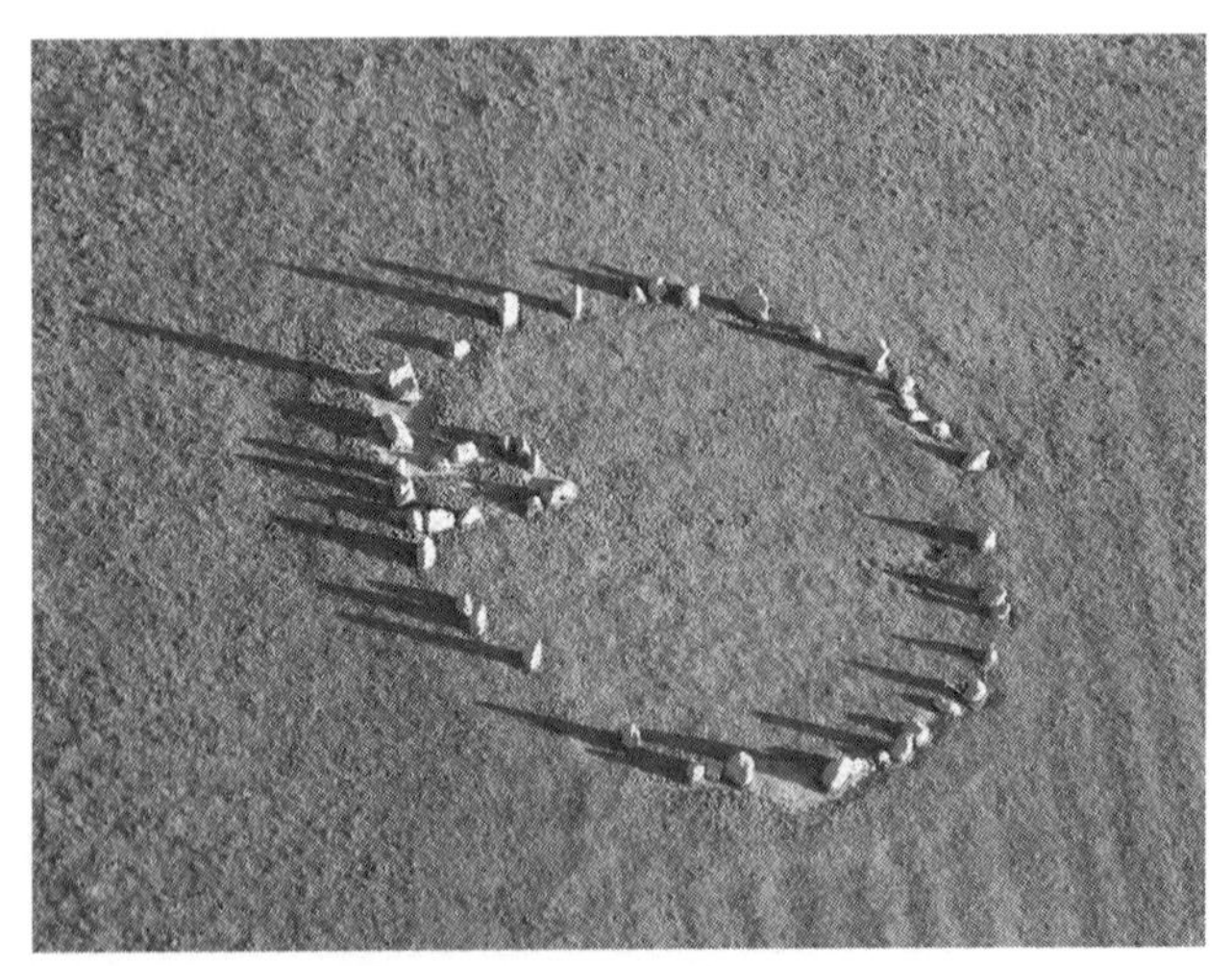

Druidical Circle near Keswick in Cumberland.

カンバーランド（カンブリア）のキャッスルリッグ環状列石。

ロズリン礼拝堂からキャッスルリッグ環状列石、ビトリアの戦いまでの重ね合わせ

環状列石は“アーリア石（HARE STONE）”とも称ばれる。「HARE（ノウサギ）」の由来は「アーリア」。「Aristocracy（貴族・貴種・貴族政治）」の由来は「Aryan Stock Race（アーリア系人種）」。「Rigg（リッグ）」はゴシック王（ザクセン・コーベルク・ゴータ王）や王子に与えられた称号で、「ゴシック」もアーリアから成る。このマークは主要なキャッスルリッグ環状列石の形に似ている。ロズリン礼拝堂からキャッスルリッグ環状列石を経由し、スペインのビトリアまで直線で結ばれている。ウェリントン公爵はビトリアの戦いでの功績を称えられ、ビトリア公爵の称号を与えられた。ロズリン礼拝堂からビトリアへの距離は南へちょうど900マイル（西経1度38分）。

神の時代の終わりと王の時代の始まり

聖杯伝説の重ね合わせ

「……曲がりくねる川は蛇にたとえられ、伝説やおとぎ話では蛇が恩人に感謝の意を表わし真珠を授けると伝える」。この信念を強固にするため、ヴィクトリアは真珠を流行らせたという。欧州と英国の王族はネフィリム――堕天使――の末裔だと信じられていた。

スコットランド女王メアリーの重ね合わせ

「ハロルド兎足王（ハロルド１世）」はイングランド王国初期の王の１人（在位1035～1040年）。ノウサギはキリストのシンボルであり、王の後継者を象徴するシンボルとして使われた。マルコス・マノエルはエデン川沿いに位置するカーライル城のアドミランダにいたスコットランド女王メアリーの正統な後継者（rightful heir）なのだ。スコットランド女王メアリーはカーライル城にて監禁され、マルコス・マノエルはカーライル城で生まれた。ジョン・コンロイの上がっている左足は「正義」を象徴する。

K＝ケンジントン宮殿（1830年～）とケント王女（＝ヴィクトリア）。
GC＝ジョージ・カンバーランド（ヴィクトリアの胸を覆う文字）。
羽＝ハノーファー準男爵とペナ城。
Kとノウサギが合わさることで、後継者がジョン・コンロイによりケンジントン宮殿の塔から連れ出されたことが表わされている。

ノウサギの下にある3つの丸（瘤）は逆三角形を象る。これは子宮を表わし、出産を意味する。ルーの炎の槍が羊水を刺していることから、子（アダムとイヴ）はエデン川で生まれたことを表わす。チャールズ1世の在位中、カーライル城はダメージを負った。1715年の反乱（ジャコバイト蜂起）では、カンバーランド公爵は好機を待ち、少人数の守備隊と共にカーライル城を獲った。

浮かび上がっている三脚巴（伝統的な文様で、フランス・ブルターニュのシンボル）はテンプル薔薇十字団の三位一体――母、父、息子を表わす。絡み合う３つの「８」は丸を３分割にした三脚巴と称ばれ、ゴシック建築様式の窓を表わす。３連の渦はアイルランドの巨石の装飾に用いられる。重なる丸は（テンプル薔薇十字団の）三位一体の象徴で、ゴシック教会に飾られるステンドグラスの窓には、耳が三角形を象る３匹のノウサギがよく描かれていた。

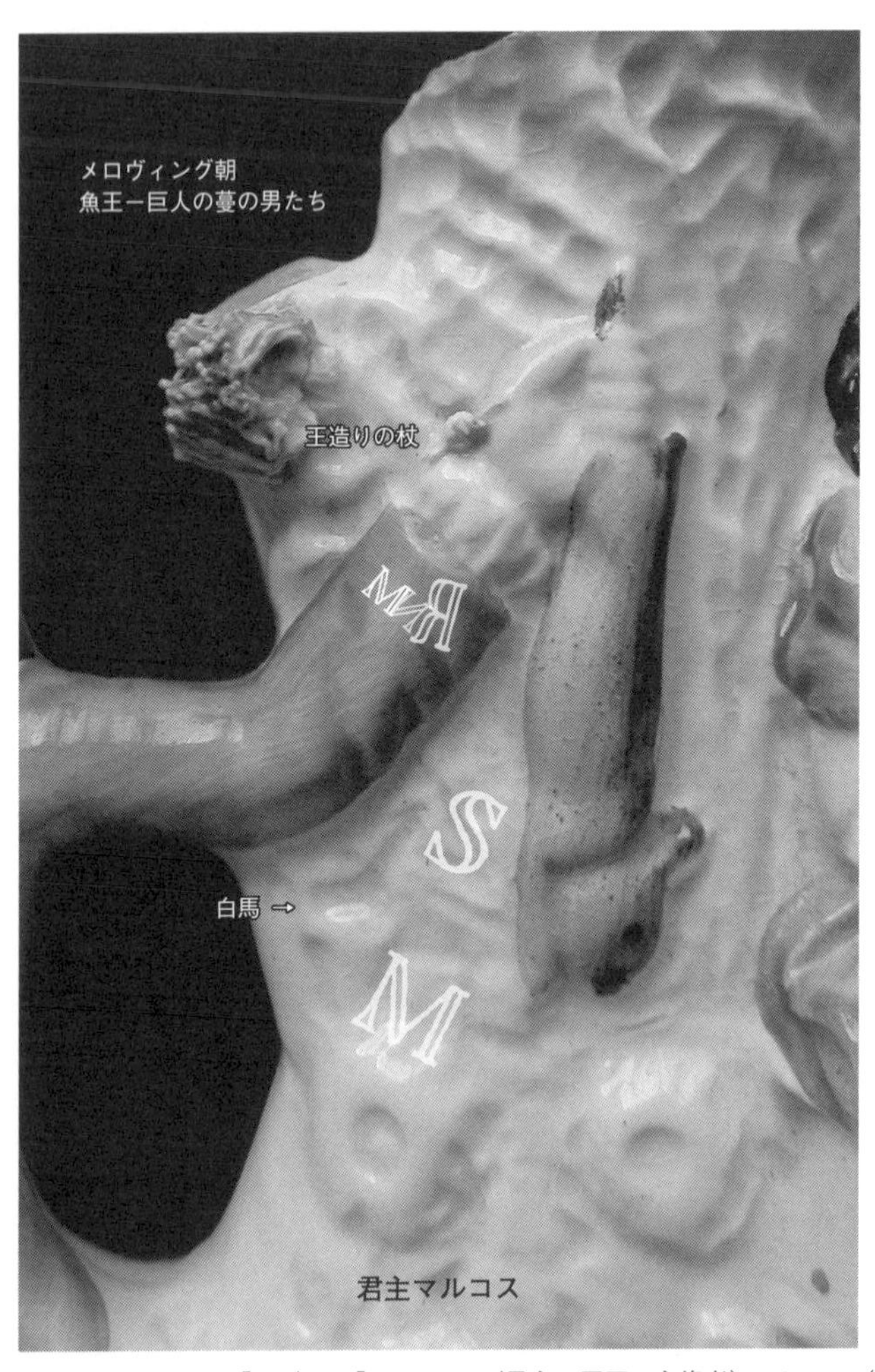

ノウサギの左側に見える「SM」＝「Sovereign（君主・国王・主権者）・Marcos（マルコス）」。ロスコモンの王造りの杖で君主の Hare-Heir-Here（ノウサギ／後継者／ここに）を掲げる。グリーンランドの白熊ことグリューンが王造りの杖を守っている。フェニキアでは白馬は太陽の象徴。袖口に見える NMR ＝ネイサン・メイヤー・ロスチャイルド。メッセージは明確だ。彼（NMR）が王位と主権を支配していた。

杖を持っている。新君主と共に立つアイルランド氏族長の証だ。このアイルランドのロスコモン地域にある王造りの杖は、歴代の王に伝わってきたもの。そして、この白い杖を持つ手にはもう一つ、君主を表わすノウサギがある。

白い杖は、デンマーク王位の象徴とされるグリーンランドの白熊、グリューンに守られている（239ページ参照）。

ポルトガルはイベリア半島の一部であり、古代ではイベリアは「偉大なるノウサギ」と称ばれていた。ノウサギは「スイセンの花」を指している。これはノウサギ、すなわち後継者が「偉大なるノウサギ」を指すポルトガルに至るという暗号だ。

ジョン・コンロイは左足を上げたポーズで描写され、そこにはまた「正義」の意味がある。

バウアー家〔ロートシルト家のファミリーネームはもともと「バウアー」もしくは「ハーン」と称ばれていた〕の家業は錬金術。「星の農夫」としても知られていた。「マイヤー・アムシェル・ロートシルトと息子たち」（略称MARS＝火星）は、「赤い者」すなわちコシディウスと一致する。

火星（Mars）＝3月（March）＝マルコス（Marcos）。火星は「正義」の象徴とされ、「左足」とも繋がるため、ここで上げているのだ。[6]

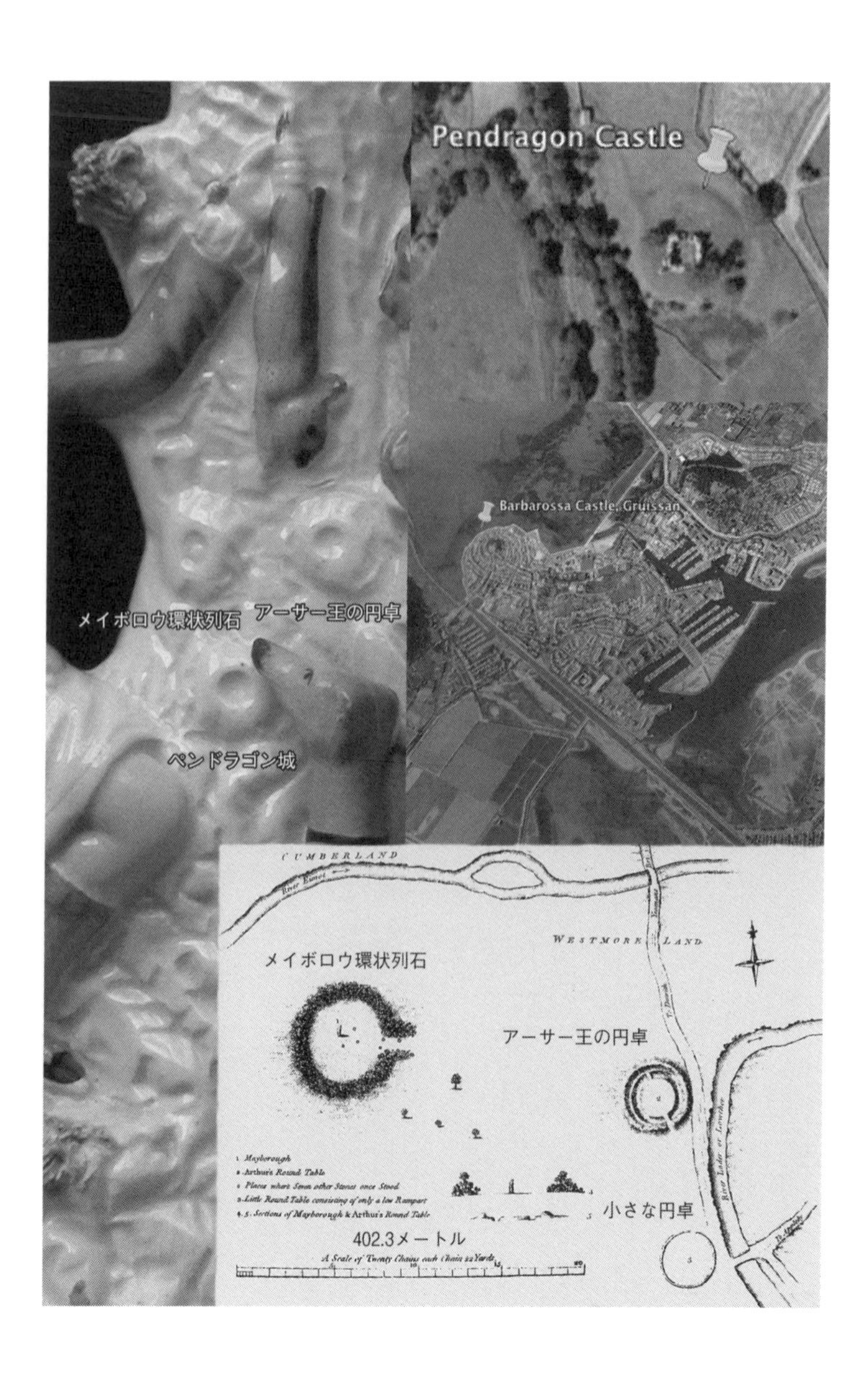
Pendragon Castle
Barbarossa Castle, Gruissan
メイボロウ環状列石
アーサー王の円卓
ペンドラゴン城
CUMBERLAND
River Eamot
WESTMORE LAND
メイボロウ環状列石
アーサー王の円卓
1 Mayborough
2 Arthur's Round Table
Places where Seven other Stones once Stood
3 Little Round Table consisting of only a low Rampart
4. 5. Sections of Mayborough & Arthur's Round Table
小さな円卓
402.3メートル
A Scale of Twenty Chains each Chain 22 Yards

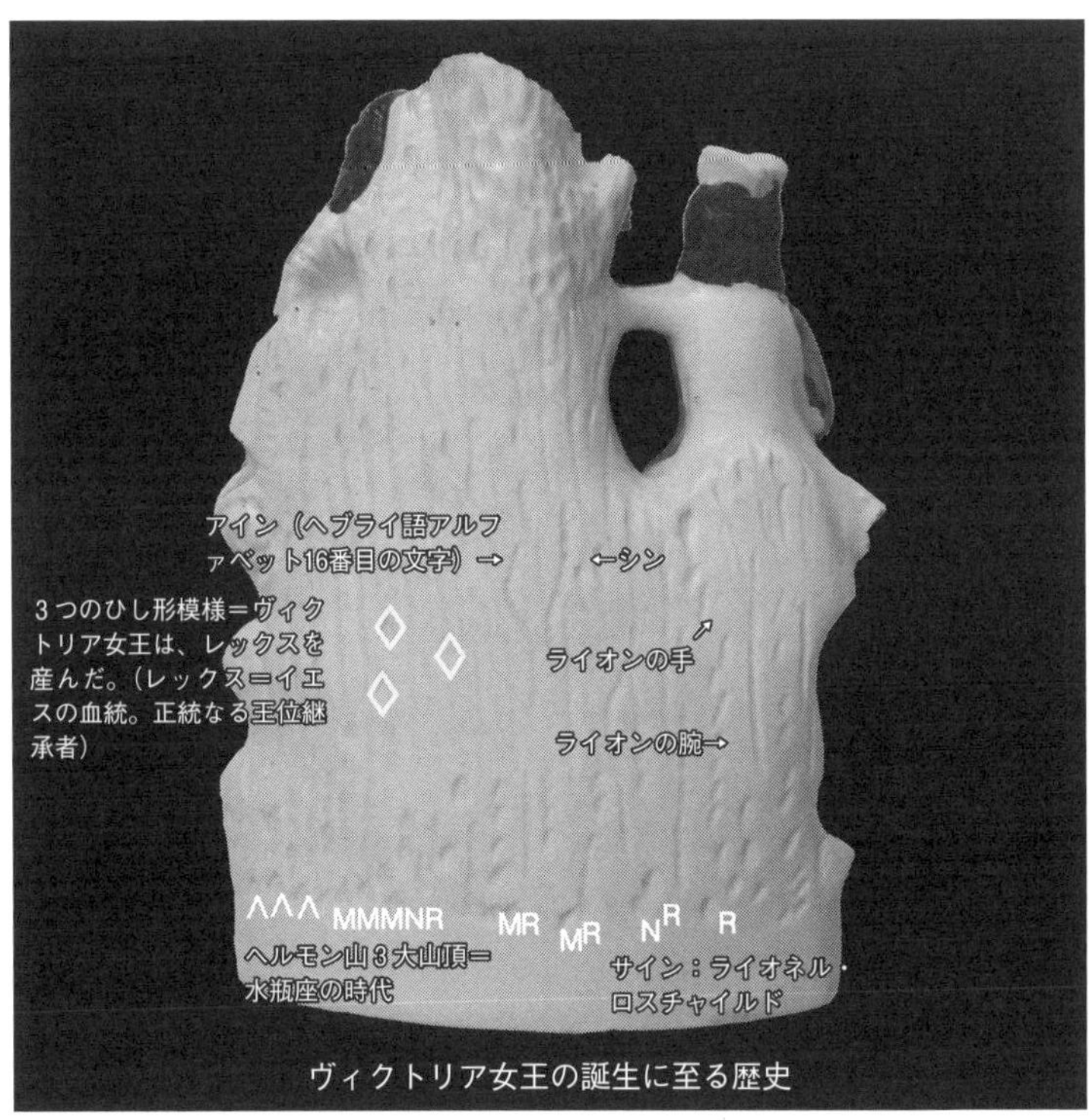

ヴィクトリア女王の誕生に至る歴史

1万7000年前～1万2000年前頃まで存在したマグダレニアン文化（マドレーヌ文化）で、ひし形模様が象徴するのは「生命の子宮」、すなわち、「子を出産する」こと。つまり、レックス（イエスの血統）を産むということ。「ひし形は天と地を結ぶ絆と、上下界の狭間にある交信を意味する。Coitus（性交）を表わすことも」。中国でひし形は8つあるシンボルの中で最も重要な象徴の一つであり、「Victory（勝利）」のシンボルでもある。Victory＝Victoria ヴィクトリア。3つ並ぶひし形模様が意味するのは――「ヴィクトリアの子宮からレックスが誕生した」。

∧∧∧＝Age of Aquarius 水瓶の時代＝黙示録の時代＝秘密の暴露。

RR=レックス・ロイヤルまたはロイヤル・レジーナ　MMR＝マルコス・マノエル・レックス。

NMR＝ネイサン・メイヤー・ロスチャイルド。ライオンの手と腕＝ユダ。

青い署名は「Lionel Rothschild ライオネル・ロスチャイルド」。青＝マケル＝ミカエル＝メタトロン（ユダヤ教天使）。ライオンの手＝ヘルモン山／シオン＝「ソロモンの雅歌」。質感は「ネプトゥーヌスの獣」の髭、フランク王クローヴィス1世の父親、神話的海洋生物パラス王――アンジュー帝国の始祖。

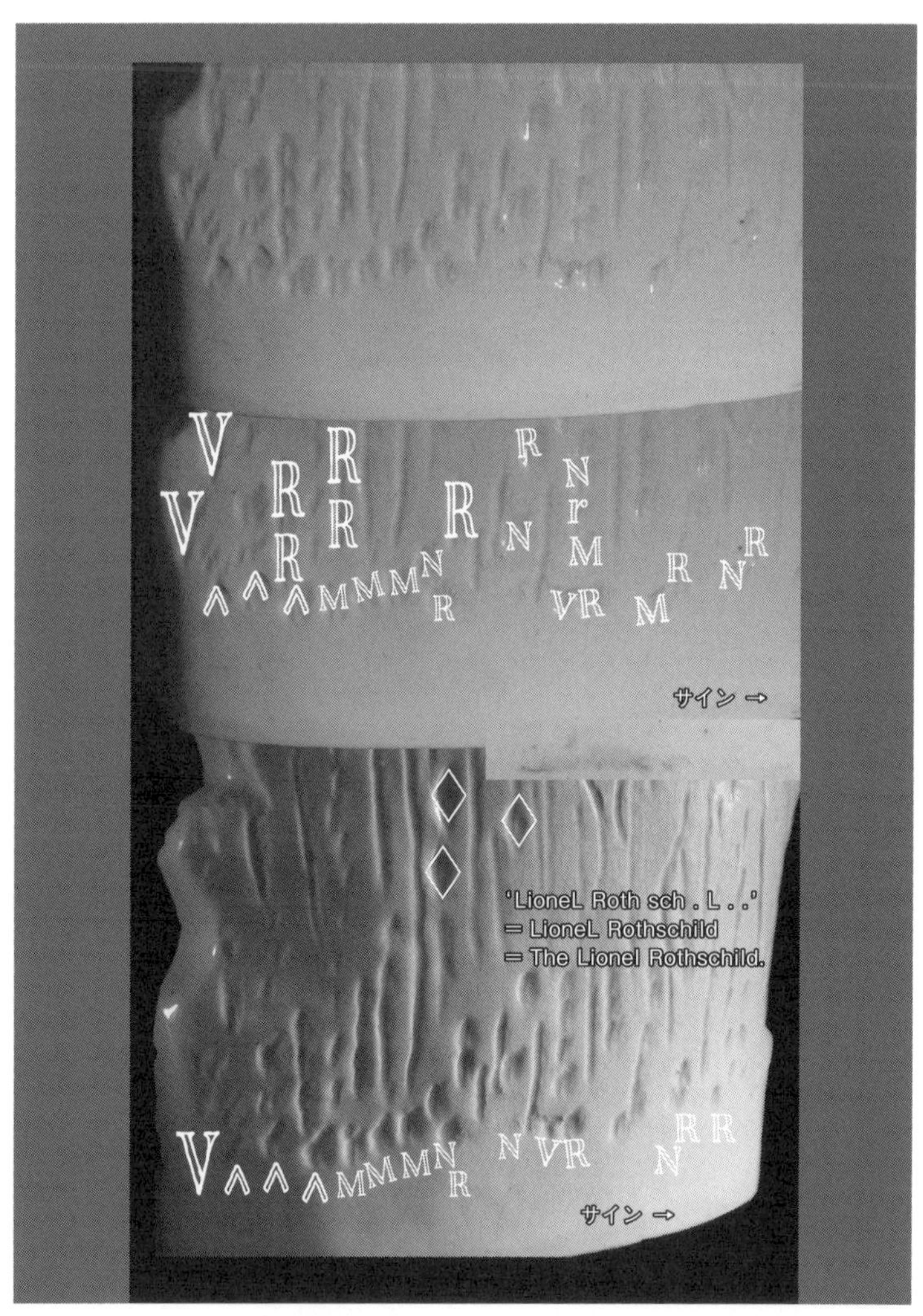

著名なカバリストで錬金術師のフリーメイソンであり、英国ロスチャイルド家第2代当主のライオネル・ド・ロスチャイルド——マルコス・マノエルの従兄弟、ロイヤル・シークレットの守護者——それも王家の秘密。

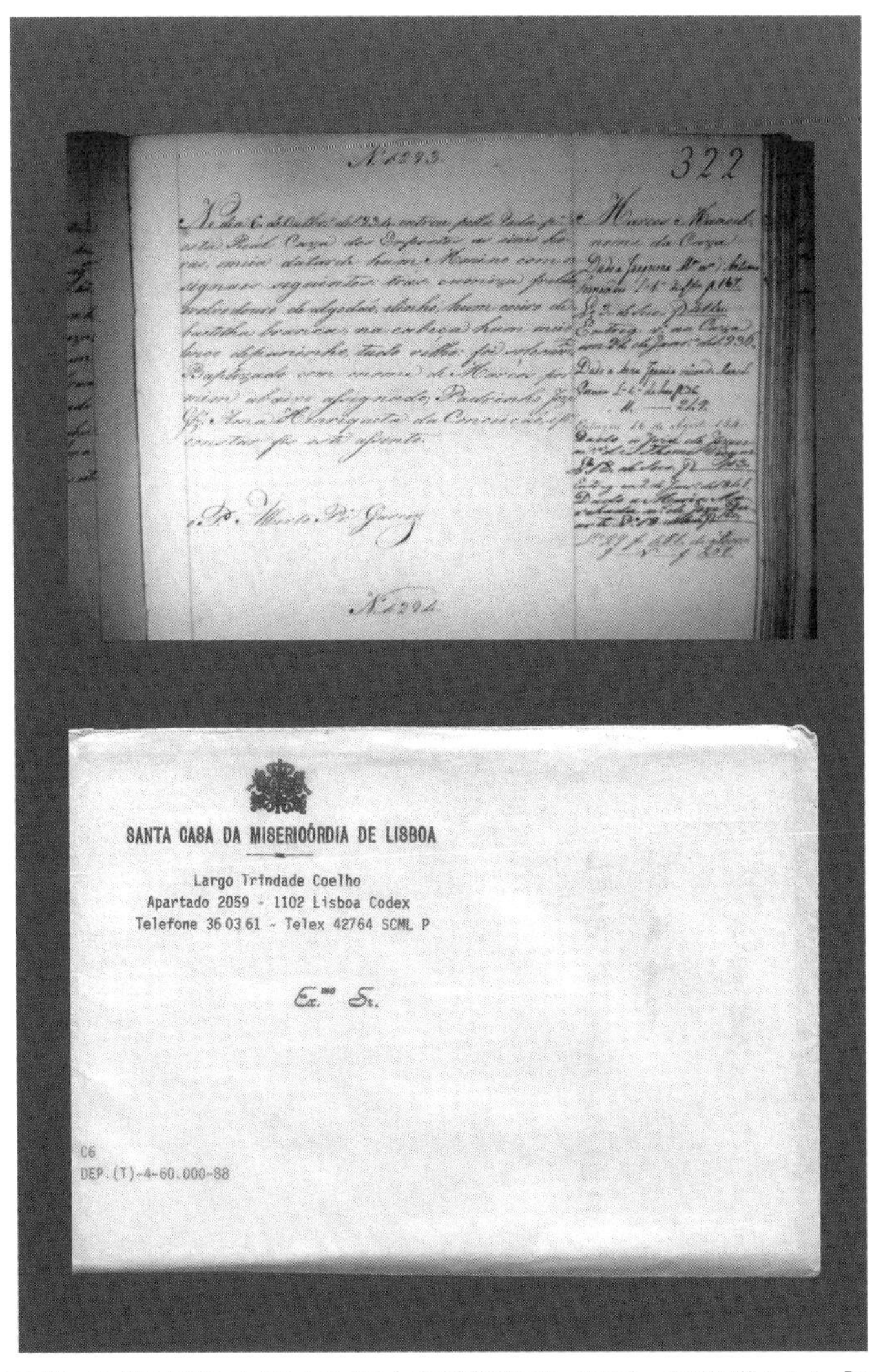

リスボンの「捨て子のロイヤルハウス」の名簿1293番、322ページに記載された「1834年10月６日に当施設はマルコス・マノエルを受け入れた」との文（原本）。

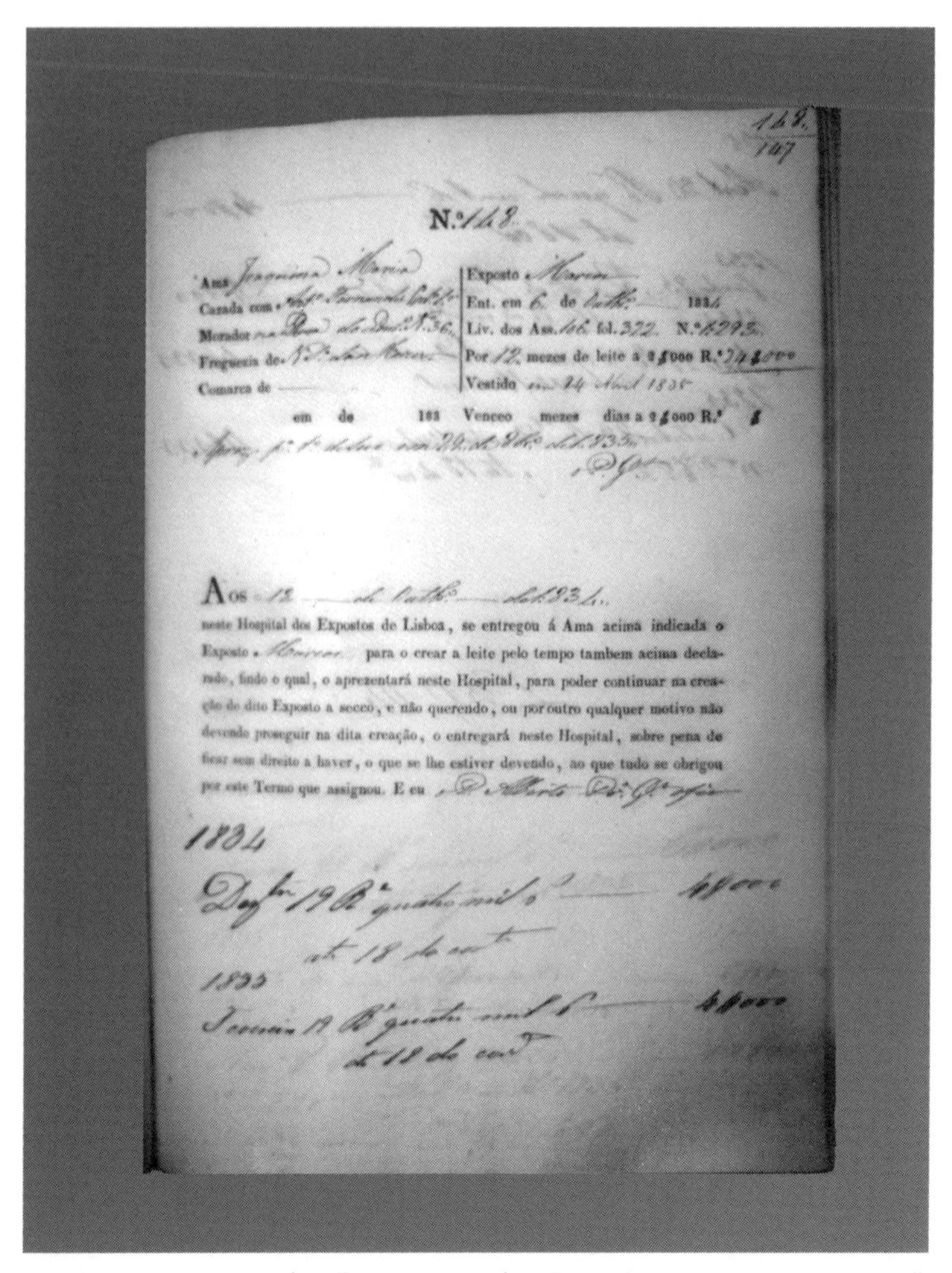

N.º

Ama | Exposto
Casada com | Ent. em 6 de Outº 1834
Morador | Liv. dos Ass. fl. N.º
Freguezia de | Por 12 mezes de leite a 2$000 R.s
Comarca de — | Vestido em 24 Abril 1835

em de 183 Venceo mezes dias a 2$000 R.s $

Aos 12 de Outº de 1834

neste Hospital dos Expostos de Lisboa, se entregou á Ama acima indicada o Exposto para o crear a leite pelo tempo tambem acima declarado, findo o qual, o aprezentará neste Hospital, para poder continuar na creação do dito Exposto a secco, e não querendo, ou por outro qualquer motivo não devendo proseguir na dita creação, o entregará neste Hospital, sobre pena de ficar sem direito a haver, o que se lhe estiver devendo, ao que tudo se obrigou por este Termo que assignou. E eu

1834

1835

ホアキナ・マリアは1834年10月７日から1836年１月21日までマルコス・マノエルの乳母を務めた。１歳の誕生日に、彼女は「ドレス（正装）」をマルコスに贈ったことも、リスボン「捨て子のロイヤルハウス」の登録簿に記入された。1835年４月24日、１歳の誕生日の前日に登録されたため、マルコス・マノエルが1834年４月25日に生まれたことを証明する一種の出生証明書だと言える。

このマークはロイヤル・スタッフォード陶器のヘルメス職人が奥義を習得した監修者のもと造られたことを示し、監督兼後援者だった「ライオネル・ロスチャイルド」（ネイサンの長男）の署名が青いインクで刻印されている（251～252ページ参照）。陶器は高熱で焼き上げられるため、インクがより鮮やかになり、時に乱れてしまうことがある。ゆえに、仕上がりは「LioneL Rothsch．L…」と読めるのだ。

第7章

これが王室の支配構造か?!　君主の運命を定める「薔薇十字団」の暦

Regal Days of the Week

君主は、薔薇十字団の暦をもとに動いている。

彼らの「統治権」は「どの曜日に生まれたか」による。

フランス北東部のストラスブルクで教頭を務めたF・G・ベルグマン博士は、コペンハーゲンとエディンバラの「ロイヤル考古協会」の一員でもあり、薔薇十字団でも高階級だった。1870年、ベルグマン博士は著書『ザ・サングレアル（聖杯）――サングレアル浪漫の原点と意味』(The San Grëal - An Inquiry into Origin and Signification of Romances of the San Grëal) を出版。そこには各曜日の意味が綴られていた。[1]

「どの曜日に生まれたか」をもとに分析すると、ロイヤルファミリーは薔薇十字団の支配に従っていたのか、それとも宿命として受け入れていたのか……。

薔薇十字団は十字の秩序に従う。特に血の秩序は重要視される。王家も十字の血の秩序を認め、従っていた……。太陽神、自然における第2の力、部族軍長、不死を追求する者、犠牲者、亡命王（エクシラーク）、無用な支配者たちに分けられる。

君主は「薔薇十字団」の暦をもとに動く

日曜日：太陽神、統治者の日、病を追い払う儀式、金と黄色の宝石

太陽王ルイ14世は歴代の王の中で、最後に日曜日に生まれた王だ。

ルイ14世には双子の兄弟がいた。彼は「鉄仮面の男」として知られ、フランス帝王ナポレオン・ボナパルトの高祖父だった。ロスチャイルドの工作員だったナポレオンは、セント・ヘレナ島に収容されていたが、1820年2月に脱獄に成功すると、それからはパリの街で「スイカ売りのユージン・レノルマンド」という名前で暮らした。これまでにナポレオン・ボナパルトの遺体は数回盗まれたが、本物のナポレオン・ボナパルトはユージン・レノルマンドとしてパリで埋葬されていたのだ。ちなみに、ナポレオン自身は火曜日の部族軍長だった。

月曜日：月、誕生、超自然力、真珠と白い宝石（ダイヤモンドを除く）

ヴィクトリア女王は真珠を身につけ、出産を幾度も繰り返し、自然における第2の力を持つ女帝となった。

ヴィクトリア女王はアダムの血族だ。1834年3月9日の日曜日にモン・サン・ミシェル教会で、盲目のカンバーランド公ジョージと結婚した時には妊娠7カ月半、お腹には正統な血（サングレアル）を持つマルコス・マノエル王子がいた。彼女は本物の王子と結婚し、正統な英国王位継承者となり、2人の間には共に第1子となる子どもが誕生した。これによってヴィクトリアは、正真正銘の女王となった。

火曜日：部族軍長、ルビー、燃える欲情

ナポレオン帝王とエドワード7世が生まれた曜日。

2人は数多くの不倫関係を持ち、それぞれが第1次世界大戦と第2次世界大戦を引き起こした。

エドワードは歴代の王の中で、最後に火曜日に生まれた王だ。

水曜日：精神的追求者、薔薇十字団の空気の精、妖精を探し求め、アダムから成る血族を通して不死を追求する、サファイア、ターコイズ、青い石

エリザベス女王は歴代王唯一の水曜日生まれ。

木曜日：軍を戦場に送り込む、男の天への生贄、アメシストや濃い紅色の石

ハノーファー王ゲオルク5世は、歴代の王の中で最後に木曜日に生まれた君主。

彼の長男マルコス・マノエルが天への生贄だった。

金曜日：亡命王（エクシラーク）、緑を着用、女性の日、金曜日と5月には結婚式を挙げない、エメラルドや緑の宝石

マルコス・マノエルは1834年4月25日金曜日生まれ。

クラレンス・アヴォンデイル公爵エディーは1864年1月8日金曜日生まれ。

2人とも「亡命王（エクシラーク）」だった。

マルコス・マノエルはポルトガルに亡命させられると、リスボンの「捨て子のロイヤルハウス」で1834年10月6日の午後5時30分と名簿に記入された。

マルコスは英国王エドワード7世の兄であり、エクシラーク対部族軍長の役割も持つ。

もう1人の金曜日生まれの亡命王エディーは、エドワード7世の長男である。このクラレンス公エディーこそ、当時の英国を震撼（しんかん）させた有名な殺人事件──切り裂きジャックの名で知られる連続殺人事件を引き起こした張本人なのだ。それだけでなく、彼はウィンザー城を放火し、1891年11月1日にはサンドリンガム城にも放火している。そして1892年1月14日には自身の死までも偽った。

実際のところエディーは、スコットランドのグラームズ城に身を潜めながら41年間も生きながらえていた。その間、父親と弟──部族軍長エドワード7世と無用な支配者ジョージ5世の戴冠式を目撃し、彼らが本来の王位継承者であるエディー5世を隠したことで、「フリーメイソンとの約束」が交わされた。それは、グラームズ卿の子孫が英国君主と結婚するというものだった。

その君主、エリザベス・ボーズ・ライアンは、1923年4月26日にウォーターフォードのパブの上にあったアンソニー・ブラント（歴史家、旧ソビエトのスパイ）の自宅から来た「身代わりの使い」をジョージ6世と結婚させた。そして、そのパブの上にある自宅でエリザベス王女が伝統の工作によって作られ、英国女王エリザベス2世として誕生したのである。

土曜日：偉大なる母、大海、無用な支配者、ダイヤモンド

ジョージ5世、エドワード8世、ジョージ6世は皆、土曜日生まれの無用な支配者。

偉大な統治者は日曜生まれ
月曜に生まれる者は第2の力
部族軍長は火曜生まれ
不死を求める者は水曜生まれ
木曜に生まれる者は息子を犠牲にする
エクシラークは金曜日に生まれる
そして無用な支配者は土曜日に生まれる

ルイ14世
1638年 9 月

S	M	Tu	W	Th	F	S
			1	2	3	4
5	6	7	8	9	10	11
12	13	14	15	16	17	18
19	20	21	22	23	24	25
26	27	28	29	30		

甥の玄孫

ナポレオン・ボナパルト
1769年 8 月

S	M	Tu	W	Th	F	S
		1	2	3	4	5
6	7	8	9	10	11	12
13	14	15	16	17	18	19
20	21	22	23	24	25	26
27	28	29	30	31		

ヴィクトリアとジョージ
1819年 5 月

S	M	Tu	W	Th	F	S
						1
2	3	4	5	6	7	8
9	10	11	12	13	14	15
16	17	18	19	20	21	22
23	24	25	26	27	28	29
30	31					

1833年 7 月

S	M	Tu	W	Th	F	S
	1	2	3	4	5	6
7	8	9	10	11	12	13
14	15	16	17	18	19	20
21	22	23	24	25	26	27
28	29	30	31			

マルコス・マノエルの受胎
1833年 8 月

S	M	Tu	W	Th	F	S
				1	2	3
4	5	6	7	8	9	10
11	12	13	14	15	16	17
18	19	20	21	22	23	24
25	26	27	28	29	30	31

ヴィクトリアとジョージの結婚
1834年 3 月

S	M	Tu	W	Th	F	S
						1
2	3	4	5	6	7	8
9	10	11	12	13	14	15
16	17	18	19	20	21	22
23	24	25	26	27	28	29
30	31					

マルコス・マノエル
1834年 4 月

S	M	Tu	W	Th	F	S
		1	2	3	4	5
6	7	8	9	10	11	12
13	14	15	16	17	18	19
20	21	22	23	24	25	26
27	28	29	30			

エドワード７世
1841年11月

S	M	Tu	W	Th	F	S
	1	2	3	4	5	6
7	8	9	10	11	12	13
14	15	16	17	18	19	20
21	22	23	24	25	26	27
28	29	30				

クラレンス公爵エディー
1864年 1 月

S	M	Tu	W	Th	F	S
					1	2
3	4	5	6	7	8	9
10	11	12	13	14	15	16
17	18	19	20	21	22	23
24	25	26	27	28	29	30
31						

ジョージ５世
1865年 6 月

S	M	Tu	W	Th	F	S
				1	2	3
4	5	6	7	8	9	10
11	12	13	14	15	16	17
18	19	20	21	22	23	24
25	26	27	28	29	30	

エドワード８世
1894年 6 月

S	M	Tu	W	Th	F	S
					1	2
3	4	5	6	7	8	9
10	11	12	13	14	15	16
17	18	19	20	21	22	23
24	25	26	27	28	29	30

ジョージ６世
1895年12月

S	M	Tu	W	Th	F	S
1	2	3	4	5	6	7
8	9	10	11	12	13	14
15	16	17	18	19	20	21
22	23	24	25	26	27	28
29	30	31				

エリザベス２世
1926年 4 月

S	M	Tu	W	Th	F	S
				1	2	3
4	5	6	7	8	9	10
11	12	13	14	15	16	17
18	19	20	21	22	23	24
25	26	27	28	29	30	

第8章

薔薇十字団が重宝する
欧州地図に秘匿された「亡命王の所在地」

Rosicrucian Regal Map of Europe

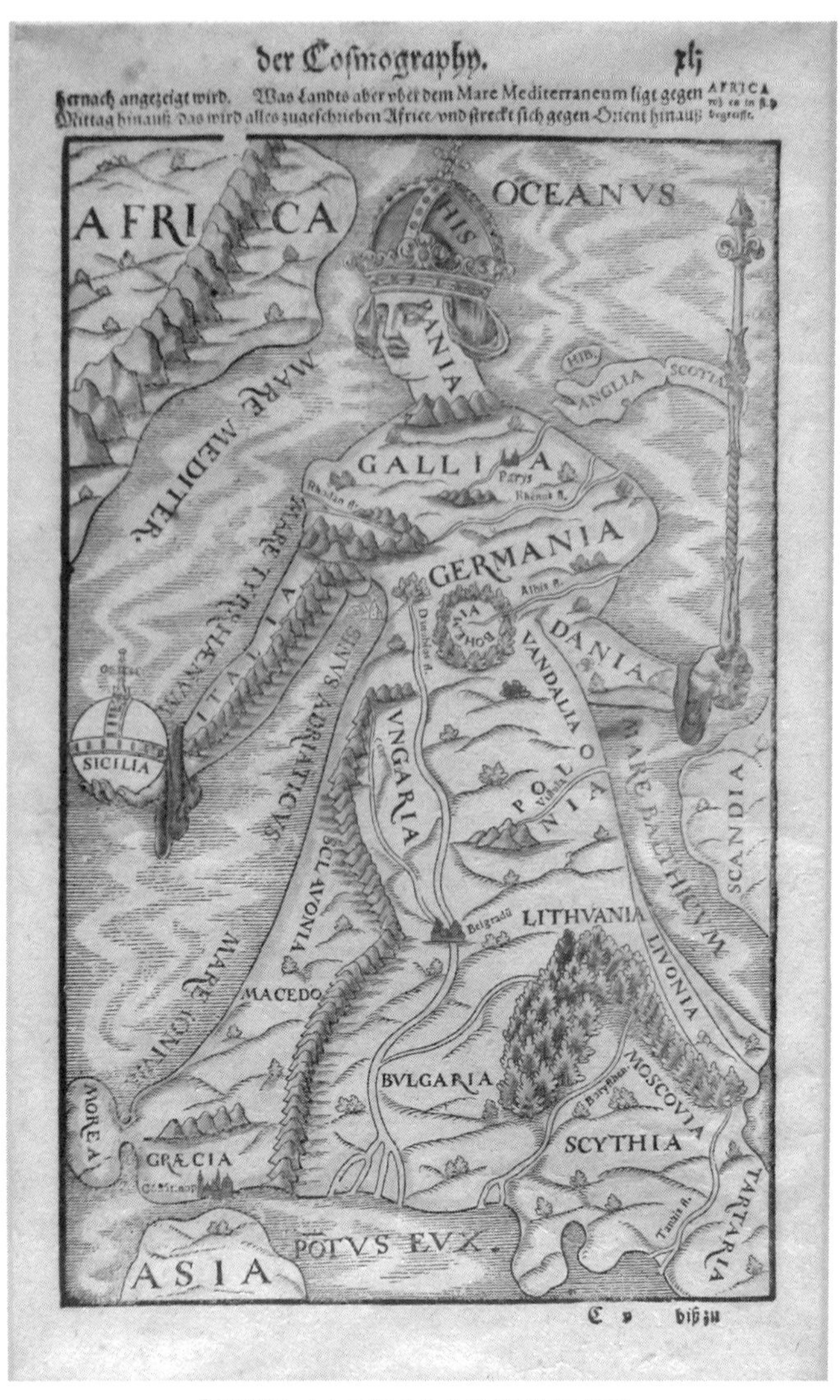

『宇宙誌』として知られる欧州王国の地図。

薔薇十字団が支配する「欧州王国」の地図（右ページ図参照）は、『宇宙誌』（全世界――当時は、地球や宇宙、死後の世界までを包括して描かれた宇宙像を、地図や天球図として著した）、「ルシタニア――欧州の王冠」や「聖母の王冠」、「冠飾のある立つ聖母」、「戴冠した聖母」、「ユーロパ・レジーナ」（もしくは、エウローパ・レーギーナとも呼ばれる、欧州大陸を女王として描写した地図のような絵）などとしても知られる。

このような「宇宙誌」で初期のゲルマン人は自分たちが考える「世界」を描いた。右ページの地図は「第5帝国の地図――聖霊の帝国」（The Map of the Fifth Empire — The Empire of the Holy Spirit）とも称ばれる。

薔薇十字団は宇宙誌を重宝し、地図は亡命王（エクシラーク）の家に贈呈された。マルコス・マノエル自身に、または直結の子孫にも贈られている。実際、この宇宙誌はマルコス・マノエルの直系の子孫フランシスコ・マノエルの大叔母アマリアが保管していた。

セバスチャン・ミュンスターによって作られた貴重で希少な『宇宙誌』「ルシタニア――欧州の王冠」は、1534年にはタペストリーに、1550年には木版画で制作され、彼が亡くなった後の1570年と1580年にも再現された。中でも、ミュンスターが亡くなる2年前にドイツで制作された「1550年の木版画」が最も貴重なものとされている。

この『宇宙誌』を作ったセバスチャン・ミュンスターは1489年、現在のドイツ・インゲルハイム生まれ。著名な学者として知られ、ルネサンスを代表する人文主義者として活躍した。また、フランシスコ会修道者として、ハイデルベルクやテューービンゲン、バーゼル大学で学問を修め、バーゼル大学では数学を教えた。

ミュンスターは1529年にキリスト教に帰依し、『3カ国語辞典』(Dictionarium Trilingue)をラテン語、ギリシャ語、ヘブライ語で書き上げ、1534年には彼の最高傑作とされる、ラテン語の翻訳を含んだ『ヘブライ語聖書』(Hebrew Bible) を編集し、出版した。

この『宇宙誌』「ルシタニアー——欧州の王冠」の初版は、1544年に出版された『宇宙誌』に掲載された。この本は1500年代最初の科学書とされ、人気を博し、刊行後100年で24版も刷られている。[1] ミュンスターの『宇宙誌』は、ポルトガルの航海の歴史や、ポルトガルの人文主義者ダミアン・デ・ゴイスから影響を受けている。[2]

セバスチャン・ミュンスターは、最初に欧州の地図を出版した人物として知られている。亡くなる年の1552年には、スイスのバーゼルで暮らしていたが、このバーゼルという場所はテンプル騎士団の繊維工業や銀行の本拠地があり、スイスの国旗にはテンプル騎士団の「逆さ十字」が用いられている。

〝ユーロパ・レジーナ〟と呼ばれる欧州地図は暗号だらけ!

この宇宙誌は、希少な1500年代の秘儀的地図作成法の最もよい例であり、ドイツが欧州の地図製作運動の最先端に立っていた要因でもある。ここで表現されている欧州は女王、または「戴冠した聖母」を描いた「冠飾を被って立つ聖母」を表わしていることから、後に「ユーロパ・レジーナ」と称ばれるようになった。

２つ目の画像（２７３ページ参照）では、彩度が調整され、ボヤけた赤色は金色に、茶緑は鮮やかな緑になっており、本来の色彩である金色や王家の血を表わす赤色が北アフリカからヒスパニア（スペインとポルトガルのあるイベリア半島）にかけて施されている。

ここで、地図に書かれた地名と絵を読み解いていく。

まず、左上にある**アフリカ**（AFRICA）の文字。ここに描かれた、スフィンクス（またはモーセ）が眺める先にあるのが「ＸＬ」＝約束の地を求め砂漠を彷徨（さまよ）った40年、顔が刻まれた15の山はアヌンナキ（巨人）、ファラオやピラミッドを表わす。地中海の向かい側には……。

ヒスパニア（イベリア半島＝スペインとポルトガル・HISPANIA）の文字。スペインにはレジーナの顔があり、頭部と王冠はポルトガルにある。王冠の十字はアゾレス諸島を指している。レジーナの右耳には君主（Sovereign）の「Ｓ」が見える。左耳は（髪に）覆われ、その上にはノウサギの絵がある＝「レジーナは正統な後継者を残した」――「ここに髪に隠れた見えぬ正統な後継者がいる」。

「ヒスパニア（〈HIS〉PANIA）」の「ＰＡ」は片目に触れている。これは片目が不自由なアングリアの王子がジョン2世として王位に就くことを示している。

古代ポルトガル（Lustania＝ルスタニア）の語源は「光の街」を意味する（「Lux-Citania」）。ポルトガル人は「Lusus＝ルスス」――「光の地から来る人々」とも称ばれる。アゾレス諸島はテンプル騎士団が本陣を置いた場所である。1500年代にはキリスト騎士団の支配下となり、キリスト教をすべての海で守る拠点だった。

イングランド（ANGLIA）。王造りの杖はスコットランド（SCOTIA）、イングランド（ANGLIA）とアイルランド（HIB＝Hibernia）の向かって右側にある。杖の繋ぎ目には魚〔魚はキリストのシンボル〕＝王になる者はメロヴィング朝（フランク王国における最初の王朝）の血統。しかし杖が握られている部分はデンマーク（DANIA＝ダンのマーク）となっている。

フランス（GALLIA）は胸の上部に位置する。レジーナの首もと、連なる山のネックレスはピレネー山脈。パリは心臓部の三焦（さんしょう）〔伝統中国医学における六腑の一つ〕、赤い屋根の黄金の宮殿は君主制が社会主義によって滅びることを表わしている。

スイス（SWITZERLAND）。ガリアの「G」の下には熊と修道士と半円形のローヌ・アルプス山脈が見える。山脈はフランスの南東からイタリア、スイス、そしてドイツにかけてティレニア海に沿って連なる。その先の……。

シチリア（SICILIA）には Orbis Mundis〔キリストの王権が全世界に及ぶことを表わす球体のオーブ。王造りの玉〕がある。その十字はイタリア半島西方、コルシカ島の南、**サルディーニャ**を指している。

イタリア（ITALIA）は数字の「13」を象っている。「13」は「イルミナティ」を表わす数字。レジーナの脇からベネチアの建物がアドリア海へと流れている。しかし、イタリアにはキリストの十字架や王族の印などが描かれておらず、ローマには触れられてもいない。

ゲルマニア（GERMANIA）のライン川は血液・母乳を表わし、ドイツの中心を流れる。これは、**ドイツが欧州王族の中心**であることを示している。

アルビス川は血液・母乳を生み出す2つ目の乳で、ボヘミア（バイエルン州）へと流れる。みぞおち部分は円形の木々に守られている。つまり、「王の木」だ。

ボヘミア（BOHEMIA）の文字はサファイア色で、誕生間近の赤ん坊の頭を象っている。体はエルネスタイン・ヴェッティン家を表わす頭文字「EW」を象り、「ザ・シン」によって「禁断の秘密」として認定された。赤ん坊の足は、キリスト・ヤハウェ・サングレアル（Xristos-Yahweh Sangrëal）を表わす「XY」の形をしている。下部にある木々は「A」または「V」に見えることから「アレクサンドリーナ・ヴィクトリアが勝利を収めた（Victorious）アンジュー（Angevine）の母」を表わしていると推測できる。

キリスト・ヤハウェ・サングレアル、後継者・耳・髪（Heir-Ear-Hair）、アングリア王子（Prince Anglia=PA）の片目は不自由で、アルビス川も目を覆っており、それを囲うようにドナウ川は**ハンガリー**（VNGARIA）と、ヴァンダル王国の**チェコ・スロバキア**（VANDALIA）へと流れる。ヴァンダル王国ではキリスト教の元祖アリウス主義を信仰していた。

北アフリカのヴァンダル人はキリスト教を過激なほど守り、対抗するものすべてを破壊したことからヴァンダル（＝破壊者）という名がつけられた。マルタはヴァンダル人の拠点であり、北西へ3マイルほどに位置するゴゾは巨人の最後の要塞だった。そこにはエジプトのピラミッドよりも古いとされる巨人の塔、ジュガンティーヤ神殿がある。

バルト海（MARE BALTHICVM）は左足に描かれた**ポーランド**（POLONIA）、**リトアニア**（LITHVANIA）、**ラトビア**（LIVONIA）と繋がる。

アルバニア（VNGARIA）、**クロアチア**（SCLAVONIA）と**マセドニア**（MACEDO）は右膝にある**ベオグラードの黄金の大聖堂**（BELGRADU）で繋がる。

ブルガリア（BVLGARIA）、**ロシア**（MOSCOVIA）、**ドニエプル川**（Borysthen）と**トランシルバニア**（SCYTHIA）はレジーナの足元で繋がり、ドレスは**タナイス川**（Tanais River）を越えて、**モンゴル**（TARTARIA）、**ギリシャ**（GRAECIA）と**ペロポネソス半島**（MOREA）まで延びて**イオニア海**（MARE IONIVM）で一つになる。

コンスタンティノープル（ConSt.inop）はドレスの最下部に位置する。ローマ帝国（330〜1453年）の首都だったこの場所には、黄金のハギアソフィアが描かれている。これは世界最大の大聖堂（537〜1520年）であり、世界8番目の不思議と称された東ローマ帝国最初の大建造物だ。

黒海（POTVS EVX）と**アジア**（ASIA）はドレスの下に位置する。

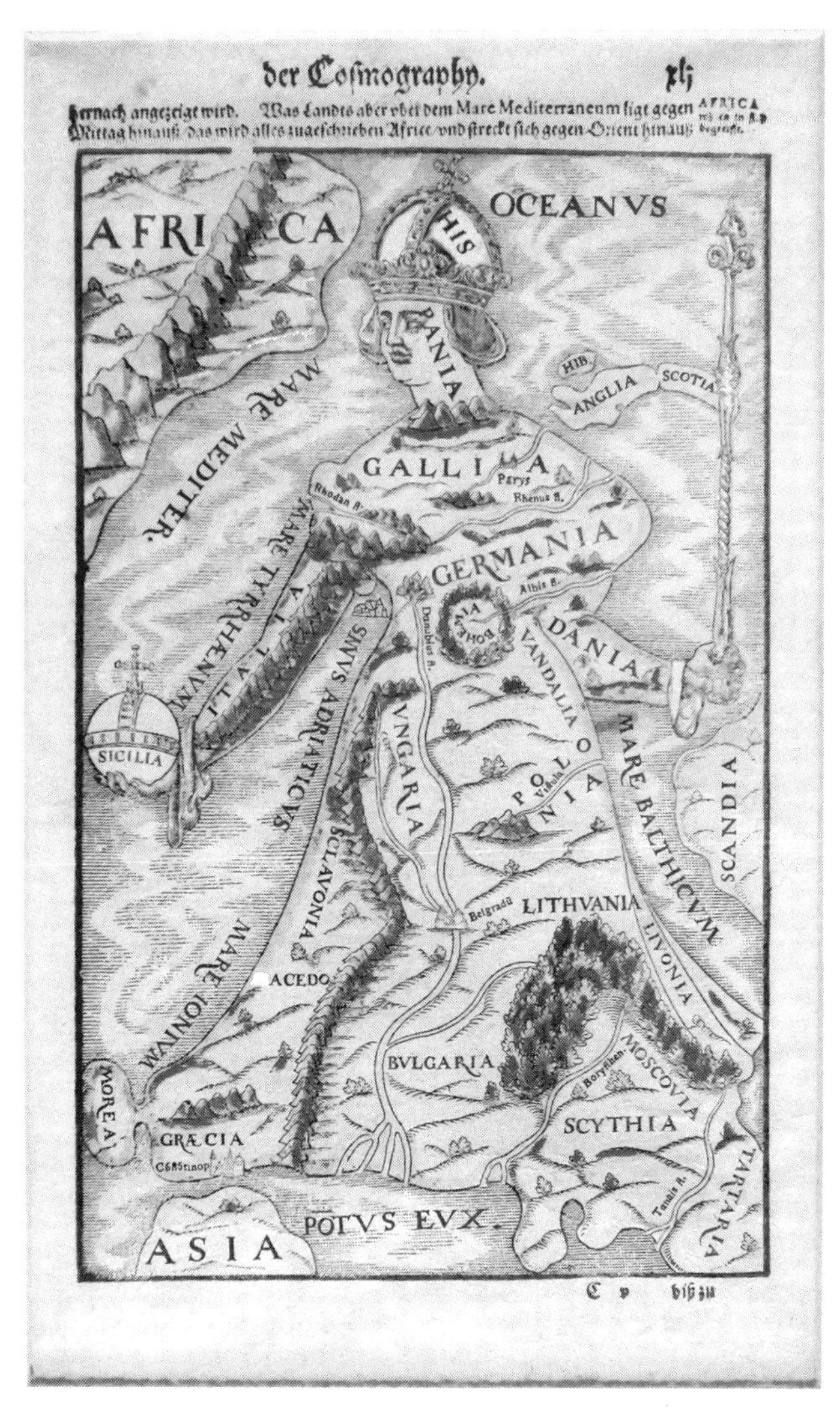

宇宙誌の地図。地中海の上、アフリカからアジアまで広がる大陸が描かれている。

コンスタンティノープル（ConSt.inop）は「C6h5tinop」と書かれることもある。それはハギアソフィア（hS：ビサンツ帝国時代に作られたキリスト教の大聖堂建築）が聖なる知恵の神殿であることを意味し、世界中のモスク建築に影響を与えたとされている。ローマ皇帝コンスタンティノスは英国で生まれ育ち（母親が英国人）、65年間も英国で暮らした。コンスタンティノスはある日、空に見た幻日を機に、初めてキリスト教に帰依したローマ皇帝となり、ハギアソフィアの敷地に「グレイト・チャーチ（マグナ・イクレシア）」を建設した。彼は313年に**ミラノ勅令**を発布し、信教の自由を保障し、聖コンスタンティノスと知られるようになったため、コンスタンティノープルは「65」や「hS」、そして「St」を用いて書かれることもあるのだ。

いったい何を表わすのか？　ミュンスターが書いたもう一つの「理解不能な本」

……ナイル川を上り／またはこう言う者も／ルブルム海へと上る――つまり／赤海。最初の表には南回帰線の長さが記録されている／左手側には幅が。その距離はヒスパニアからモーリタニア（西アフリカ）／そしてアジアへと延びる。アジアに到達すると／再びオクシデント（西）へと引き返す／数字が示す通り。幅は昼夜平分線から始まり／昼から夜まで広がる。

もう一つの表をご覧いただくと／地球の半分ほどが描写されている／ここには上下の長さと／右への幅が表記されている。7つのクリマータも記録されており、その平行線の名前と数字は左

xlij　Das Ander Buch

biß zu dem fluß Nilus/oder wie die andern sprechen/biß zum Mare Rubrum: das ist/das Rot Meere. Im ersten General ist die lenge des Erdtrichs verzeichnet bey dem Circkel des Steinbocks/vnd die breite zu der lincken hand am ende der Tafeln. Die lenge facht an hinder Hispaniam vnd Mauritaniam/vnd geht biß in Orient/vnd da sie in Orient außgeht/geht sie wider an in Occident/wie dir das anzeigt die zugeschribne Ziffer. Die breite fahet an bey dem Equinoctial/vnd geht gegen Mittag vnd gegen Mitnacht.

Lenge der Landtschafft.

Breite einer Landtschafft.

Nim darnach für dich dz ander General/dz nicht mehr dann die halbe Welt beschreibt/so findestu die lenge verzeichnet oben vnd vnden/vnd die breite zu der rechten hand. Daselbst findestu auch verzeichnet die sieben Climata/aber die Parallelen seind zu der lincken hand mit jhren zahlen vnd nammen verzeichnet. Heb nun diß ander General gegē dem ersten/so wirstu sehen wie viel Landts weiter erfunden ist/weder zu Ptolemei zeitē bekandt ist gewesen. Du magst auch auß dem ersten General erkennen/wie die Spanier fahrē müssen/wann sie zu den newen Inseln schiffen wöllen/od so sie in Africam schweiffen/vnd in Orient gen Callikut jhre Segel wenden. Hie sihestu nun wie das Erdtrich gar nahe ein grosse Inseln ist/vnd schwebt in eitelem Wasser. Du sihest auch wie dz gantz Europa also ein klein stuck ist gegen dem gantzē Erdtrich/vnd fählet vmb ein kleines/es were ein grosse Insel/allenthalben mit Wasser des Meeres vmbgossen. Allein bey dem Wasser Tanais hangt es an dem grossen Landt Asia/sunst endet es sich gerings vmb an dem Meere. Die Länder so hinden außgehn gegē Mitnacht vber den 63. Parallel/seind Ptolemeo nicht bekanndt gewesen/aber zu vnsern zeitē sind sie bekandtlich wordē/vnd vō denē wöllen wir hie vndē an jhrem Ort etlich besundere Tafeln beschreibē/vnd mit denē außtruckē gelegenheit solcher Länder.

Dz Erdtrich im Meere als ein Insel.

Von dem Europa/das zu vnsern zeiten die Christenheit vnder jhm begreifft/vnd etwas von der Türckey. Cap. ij.

IN der Welt ist Europa dz erst drittheil/ob es schon kleiner ist weder Africa oder Asia nach seiner breite vnnd lenge/ist es doch ein trefflich groß Landt/das da seiner lenge nach von Hispania biß gen Constantinopel/in das eusser theil des Griechenlandts/bey 550. Teutscher Meilen begreifft/nach der rechnūg Ptolemei: Aber in der breite ist es etwas kleiner vnd schmeler/wie du sehen magst in den zweyen General Tafeln/vnd in der newen Tafel die allein Europam innhelt. Doch wann man ansehen will vnd darzu rechnen die grossen Landtschafften die gegē Mitnacht gehn/solt wol die breite Europe vbertreffen die lenge. Wie aber Ptolemeus Europam beschriben hat/ist sein lenge grösser dann die breite. Dz ist ein mal gewiß/daß Europa ist ein trefflich Fruchtbar vnd wol erbawen Landt/vnd hat nicht minder/ja mehr Volcks dann Africa/ob schon Africa seiner weite vnd breite halb viel grösser ist. Dann es werdē in Europa nicht gefunden sollich weit vnd groß Wüsten/noch sollich vnfruchtbar Sand vnd grosse Hitz wie in Africa. Es ist kein Ort oder Landt also geting od nachgültig/da die Menschē nit habē Wohnung gemacht/vnd sich da zimlich mögen erneren. Wer wolt anfencklichē gemeynt habē/daß in den hohē Alpē vnd rauhen Bergen/die im Schweitzerlandt ligē/vnd mit ewigem dickem Schnee gleissen/die Menschē solten jhre Narung gesucht vnd da ein süß Vatterlandt gemacht haben? Seind nun die hohen Schneeberg also fruchtbar/daß ein grosse Landtschafft sich darauß erneren mag/ist gut zu erachten wie fruchtbar die andern Länder seind in Europa/die keine Schneeberg haben. Wiltu darnach besehē die manchfaltigē Inseln die in Europa gelegē seind/so wirstu finden daß sie vnser Europam zieren/gleich wie ein Edelgestein ein guldine Kron/besonder die Inseln/die gegen Mittag hinauß ligē. Es habē vorzeiten die zwo mechtigen Stett Rom in Italia/vnd Carthago in Africa nit vergebens solche schwere Krieg wider einander geführt der Inseln halb Sicilien vnd Sardinia. Ich will jetzund geschweigē Nigropont/Peloponnesum/Candiam/vnd andere Inseln/von denen ich hie vnden sagen will an jhren örtern.

Europa wie fruchtbar es seye.

Erdtrich wie hoch es fruchtbar wird gemacht.

Von außtheilung des grossen Landes Europe. Cap. iij.

Wie zum offtern mal gesagt ist/die Alten haben vorzeiten Europam in Occident angefangen/vnnd das ein end gesetzt in Orient an das Wasser Tanaim/das in die Meotischē Pfützē fallt: aber gegen Mitnacht zu endet es sich in dem Mittelländigen Meere vnd gegen Mitnacht zu/gehet es so weit als man Landt findt. Darnach haben sie es in viel besundere Länder.

Europa wo es die Alten haben angefangen.

ミュンスターが書いた本の１ページ。

側に表記されている。次にこの表と最初の表を比較すると、どれほどの地が発見されたかご覧になれるはず／それはプトレマイオスの時代（90～168年）にはまだ知られていなかった。最初の表から見られるのは／スペイン人がどのように航海したか／新たな島に向かう際／またはアフリカを遊覧する際や／アジアでカリカット（コージコーデ）へと舵を切る際など。ここでは地上がまるで島のように見受けられる／ただ水の上に浮遊している。さらに、欧州大陸は世界の陸地全体からすると、ほんの一角にすぎないのがわかる／海に囲まれた大きな島ではなく、大きなタナイス川によってオリエント（東）と連結する／それ以外は海で終わる。63番目の平行線の上、零時へと後ろに延びる地は／プトレマイオスには知られておらず／我々の時代になって知られるようになり／これらに関する表を下記に書き上げ／これらの地の状況をお見せしよう。

欧州について／キリスト教の観点から／トルコについて少々

世界では、欧州は3番目の地域／アフリカやアジアより小さいのにもかかわらず／素晴らしい偉大な地である／スペインからコンスタンティノープルへと広がり／ギリシャの外側／およそ550ゲルマンマイル／プトレマイオスの計算によると——しかし幅はやや小さく、細く／2つの表でご覧いただけるように／そして新しい表では欧州のみ表示されている。もし零時へと延びる地を含めば／欧州はさらに長い。プトレマイオスが見た欧州は／幅より長さのほうが大きい。確かなことは／欧州はとても肥えた土地であり、よく耕されている／アフリカよりも人口が多い／

木版画の後ろにテキストを置いて日光に当てると……

アフリカ大陸のほうが遥かに大きいのにもかかわらず。アフリカにあるような広大な砂漠は欧州には存在しない／耕せない砂地や灼熱などもない。（欧州には）無価値な場所や国はない／どこでも暮らせて／食べていける。当初は誰が想像できただろう／スイスアルプスなどの高い山々／輝く厚い雪に覆われた場所でも／人は食物を見つけることができ／故郷を築き上げられるとは。高い雪山さえも肥えていて／国の食糧を生み出せることから／雪山のない他の欧州諸国がいかに肥えた地であるか想像がつくだろう。欧州の多様な島々を見ると／我らが欧州は／まるで王冠に装飾された宝石のようだ／特に昼辺りに位置する島々。イタリアのローマやアフリカのカルタゴのような強大な都市がシチリアやサルディーニャを巡って幾度も戦ったのも無理がない。ネグロポンテ（ギリシャのエヴィア島）／ペロポネソス／カンジア（イラクリオン、ギリシャのクレテ島）は次で触れる。

欧州大陸の分断

よく言われてきたように／古人は欧州の始まりをオクシデント（西）に設定し／マエオティス湖（アゾフ海、東黒海）に流れ込むオリエント（東）のタナイス（ドン川）まで広がるとした——しかし昼では地中海で終わる／零時では／土地が見当たるまで続く。その後、彼らは大陸を複数の地に分けた……。

メロヴィング朝ザクセンの一派が英国を制圧していた

繰り返すが、ドイツで最初に世界地図を作ったセバスチャン・ミュンスター。まずは１５３４年にタペストリー版を、次に１５５０年には欧州の王子たちと共同で欧州王国の地図として「宇宙誌」の木版画を制作した。これが「第5帝国の地図――聖霊の帝国」として知られるようになった。

ミュンスターと欧州の王子たちは驚くほどの精度でユーロパ・レジーナ（聖母）が左手に握る王杖がデンマーク（DANIA＝ダン〈族のマーク〉）に宿ることを示した。デンマークから旅立ったメロヴィング朝ザクセンの一派やデンマーク王はスコットランドをはじめとする、英国を制圧したことから、王杖の旗が英国でなびいているように描かれている。Orbis Mundis（王造りの玉）はシチリアに描かれ、王家の血はバイエルン（サファイア色のボヘミア〈BOHEMIA〉）を本拠地としている。また、アングリア公のように先祖伝来の視覚障害が続くエルネスタイン・ヴェッティン家の王家の血統はポルトガル（HISPANIA）に送り届けられた。

ミュンスターの地図や著書はベストセラーとなり、１００年で24回も再版された。ミュンスターは「ドイツのストラボン」の愛称で知られていた。ストラボン（紀元前64〜紀元24年）とは、

かつて流通していたセバスチャン・ミュンスターの肖像画が描かれたドイツマルクス紙幣。

古代ローマ時代のギリシャ系地理学者・哲学者・歴史家のことである。さらに、ミュンスターの墓石には「ドイツのエズラ」と刻まれている。エズラは「エズラ記」を書き上げた祭司のことである。

その功績を称え、セバスチャン・ミュンスターの顔は100ドイツマルク紙幣の肖像（上図）として刻まれた（1962～1991年）。『ゴータ年鑑』（王族貴族の年鑑）の記録を破棄したことと引き換えにテューリンゲン州（1万6000平方キロメートル）が旧ソビエトに譲渡されたことが発端となった冷戦中に、この紙幣は使用された。

ミュンスターの作品は人気を博し、公にされていたものの、本当の技術と内容は一般人には解読できなかった。彼は、隠された真の王の所在地を暗号化したことから、ドイツをはじめ欧州全土において、「希望の伝達者」として尊敬された。ボヘミアのマルコス・マノエルが多くの王家の資産と共にポルトガルに存在するという重大な事実が密かに、この「宇宙誌」に記録されていたのである。

第9章

深すぎる闇！ヴィクトリア女王は「重婚」していた‼

Queen Victoria's Second and Bigamous Marriage

大英帝国のヴィクトリア女王。

ヴィクトリア女王（右ページ図参照）は、よく手紙や日記に意味深なメッセージを盛り込んだ。また、彼女は喉周りと血液に異常なほどの「こだわり」があった。1840年2月11日、2人目の夫アルバートとの結婚式の翌朝、ヴィクトリアはこう綴っている。

「夜が明けて（我々はあまり眠れなかった）、私は隣に眠る彼の美しい天使のような顔を眺めていると、言葉にできないほどの幸せを感じた。シャツ1枚で眠る彼はとても美しい。特に喉が美しい。我々は1／4に起きた。洋服を着てからアルバートの部屋に向かい、朝食をとった。彼は黒いベロアのジャケットを着て、首にスカーフはつけていなかった。そんな彼も言葉で表わせないほど美しかった」[1]

「美しい天使のような顔」とはアルバートの顔ではない。これは最初の夫・盲目のカンバーランド公ジョージ（後のハノーファー王ゲオルク5世）の顔のことだ。

ジョージの愛称は「天使のような、神々しい者」を意味する“the angelic”だった。「1／4」は時間を表わし、「受胎、結婚、出産したのは14歳の時」を意味している。「シャツ1枚」はポルフィリン症（294ページ参照）のこと。そして、ヴィクトリアは2度もアルバートの首について触れている。それも別々の部屋で違う洋服を着る「2つの首」についてである。

アシュケナジム・ハザール系のユダヤ人は「血友病」の遺伝子を持つ！

ヴィクトリア女王はアルバートとの結婚式の初夜を、最初の夫で長男マルコス・マノエルの父親、カンバーランド公ジョージと過ごしたようだ。結婚式には多くの王族が出席した。その中にはジョージの父、ハノーファー王エルンスト・アウグストもいた。ジョージはポルフィリン症の影響で肌が青白く血色がとても悪かった。太陽光によって皮膚の過敏性を引き起こすため、日焼けは禁物だった。

ヴィクトリア女王が日記に「ジョージ」と書いた場合、それは最初の夫、カンバーランド公盲目の王ジョージのことで、2人は離婚はしていなかった。つまり、その後の夫アルバートとの結婚は重婚だったのだ。アルバートは不正統な私生児（バタルド）であり、王家に富をもたらさなかった。アルバートはあくまで代理の存在だった。

ヴィクトリアは女王であり、思うがままに行動できた。側近たちには、女王の秘密厳守は絶対条件だった。アルバートはもちろん、ロイヤルファミリーも他の欧州王族もこれに従った。

ヴィクトリアは1901年1月22日に死去した。その後、娘のベアトリスはヴィクトリアの日記を編集し、原本を燃やしている。この行為は後に「歴史を破壊した」大失態として知られるようになる。日記の編集作業は1901年に始まり、1939年まで続いた。数人がかりでヴィクトリア女王の日記をすべて燃やしきったという。

ある時、盲目のジョージが王になるのを阻止しようとする運動が起きたが、父親であるハノーファー王エルンスト・アウグストの「いいえ、彼は王になります」という一言で、ジョージは王位に就くことになった。

その後、ハノーファー王となったカンバーランド公ジョージを歴史本から削除しようとする動きもあったが、父のエルンスト・アウグストは英国王ジョージ4世（通称「プリニー」）の弟だったため、盲目のジョージも歴史上同等に記録されることになった。

アルバートはヴィクトリアを好まなかった。ヴィクトリアは決して「美しい」とは言えない容姿だったこともあり、性的に反応しなかったことも一つの要因である。

そもそもアルバートは同性愛者だった。彼は後に、「プリンス・アルバート」と呼ばれるようになった包皮と腰を繋ぐ鎖を付けていた。そのため、通常の性行為はできなかったという。

アルバートはヴィクトリアが懐胎するために別の男と性行為を行なっている最中に、スコポラミン（鎮痛剤）で恍惚としながら彼女の手を握るという性癖があった。ヴィクトリアの9人の子どもの父親はライオネル・ド・ロスチャイルドだったが、公式では、子どもの父親は皆、同性愛者でありヴィクトリアの仮の夫、重婚の私生児のアルバートとなっていた。

ヴィクトリア女王の9人の子どもの実父、ライオネル・ド・ロスチャイルドは彼女の11歳年上だったが、彼の本妻シャーロット・フォン・ロスチャイルドはヴィクトリアと同い年で、ドイツ生まれの英国人、ロンドンで最高のパーティーを主催することで知られる社交界の著名人だった。

前述したように、ライオネルとヴィクトリア女王の祖父は同じ人物、マイヤー・アムシェル・ロートシルトだから、つまり2人は従兄弟同士だったのだ。

アシュケナジム・ハザール系のユダヤ人は血友病の遺伝子を持つと言われている。ロスチャイルド家はアシュケナジム・ハザール系のユダヤ人であるため、ヴィクトリア女王の父親の祖先は、アシュケナジム・ハザール系のユダヤ人ということになる。

血友病は血液が凝塊を作ることのできない遺伝性の凝固障害であり、重症の場合、出血死に至ることがある。主に男性に発症する障害だが、女性に遺伝することもある。公式の血統を辿ると、ヴィクトリアもアルバートも血友病の先祖はいないはずだが、子孫は障害を患った。

四男のオールバニ公レオポルドはこの病を発症し、30歳という若さで死去している。長女ヴィッキー、次女アリス、五女ベアトリスは結婚を通して欧州王族に血友病を遺伝させた。

「ヴィクトリア女王は、母であるケント公爵夫人からその遺伝子を受け継いだ可能性がある……」

それも一理あるだろう。なぜなら、ヴィクトリアの母のケント公爵夫人は夫の借金を支払った代償として、ネイサン・メイヤーやジャコブ・マイエールとの性行為を強要されていたからだ。

ヴィクトリア女王は1人の正統な王子と、10人の私生児を産んでいた

ヴィクトリアは公式の子ども以外に2人の子を産んでいる。以下に、ヴィクトリア女王の11人の子どもたちを紹介しよう。

1　マルコス・マノエル、正統な血統(サングレアル)・亡命王(エクシラーク)、隠された王
（1834年4月25日金曜日〜1910年4月1日金曜日）

2　ヴィクトリア・「ヴィッキー」・アドレード・メアリー・ルイーズ王女
（1840年11月21日土曜日〜1901年8月5日）

3　アルバート・「バーティー」・エドワード王子／英国王エドワード7世
（1841年11月9日火曜日〜1910年5月6日）

4　「アリス」・モード・メアリー王女
（１８４３年４月25日火曜日～１８７８年12月14日）

5　「アルフレッド」・アーネスト・アルバート王子、エディンバラ公爵、ザクセン・コーブルク・ゴータ公爵（１８４４年８月６日火曜日～１９００年７月30日）

6　「ヘレナ」・オーガスタ・ヴィクトリア王女
（１８４６年５月25日月曜日～１９２３年６月９日）

7　「ルイーズ」・キャロライン・アルバータ王女
（１８４８年３月18日土曜日～１９３９年12月３日）

8　「アーサー」・ウィリアム・パトリック・アルバート王子、コノート・ストラサーン公爵
（１８５０年５月１日水曜日～１９４２年１月16日）

9　「レオポルド」・ジョージ・ダンカン・アルバート王子、オールバニ公爵
（１８５３年４月17日木曜日～１８８４年３月28日）

10　「ベアトリス」・メアリー・ヴィクトリア・フィオドア王女
（1857年4月14日木曜日～1944年10月26日）

11　ルイーズ・ブラウン、[2] ジョン・ブラウンとの間にできた子でバーティーが資金提供

2～10の子は皆、王家の私生児だ。彼らは英国王室を含むすべての欧州王族を不正統にするために利用され、「ザ・シン」が解けた2012年にはその計画は完成している。中には、その後に続く啓示を見据えて、懺悔と捉えられる行動に出る者もいた。

2012年（制定されたのは2013年）には英国において王位継承法が改革された。「信教とジェンダー平等運動」を装って実行されたのだが、これはウェールズ公チャールズ皇太子（当時）の子孫のみで新たなロイヤルファミリーを一から作り上げるという必死の試みであり、簒奪（さんだつ）者による新たな君主制を築くつもりだった。

誰が殺したのか？　王配アルバートの死に見え隠れする〝彼ら〟の存在

ヴィクトリア女王の母ケント公爵夫人ヴィクトアールには「夫を毒殺した」という噂がある。「娘（＝ヴィクトリア女王）の誕生の8カ月後、ケント公爵は死んだ。風邪が悪化したことが死因とされたが、在英ロシア大使夫人ダリア・リーヴェンがクレメンス・フォン・メッテルニヒに宛てた手紙には『ケント公爵夫人が殺した。[3]彼女はいつか夫を殺す[4]』と書かれていた」

君主にとって長子が嫌悪の対象となるのはよくあることだ。特にケント公の場合、彼の金銭面を助けていたのが長子の実の父親であることを知っていたから。しかも王家に出資した者たちは王家が引き起こす戦争で金儲けができた。

ヴィクトリア女王も公式上の長男「バーティー」・エドワード王子に対して激しい嫌悪感を抱いていたという。

「アルバートの死に対する責任があるとして、ヴィクトリア女王は彼（＝バーティー）を許すことはできなかった。王配は雨の中、バーティーを叱って風邪をひいたのが引き金で死んだ。ヴィクトリアは長男のことを無能で無責任だと思っており、ハノーヴァー家の後継者らしく、王子と若妻は独自の廷臣と社会を築き上げた」[5]

ロバート・スミス〔庶民院のロバート・スミスの息子〕は、名前をキャリントンに改名し、1838年9月、父親の死と共にキャリントン男爵となった。それはなぜか。彼は若い一般女性（父親が借金を抱え、玉の輿を求めていた15歳に満たない女子）をオックスフォードのトリニティー大学に在学中だったウェールズ公バーティーのベッドの上に置いたからだ。バーティーは小児性愛者だった。しかし、その女の子は妊娠してしまった。アルバート王配は一般人を妊娠させたバーティーを雨の中で厳しく責め立てたのだ。

アルバート王配は息子たちとまったく似ていなかった。一時、英国王位継承第2位だった「次男」のアルフレッド・「アッフィー」・アーネスト・アルバートだけには面影があった。彼は1868年3月12日にオーストラリアのシドニーでヘンリー・ジェームズ・オファレルという人物に背後からピストルで撃たれたことがある。

アッフィー王子は多くの勲位を取得し、1900年7月31日に死去した。

アルバート王配に唯一似ている罰として、彼を殺害しようとするフリーメイソンの陰謀が企てられていたのだが、アッフィーは正統ではなかったものの、ザクセン・コーブルク・ゴータ公でもあった。

カメラが1850年頃から普及し出したことで、子どもたちが親に似ていないことがますます問題になっていった。そのため、ロスチャイルド家は王配の事故や病気など、どんな理由を付けてでもアルバート王配の存在を消したかった。

風邪をひいたアルバートはウィンザー城の廊下を彷徨いながら静かに死ねる部屋を探していた。辿り着いた部屋は「ブルールーム」。そこはジョージ4世とウィリアム4世が逝去した部屋でもあり、アルバートは1861年12月14日に窓を全開にした寒さの中でこの世を去った。

それから10年後の1871年12月14日に、エドワード7世も同じ部屋で死に直面し、そのまた7年後の1878年12月14日に、エドワード7世の妹ヘッセン・ダルムシュタット大公妃アリス王女も同じくブルールームで亡くなった。彼女もヘッセン大公国のルートヴィヒ大公子（後の大公）との結婚を通して子孫に血友病を遺伝させていた。

アリス王女の母親はヴィクトリア女王で、表向きの父親はアルバート王配だったが、彼女もまた実の父親はライオネル・ド・ロスチャイルドだった。シュトックマー男爵曰く、

「アルバートは、自分にこの遺伝性の病気（血友病）が引き起こされることを常に恐れていた」[6]

「新鮮な血がなければ、王族は精神的にも身体的にも退化していく」

アルバート王配や長男のウェールズ公バーティーをはじめ、歴史家を含む王室に関わる者すべてにとって、ヴィクトリア女王は非理性的で短気、いつも機嫌が悪かったため、誰もができる限りに彼女を避けた。

彼女の機嫌が悪いのもそのはずで、ヴィクトリア女王には遠く離れた国で暮らす真の血統を持つ最愛の長男がいたにもかかわらず、実際に暮らしていた家族は皆、不正統な者ばかりで、重婚した2人目の夫の子どもたちでもなかったのだから。そのような状況では、いくら女王であっても気が狂ってしまうだろう。しかも公式の「王室の歴史家」たちは、曖昧な文章で王室の出来事を記録し続け、真実を隠し通した。その都度、女王の苛立ちは増していったのだった。

ノンフィクション作家のエリザベス・ロングフォードによると、1858年頃からすでに女王の精神が錯乱しているという噂が広まっていた。長女のヴィッキー王女がアルバート王配に宛てた手紙には「ヨーロッパ中の精神科医がママ（＝エリザベス女王）の治療にあたっているという酷い話がドイツで報告されている」と警告した。[7]

「女王が精神疾患になったのは、ジョージ1世やスコットランド女王メアリーの責任とされ、ジョージ3世から孫のヴィクトリア女王に遺伝したとされた」[8]

血友病遺伝子が王族を奇妙かつヒステリックな精神の病へと追い込むと言われていたが、ヴィクトリア女王の考えは至って現実的だった。「新鮮な血がなければ、王族は精神的にも身体的にも退化していくだろう」と。[9] ヴィクトリア女王にとっての現実の世界には、元気な長男マルコス・マノエルが存在していた。

そのマルコスは、ヴィクトリアの精神が不安定だと噂される2年前の1856年5月にリスボンで結婚している。ヴィクトリアは結婚式には出席しなかったが、式の8日後には彼がその時着たシャツの襟に署名をした。

「血の呪い」発動！ チューダー朝、スチュアート朝にも伝わっていた「ポルフィリン症」

英国王室には「狂気」の噂もあれば、「血の呪い」がヴィクトリア女王とアルバート王配の子孫を襲うといった恐ろしい噂もあった。血友病をはじめ、ヴィクトリア女王の首や喉に対するフェチなどは、英国王室の「血の裁判所（処刑の判決を下す機関）」との繋がりが疑われた。

「ドラゴン騎士団」（1408年創立、アヌンナキの血統を引くとされるドラゴンファミリー主体の秘密結社）は、スチュアート王家の保護領を拠点としている。スチュアート王家の家長オールバニ公マイケル殿下はこの組織の中心人物であり、エリザベス2世の従兄弟にあたる。しかし、『レンヌ＝ル＝シャトーの謎――イエスの血脈と聖杯伝説』（柏書房）によると、オールバニ公マイケルは「スチュアート家の詐称者」とのこと。ただし、ウィンザー家にとって彼は、都合のいい存在ではあった。ウィンザー家も1917年以降は偽造された家系だからだ。

英国では、ドラゴン騎士団の小修道院長はロンドンのハンガリー大使館を拠点とする、レムヘニー男爵、シェバリエ・アンドリュー・ヴォン・シグモンドだ。ドラゴン騎士団はハンガリー・ブダペストの最高裁判所にて「Ordo Dragonis, Sárkány Rend, 1408」として登録されている。

ワラキア公（ルーマニア）のヴラド・ツェペシュ（ヴラド3世）はブカレストを築いた人物で、串刺し公やドラキュラ（ドラクル・ドラゴンの子）とも称ばれた。1431年にドラゴン騎士団から叙任された父ヴラド2世が組織内では「ドラクル」または「ドラゴン」として知られていたことから付いた俗称だ。

このドラキュラ伯爵の家系には「ポルフィリン症」が遺伝していたとされた。ポルフィリン症とは、血液内のヘムの産生に必要な酵素が欠損している遺伝性疾患で、ヘム酵素（血液）を必要としていたため、「ドラキュラ=吸血鬼」という説が生まれた。

チューダー朝にもスチュアート家にもポルフィリン症の遺伝子が伝わっていた。ドラキュラ伯爵、英国王室、そしてヘンリー8世のポルフィリン症と血友病の症状には共通点がある。それは全身に、特に脚に、腫物ができることである。チューダー朝のヘンリー8世は乗馬もできなくなるほどこの症状が悪化し、ポルフィリン症によって命を失っている。

ヴィクトリアが根に持ち続けた「セント・オービン家の冷遇事件」

「征服王」こと、ノルマンディー公ウィリアムは、1066年12月にロンドンを降伏させ、イングランドを征服すると、同年12月25日にウィリアム1世として戴冠した。異父弟のロベールは聖ミカエルの旗下でヘイスティングスの戦い（1066年にノルマンディー公ウィリアムとハロルド2世の間で行なわれ、ウィリアムの勝利によりノルマン人征服が始まるきっかけとなった戦い）に参戦し、その姿はバイユーのタペストリーにも描かれている。

ウィリアム1世はロベールに勲位や領地をはじめ、イングランド南西部コーンウォール州の小さな島、セント・マイケルズ・マウントなどの不動産も譲渡した。ロベールはその後、日付などの詳細は不明だが、セント・マイケルズ・マウントをフランス北西部のノルマンディーにあるモン・サン・ミシェルに寄付したとされる。

セント・マイケルズ・マウントは1659年から現在に至るまで、セント・オービン家に所有されてきた。

1671年、スチュアート朝のチャールズ2世はジョン・セント・オービンを準男爵に叙位した。この勲位は5人の息子（全員「サー・ジョン・セント・オービン」と命名）に受け継がれ、代々伝わっていくものだったが、1783年、不正統な長男ジェームズ・セント・オービンの誕生で途絶えてしまった。ジェームズは1839年、父親のジョン・セント・オービンの死後、4人も正統な兄弟がいたにもかかわらず、自分がセント・マイケルズ・マウントを相続することになった。彼は、サラ・ホワイトという女性と結婚し、3人の子どもに恵まれた。

妊娠中のヴィクトリア女王はカンバーランド公ジョージとノルマンディーのモン・サン・ミシェルにて1834年3月9日の日曜日（母の日）に結婚した。となると、セント・オービン家がこの事実を知らないわけがない。その時すでに彼らにはモン・サン・ミシェルの所有権があったのだから。

1846年、王室専用船ブリタニア号で遊覧中のヴィクトリア女王とアルバート王配は突如、コーンウォール州のセント・マイケルズ・マウントを訪問している。その際、ジェームズ・セント・オービン一家は不在で、2人は家政婦に出迎えられた。

セント・オービン家が家を空け、ヴィクトリア女王と操り人形のアルバート王配を出迎えなかったのにはどうやら理由があったようだ。それは真の長男、マルコス・マノエル王子が亡命先のポルトガルに隠されており、ヴィクトリア女王の「公式の」子どもたちは皆不正統であり、偽りの王族だということを知っていたからだと思われる。つまり、出迎えるに値しない人々だったというわけだ。

１８６６年、ヴィクトリア女王は１８４６年にジェームズ・セント・オービンに冷遇されたことを認めている。ジェームズ・セント・オービンの正統な異父弟、エドワード・セント・オービンをコーンウォール州のセント・マイケルズ・マウントの初代セント・オービン男爵に叙位したのはそのためだ。ここで20年も抱え込んだ恨みを晴らそうとした。

１８６６年に叙されたこの勲位は、長男のジョン・セント・オービンに受け継がれ、その「21」年後、１８８７年にヴィクトリア女王は、彼を改めて「コーンウォール州のセント・マイケルズ・マウントの〝初代〟セント・レヴァン男爵」に叙位した。

レヴァン（Leaven）の由来は、「パン種を膨らます、発酵させる」という意味で、「オーブンの中のパン」（= bun in the oven）という表現は妊婦のお腹を表わす時に使われる。これもヴィクトリア女王が仕掛けた、相手の思考を読み取る心理ゲームだったと考えられる。

マルコス・マノエルを妊娠中にモン・サン・ミシェルで結婚式を挙げたことも、マルコスがポルトガル亡命に追いやられたことも知っていたジェームズ・セント・オービンが、自身も不正統でありながら、意図的に女王を冷遇するのは当然のことだとヴィクトリア女王自身も認めていた。

ヴィクトリア女王は初産のことや初婚のこと、マルコス・マノエルの存在が後世に伝わるように、たとえさり気なくでも、常にそれらを証明できる方法を模索していたのである。

第10章

イエズス会、フリーメイソン、ロスチャイルド……
ヴィクトリア女王までもが待望した
「マルドゥクの使者」の誕生

Queen Victoria's Wedding Cup

ヴィクトリア王女の誕生カップ
マルコス・マノエルの誕生カップ
カップの謎に入り込む。

ヴィクトリア女王が贈ったロイヤルマークには、繰り返し見られるテーマがある。それはどれにも複数の用途があることだ。

たとえば、出来事や民族の離散を記録する地図や移動を記録する図として、さらには歴史的出来事や知識、信仰、王権などを明かし、文明の基盤を構築する貴重な情報を暗号化するものとして。

ここで紹介するカップはとても威厳のある壮麗な品物であり、そこにはイギリス王室の祖先が描かれている。家系を重要視していたヴィクトリア女王が、このカップを自身のウェディングカップとして使ったということは、「公式の結婚」の前に出産を経験していたことと、その背景を明かしていると言えるだろう。

自分の誕生時間である午前4時15分がアラム語で刻まれているのは、とても興味深い。

ザクセン・コーブルク家は「ロスチャイルド」のおかげで最強の一族になった！

ナイル川の河口と王位の誕生を表わすシンボルとして、王家を示す金色の線がアフリカ大陸から始まり、地中海を渡り、コルシカ島を越え、西へはリスボンやイベリア半島を回って、東へはナザレ、ゴルゴタ、エルサレムを抜けて、神聖なシナイ山（現在のサウジアラビア）まで続く。

2本目の王家を示す金色の線がアフリカからアルカディア、ギリシャ、そしてハプスブルク家領のオーストリア・ハンガリー帝国を抜けドイツのゴータに到達する。この線はコーカサス山脈とアララト山の間で枝分かれして、黒海を越え、ハザリア（ハザール）の最初の首都とされるベレンジェルに向け引かれている。

3本目の王家を示す金色の線はリビアから、クレタ島、そしてトルコの南に位置するロドス島まで引かれている。

すべての王家を示す金色の線はマルコス・マノエル誕生の歴史、血統、そしてその遺伝子に関わるものだ。

『ヘブライ語聖書』で、ベニヤミン族は「ウルフ」あるいは「ヴェルフ」とも称され、メロヴィング朝を生き抜き、「ヴェルフ家」として知られるようになり、後にハノーヴァー家となった。ザクセン・ヴェッティン家のシンボルは「ヴェルフのラットトルトング（ガラガラ蛇を捕まえる道具）」。金色の線は二輪の百合の間、リスボンとバビロンの間にある。バビロンは世界の文明化を先導した古代都市で、その指導者は都市神マルドゥク。近代の文明化を先導したリスボンには、マルドゥクを由来とする名前を持つマルコス・マノエルが宿る。

「マルコス」の由来はバビロニア神話の太陽神マルドゥク（マルドゥケイ・マルドゥカ）であり、「マルドゥクの使者」を意味する洗礼名は「モルデカイ」。「モルデカイ」は時代と共に広がり、イングランドやオランダでは「マーカス」や「マルクス」、ラテン語では「マルコス」へと変わっていった。

「モルデカイ」は「エステル記」に登場するベニヤミン人で、従兄弟のエステルと共に育てられ、彼女の親が亡くなった後は、彼女の養育者となる。そのエステルは後に孤児から王妃となった人物。真のロイヤルファミリーが1857年に「ジョゼ・ペレイラ・マーカス」を筆頭に、名字を「マーカス」に変えた理由はここにあると考えられる。


「ヴェルフのラットルトング」を表わす金色の線は、左翼がザクセンのゴータを指し、右翼が古代王国ハザールの最初の首都ベレンジェルを指している。2番目の首都は10世紀に栄えたヴォルガ川（ロシア西部を流れる欧州最長の川）沿いの町、アティル（イティル）だ。

ロスチャイルド家がベレンジェルやアティルから伝わるアシュケナジム・ハザール系であることはよく知られている。一部はレビ族から伝わるとも言われている。「ベレンジェルでマルドゥクから『文明の種を受け継ぎ』、コーカサス山脈を越えてきた」。六芒星はもともとハザール王国のシンボルだった。

この「黄金の翼の旅路」が示すのは、アシュケナジム・ハザール系のロスチャイルド家の財産と知恵があってこそ、ザクセン・コーブルク家が一気に無名の家から欧州王族を支配する最強の一族になったことだ。

「タルムード」に従いつくられた、英国王室の最高機密！

『ヘブライ語聖書』では、「百合」と「薔薇」は事実上同じものを意味する。「英国の薔薇」＝「ユダヤの百合」、そして薔薇＝百合＝イシス＝セミラミス＝バビロンの初代王妃＝「すべてを産んだ人」＝宇宙の中心――ヴィクトリア女王が担った役割と同じだ。ゆえに、ヴィクトリアには「英国の薔薇」という愛称が付けられた。

これらすべてはユダヤ、すなわち入植者の薔薇、百合の花を表わしている。「英国の薔薇」の語源は「ヤコブの薔薇」。百合は英国の薔薇がバビロンから移り住み、リスボンに長男を送り放ったことをも示している。Lisbon（リスボン）＝Lily-born（百合生まれ）＝英国の薔薇から生まれた――「百合から生まれた」という意味を含む。

ザクセン・ヴェッティンおよびヴェルフ家のマルコス・マノエルの秘密を隠すために最高水準の暗号技術が用いられたのだ。「英国・イスラエルの隠し子である長男の最高機密の物語」はタルムードの手順に従い、主要な聖書の秘密と合わせ機密扱いにされた。

王家を示す金色の線（ライオンとアホウドリ）はエクシラーク（亡命王）、マルコス・マノエルの先祖とその発祥がアフリカ（ラーとファラオ）、バビロン（マルドゥク）、ベレンジェル（マルドゥクの文明の種)、そしてドイツのゴータ(ザクセン・コーブルク・ゴータ)にあることを証明する。

これもまた「心理ゲーム」の一環、「マルドゥクの使者」を意味するマルコス・マノエルの名前は彼の家系図と並行して、バビロニアの太陽神マルドゥク、エジプトの太陽神ラー、ゴータ、ロンドン、そしてリスボンと繋がる。

直系の子孫のフランシスコ・マノエルは言う。

「これらのマークに使われた素材とは別に、そのような分析をする以前に、すべてのマークは同じ支配層のもとでデザインされたと断定できる。それもイエズス会、ロスチャイルド、フリーメイソンといった限られた啓発者のグループだ。これが示すことは、マルコス・マノエルこそ彼らの『メシア』、『太陽王子』、『メタトロン』であり、マークに記録されたロイヤルマークがこれを完全に証明している」

我々は文明の傷口に触れ始めたばかりだ。

カップとソーサー、そしてコーヒーカップには、複数の意味が込められている。その入り組んだデザインは、日付や数字、神秘学を通して、ヴィクトリアが生まれた時間（午前４時15分）やカンバーランド公ジョージとの結婚、長男マルコス・マノエルの誕生、彼をポルトガルへと運んだ幽霊船、そしてマノエルが６代目のハノーファー王マルコス１世であることなど、さまざまな情報が秘められている。
このカップによっても、ヴィクトリア王女がハノーファー公妃になったことがわかる。

百合の花は王家の花。香りは心臓を刺激する。
トスカーナ家も百合の花を紋章に用いた。
ヴェッティン家とヴェルフ・エステ家（ハノーヴァー家）はその直系卑属。
ヴェルフ・ヴェッティンを象徴する爬虫類。
百合＝結婚
お腹の中の赤ちゃん「D」

メロヴィング朝フランク王国初代国王クローヴィス１世は、天使により百合の花が贈呈されたと言われている。カップとソーサーはダビデ家の色である緑と金で彩られている。

百合の花は雅歌（『ヘブライ語聖書』の中の１遍）の説教と関係する。

愛の花である百合は神の恩寵に身を委ねることを象徴する。谷間の姫百合はエデンの園に立つ生命の木と直結する……「百合（＝キリスト）が純粋な生命、不死の約束、そして救いを回復させる」

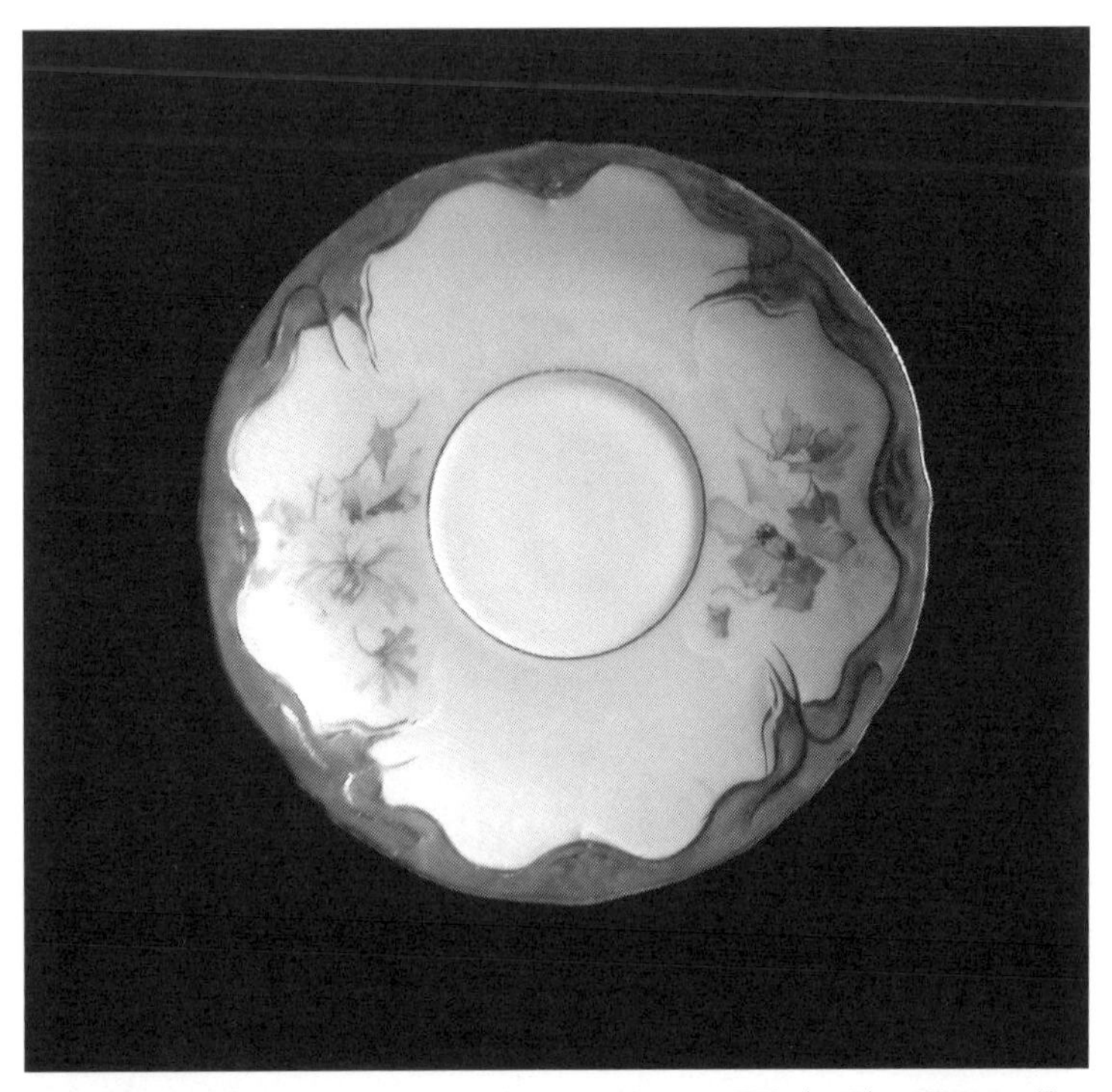

王杖を持つグリーンマン（葉の人頭像）にも、蝶にも、足跡（王子）が見える。蝶は復活（輪廻転生）や死者のよみがえり、潜在能力の象徴である。２匹の蝶が戯れ合う様子は結婚の幸福を意味する。そしてその軽やかさは小妖精、精霊、クピド（キューピッド）と似ている。
西暦500年頃に遡り、古代ローマを起源とするグリーンマンは、「ジャック・イン・ザ・グリーン」あるいは「メイ（５月）・ガーランドの王様」とも称ばれる。1235年頃、フランスの芸術家・建築家でマスターメイソンだったヴィラール・ド・オヌクールがグリーンマンをさまざまな形で作品に取り入れた。グリーンマンは豊かさや肥沃の象徴でもある。
欧州の民族伝承では捨て子は熊や狼に育てられたと伝えられる。そのため、スコットランドでは子どものことを「ベアン」と称ぶこともある。「白い狼」は「Mars（火星）」を意味する――「Mars-Martius-Marcos」。
「アホウドリ（アルバトロス）」の語源はアラビア語の「ダイバー」、ポルトガル語の「アルカトラズ」（シロカツオドリ）、そして英語で白を意味する「アルバ」にある。アホウドリは船乗りを見守るとされ、「老水夫の歌（老水夫行）」と繋がる。

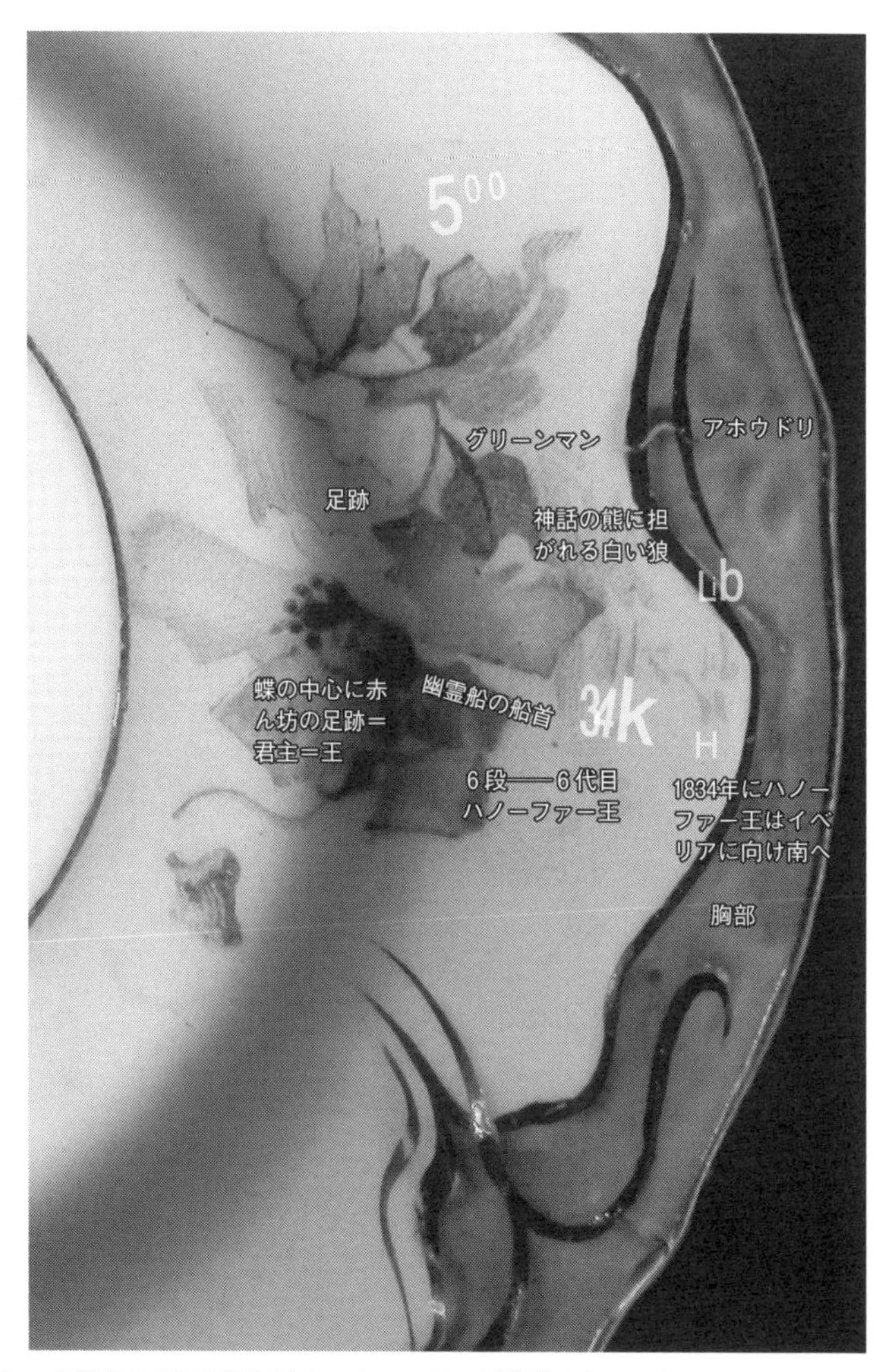

500という数字は1330年代に始まったロスリン城造営から1834年のマルコス・マノエルの誕生までの500年を示す。さらにはイエス王を指すとされるセント・ポール大聖堂と王立裁判所、これらの建物の幅が500ヤード（457.2メートル）。階段は王の足跡を表わす。6段目は右側にあり、ポルトガルを指す。地形は胸部を連想させるフランスの港町ブレストを経由し向かった先はポルトガル。

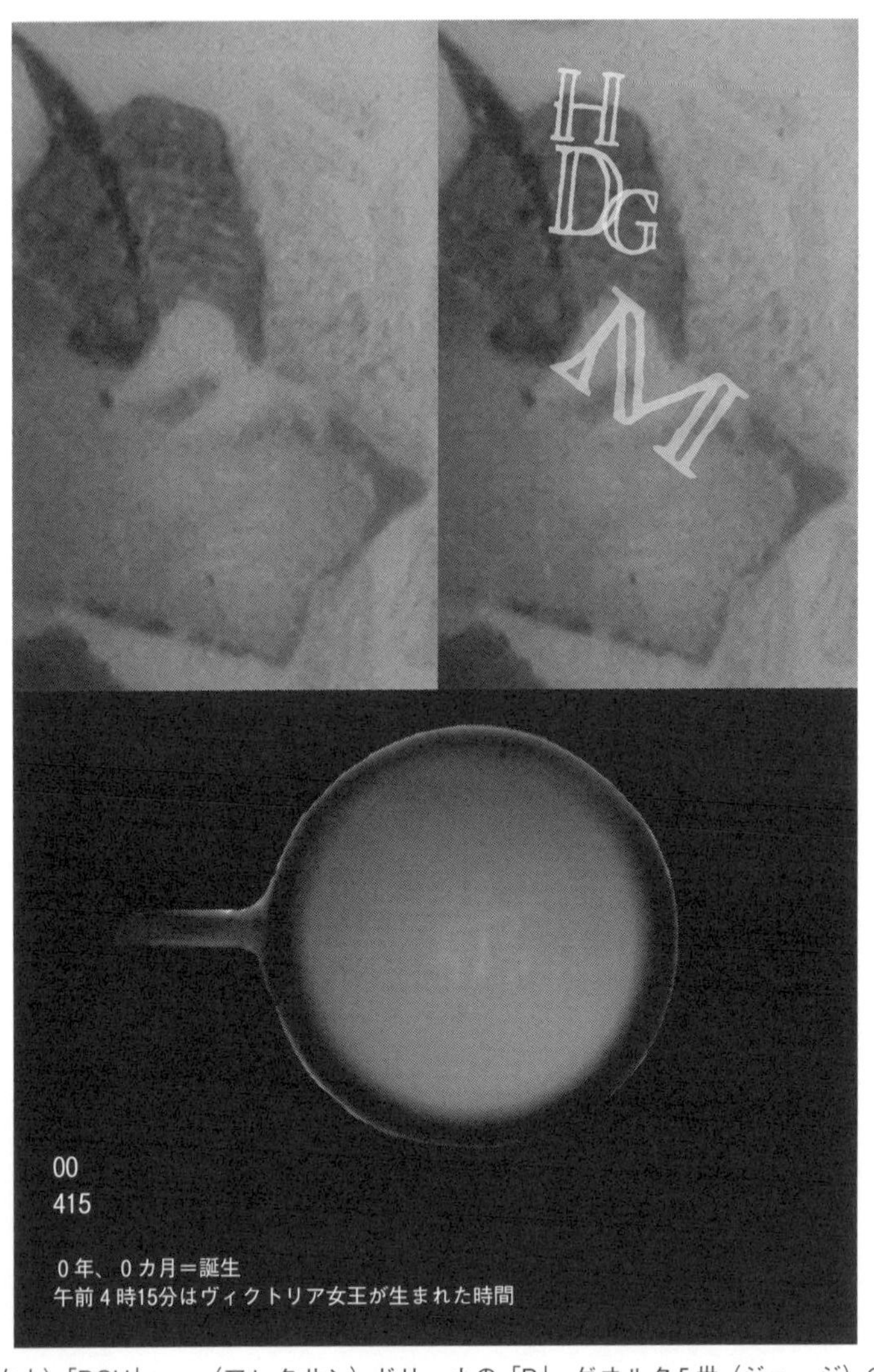

（右上）「DGH」――（アレクサン）ドリーナの「D」、ゲオルク5世（ジョージ）の「G」、ハノーファーの「H」、白い狼「White Wolf」（ヴェルフ）の上で結婚。

ウェディングカップは暗にマルコス・マノエルを称え、奴隷制度の廃止に貢献したとされる「カリュー（HMS Curlew）」〈経巡洋艦〉と名付けられた4隻の船を示している。

00
4.15
London
Lisbon
St Michaels Island, Azores
Babylon
Jerusalem, Galgotha
Mouth of Nile
Freetown, Sierra Leon
沿岸の旅
ヴィクトリアの魔法――希望のカップ

第11章

表に出てこなかった真実――欧州王族のルーツは「ポルトガル」にある！

Queen Victoria's Portuguese Ancestry

ここまで読み込んでくれた読者なら、もうおわかりだろう。

ヴィクトリア女王の祖先はポルトガル人だった。

英国王室を含む欧州王族の原点はポルトガルにある――。

スペインとポルトガルが成立した頃までヴィクトリア女王の血統図を辿っていくと、ヴィクトリアは最も影響力があり、最も敬われ、神聖とされたポルトガル人の子孫だということがわかる。ヴィクトリア女王が最愛の長男マルコス・マノエルをポルトガルで保護できたのは、彼の身の安全と存在の秘密を守り抜くことができるほどの政治的影響力と外交力を持った親族が健在だったからこそだ。

ここで、ヴィクトリア女王のポルトガルにおける先祖について遡って紹介しよう。

もう隠せない！　スペインとポルトガルの成立まで遡れ！

20代前の父：ドン・ゴンサロ・「ザ・リベラル」・ペレイラ（1250年生）。

20代前の母：ウラカ・ヴァスケズ・ピメンテル（1253年生）。

↓

子：ドン・ヴァスコ・ペレイラ（1280年生）、スペインのトラスタマラ伯。

ヴィクトリア女王。

配偶者：イネス・ロウレンソ・ダ・クーニャ（1285年生）、トラスタマラ伯爵夫人。

イネスはマリア・デ・ロウザン（1260年生）とロウレンコ・マルティンス・ダ・クーニャ（1250年生）の娘。父は最高位の貴族で、ポルトガル北部モルガディオ・ポンベイロの封建領主。「リコ・ホメム（富豪な貴族）」という愛称を持つポルトガル王国の騎士。

この一族は独自の通貨や金貨を作り、自治区を築き上げた。独立の軍隊も備えていた。戦時には、王国の軍隊にダ・クーニャ軍のような自己資金による独立軍が加わった。

ポルトガルとスペインのすべての王族、そして大半の欧州王族はこのトラスタマラ家から始まっている。

19代前の父：ドン・ゴンサロ・ペレイラ（1280〜1348年12月22日）——ブラガ大司教、トラスタマラ伯爵ドン・ヴァスコ・ペレイラの双子の兄弟、クラト修道院長[1]、ホスピタル騎士団総長（在位1332〜1335年）、エヴォラ司教（1321年）、リスボン司教（在位1322〜1326年）。

19代前の母：テレサ・ペレス・ヴィラリーニョ（1285年生）――ペロ・コンサルヴェス（1260年生）の娘。

18代前の父：ドン・アルヴァロ・ゴンサルヴェス・ペレイラ（1310〜1384年）――初代クラト最高修道院長、聖ヨハネ騎士団兼ホスピタル騎士団総長（在位1335〜1384年）。

ペレイラは1度も結婚せず、4人の女性と事実婚し、26人の子どもを残した。1人目の「妻」と21人、2人目と3人、3人目と1人、4人目と1人だ。

18代前の母：イリア・ゴンサルヴェス・ド・カルヴァリャル（1340年生）――ポルトガルで最も裕福な一族の出身。ペレイラの2人目の事実婚の妻。

親は父ペドロ・ゴンサルヴェス・ド・カルヴァリャルと母ドンナ・アルドンサ・ロドリゲス・ダ・シウバ。

17代前の父：ドン・ヌノ・アルヴァレス・ペレイラ[2]（1360年6月24日〜1431年4月1日）――ペレイラの22人目の子であり、カルヴァリャルとの間にできた男三兄弟の長男。

17代前の母：ドナ・レオノル・デ・アルヴィム（1360〜1388年）――父親ジョア

ン・ピレス・デ・アルヴィムはブラガの貴族で、ドナ・ホワイト・ピレス・コエリョと結婚し、娘のドナが生まれ、家族財産の相続人になる。最初の結婚はヴァスコ・ゴンサルヴェス・バロソとしたが、子に恵まれぬまま未亡人となり、ペレイラと再婚した。

16代前の母：ドナ・ベアトリズ・ペレイラ・デ・アルヴィム（1380〜1415年）――ペレイラとドナの間に生まれた娘。

16代前の父：アフォンソ（1377年8月10日〜1461年12月15日）、ポルトガル最後の王朝を支配した一族の初代ブラガンザ公（在位1442〜1461年）。8代目バルセロス伯。ポルトガル王ジョアン1世とボルバの貴族ペロ・エステヴェスの娘イネス・ペレスの庶子。

妻のベアトリズ・ペレイラ・デ・アルヴィムは、アフォンソがブラガンザ公になる前に死んだが、2人が結ばれたことによってブラガンザ家が誕生し、後にポルトガルを統治する王朝（1640〜1910年）となった。

15代前の母：ドナ・イサベル・デ・ブラガンザ（1402年10月〜1465年10月26日）――ベアトリズ・ペレイラ・デ・アルヴィムとアフォンソの間に生まれた娘。ブラガンザ家はポルトガル、スペイン、フランス、英国君主の先祖にあたる。

15代前の父：ポルトガル王太子ジョアン2世（1400年1月13日〜1442年10月18日）

――親の異父弟であり、ゲンゴス・デ・モンサラズ、コラレスとベラスの領主。ポルトガルおよびアルガルヴェ王ジョアン1世とポルトガル王妃フィリッパ・オブ・ランカスターの間に生まれた子の1人。2人の間に生まれた兄弟たちは「輝かしい世代」と称された。

14代前の母：ポルトガル王女イサベラ・デ・ポルトガル（1428～1496年8月15日）――後のカスティーリャ・レオン王妃（在位1447～1454年）。ブラガンザとジョアン2世の間に生まれた娘。ブルゴーニュ王朝、アヴィス王朝、ブラガンザ王朝の令嬢。[3]

14代前の父：カスティーリャ・レオン王ファン2世（1405年3月6日～1454年7月20日、在位1406～1454年）――彼は〝薄弱の王〟だった。初婚の相手はマリア・デ・アラゴン（1396～1445年）。

13代前の母：カスティーリャ・レオン女王イサベラ1世（1451年4月22日～1504年11月26日、在位1474～1504年）――イサベラ・デ・ポルトガルとファン2世の間に生まれた娘。後のスペイン女王、アラゴン王妃、イサベラ・ラ・カトリカ（聖イサベラ）。

13代前の父：アラゴン王フェルナンド2世（1452年3月10日～1516年1月23日、在位1479～1516年）――1469年10月19日バヤドリッドのビベロ宮殿でカスティーリャ＝レオン女王イサベラ1世と結婚した。アラゴン王、シチリア王、ナポリ王、バレンシア王、フェルディナンド・エル・カトリコ（聖フェルディナンド）、カスティーリャ＝レオン王（１４７５年１月15日〜１５０４年11月26日）。

イサベラとフェルナンド２世の結婚は王国に安定をもたらし、スペインの基盤を築いた。イサベラは政府を改組し、犯罪率を大幅に下げ、負債をなくし、イスラム教やユダヤ教信者の改宗または亡命を命じ、クリストファー・コロンブスを援助したことで知られる。

12代前の母：「狂女」ファナ１世（１４７９年11月６日〜１５５５年４月12日）——イサベラ１世とフェルナンド２世の間に生まれた娘。後のカスティーリャ・レオン女王（在位１５０４年11月26日〜１５５５年４月12日）、アラゴン女王（在位１５１６年〜１５５５年４月12日）、アストゥリアス公妃。

現在のスペインの基盤となったカスティーリャとアラゴンを同時に統治した最初の女王。１４９６年８月21日にバヤドリッドのビベロ宮殿にて代理結婚をした後、１４９６年10月20日にベルギーのアントウェルペン州リールにて正式にフィリップ美公と結婚した。

12代前の父[4]：フィリップ美公（１４７８年６月22日〜１５０６年９月25日）——ブルゴーニュおよびネーデルラント・ブルゴーニュ公。これはフランダース（フランドル）の領域、オランダ、ベルギー、ルクセンブルク、フランス、ドイツに跨がる。ゲルテレン公、ズトフェン伯（在位１４８２〜１４９２年）、ブラバント公、リンブルフ公、ロチエ公、ナミュール辺境伯、アルトア伯、フランダース伯、シャロレー伯、エノー伯、ホラント伯、ゼーラント伯、ブルゴーニュ伯（在位1482〜1506年）、カスティーリャ・レオン王、カスティーリャ王フィリップ1世（フェリペ1世）、ハプスブルク家初のカスティーリャ王。

ファナとフィリップの間に生まれた5人の子

①ポルトガル王妃エレオノール、後にフランス王妃エレオノール（1498〜1558年）
②スペイン国王カルロス1世（神聖ローマ皇帝カール5世）（1500〜1558年）
③デンマーク王妃イサベラ（1501〜1526年）
④神聖ローマ皇帝フェルディナント1世（1503〜1564年）
⑤ハンガリー・ボヘミア王妃マリア（1505〜1558年）

11代前の父：フェルディナント1世（1503年3月10日〜1564年7月25日）――ファナとフィリップの間に生まれた4番目の子。オーストリア系ハプスブルク家初代当主。神聖ローマ皇帝（在位1531〜1564年）、ローマ王（在位1531〜1564年）、ドイツ王（在位1531〜1564年）、ボヘミア王（在位1526〜1564年）、ハンガリー・クロアチア王（在位1526〜1564年）、オーストリア大公（在位1521〜1564年）。

フェルディナントの座右の銘は「正義を貫け、たとえ世界が滅びても」であった。

１５５４年、神聖ローマ皇帝フェルディナント１世は、新年の始まりを3月25日から１月１日に変更し、改暦を行なった人物である。ゆえに、１５５３年は２８２日と短い年となった。そして、ドイツでは１５５３年12月31日～翌３月24日の期間が歴史から抹消され、事実上空白の期間となっている。

ポルトガルとスペインでも１５８２年に新暦を導入した。イングランドは１７５２年に改暦。つまり１９８年もの間、イングランドは新暦を導入することに同意しなかったことになる。ちなみに、ポルトガルとスペインが新暦を導入した際も、１５８２年からの10日間（10月５日～14日）を抹消している。

11代前の母：ボヘミアとハンガリーのアンナ（アンナ・ヤギエロ）（１５０３年７月23日～１５４７年１月27日）——フェルディナント１世と１５１５年７月22日に結婚。ローマ王妃、ボヘミア王妃、ハンガリー王妃（在位１５３１～１５４７年）。[5]

10代前の母：オーストリアのマリア（マリア・フォン・エスターライヒ）（ハプスブルク家）（１５３１年５月15日～１５８１年12月11日）——アンナとフェルディナント１世の間に生まれた娘。ユーリヒ・クレーフェ・ベルク公妃、オーストリア大公妃。

10代前の父：富裕公ヴィルヘルム５世（１５１６年７月28日～１５９２年１月５日）——アンナと１５４６年７月18日に結婚。ユーリヒ・クレーフェ・ベルク公（在位１５３９～１５９２

年）。

9代前の母：プロイセン公妃マリー・エレオノーレ・フォン・クレーフェ（１５５０年６月15日～旧暦１６０８年５月23日／新暦６月１日）——マリアとヴィルヘルムの間に生まれた子。

9代前の父：プロイセン公アルブレヒト・フリードリヒ（１５５３年４月29日～旧暦１６１８年８月18日／新暦８月28日）。

8代前の母：プロイセン公令嬢マグダレーナ・ジビュレ（１５８６年12月31日～旧暦１６５９年２月12日／新暦２月22日）——９代前の父母の間に生まれた娘。ザクセン選帝侯妃。ケーニヒスベルク城でプロテスタント信者として育つ。

8代前の父：ザクセン選帝侯ヨハン・ゲオルク１世（１５８５年３月５日～１６５６年10月８日）——マグダレーナ・ジビュレと１６０７年７月19日、ザクセン州北部のトルガウにて結婚。

7代前の母：ザクセン公妃マリア・エリザベス（１６１０年11月22日～１６８４年６月24日）——５代前の曽祖父母の間に生まれた娘。ホルシュタイン＝ゴットルプ公妃。[6]

新暦はアルザスとストラスブールで開始、１６８２年２月６日～15日の期間が抹消された。ドイツのプロテスタント諸国ではこの18年後に改暦し、１７００年１月２日～11日の期間が抹消。日付に改暦を取り入れている。旧暦を新暦に変換する場合、１５００年～１６９９年は10日間足し、１７００年～１７９９年は11日間、１８００年～１８９９年は12日間、１９００年～現在は13日間を足す。

7代前の父：ホルシュタイン・ゴットルプ公フリードリヒ３世（１５９７年12月22日～１６５９年８月10日）――１６３０年にマリア・エリザベスと結婚した。

6代前の母：ホルシュタイン・ゴットルプ公妃マグダレーナ・ジビュレ（１６３１年11月14日～１７１９年９月22日）――マリア・エリザベスとフリードリヒ３世の間に生まれた娘。メクレンブルク・ギュストロー公妃。

6代前の父：メクレンブルク・ギュストロー公グスタフ・アドルフ（１６３３年２月26日～１６９５年10月26日）――１６５４年11月28日にマグダレーナ・ジビュレと結婚した。メクレンブルク・ギュストロー公国最後の統治者。最後のラッツェブルク司教領主。

5代前の母：クリスティーン・フォン・メクレンブルク・ギュストロー（１６６３年８月14

日～1749年8月3日）――6代前の父母の間に生まれる。[7]

5代前の父：シュトルベルク・ゲーデルン伯ルートヴィヒ・クリスティアン（1652年9月8日～1710年8月27日）――1683年5月14日にギュストローにて、クリスティーン・フォン・メクレンブルク・ギュストローと結婚。

高祖母：シュトルベルク女伯フェルディナンデ・ヘンリエッテ（1699年10月2日～1750年1月31日）――4代前の曽祖父母の間に生まれた娘。

高祖父：エアバッハ・シェーンベルク伯ゲオルク・アウグスト（1691年6月17日～1758年3月29日）――フェルディナンデ・ヘンリエッテと結婚。

曽祖母：エアバッハ・シェーンベルク女伯カロリーネ・エルネスティーネ（1727年7月20日～1796年4月22日）――高祖父母の間に生まれた娘。

曽祖父：ロイス・エーベルスドルフ伯ハインリヒ24世（1724年1月22日～1779年5月13日）――1754年6月28日にドイツのクルムバッハ郡ツルナウにて結婚。ドイツの小諸侯、ロイス・エーベルスドルフの領主（在位1747～1779年）。彼の姿と紋章が刻まれた「ターラー」という硬貨が製造された。

外祖母：ロイス・エーベルスドルフ女伯アウグステ（1757年1月19日～1831年11月16日）——ザクセン・コーブルク・ザーフェルト公妃。この時代において、最も美しい女性の一人と言われた。

外祖父：ザクセン・コーブルク・ザーフェルト公フランツ（フランツ・フリードリヒ・アントン）（1750年7月15日～1806年12月9日）——アウグステと1777年6月13日にエーベルスドルフで結婚。

2人は10人の子ども（娘5人・息子5人）に恵まれ、そのほとんどが後に主要な王族となった。

母：マリー・ルイーゼ・ヴィクトリア（1786年8月17日～1861年3月16日）——ザクセン・コーブルク・ザーフェルト公爵令嬢、ケント公爵夫人、ライニンゲン侯妃。

彼女の最初の結婚は、1803年12月21日。相手は2代目ライニンゲン侯エミッヒ・カール・ツー・ライニンゲン（1763年9月27日～1814年7月4日）。2人の間には2人の子が生まれる。

ヴィクトリア女王の異父兄：3代目ライニンゲン侯カール・ツー・ライニンゲン（1804年9月12日～1856年11月13日）。

ヴィクトリア女王の異父姉：ライニンゲン侯爵令嬢フェオドラ・ツー・ライニンゲン（1807年12月7日～1872年9月23日）。

1814年、エミッヒ・カールに先立たれたヴィクトアールは27歳にして未亡人となった。

1818年、多くの王族が立て続けに結婚し、「王族の繁殖競争」が行なわれていたため、マリー・ルイーゼは再婚を急いだ。

1818年5月29日、バイエルン州のアモールバッハにて、そして、1818年7月11日にもう1度、バッキンガム宮殿にほど近いキュー宮殿にて式を挙げた。それもすべてのドイツ人と英国人に見せびらかすようにして……。

公式の父：英国王子ケント・ストラサーン公エドワード・オーガスタス（1767年11月2日～1820年1月23日）――マリー・ルイーゼの再婚相手。エドワード・オーガスタスは、ヴィクトリアが生後8カ月の時に肺炎で突然、薨去(こうきょ)。

エドワードはアルコール依存症で女遊びにふけっていた賭博常習者だったため、借金地獄に陥っていた。その借金の清算と引き換えに、新妻との繁殖権をロスチャイルド家に売った。

その繁殖権をネイサン・メイヤー・ロスチャイルドとジャコブ・マイエール・ド・ロチルド兄弟で共有した結果、生まれてきたのが……、

ケント公爵令嬢アレクサンドリーナ・ヴィクトリア（1819年5月24日〜1901年1月22日）。

英国王位継承第1位（1830年6月26日〜1837年6月20日）、英国・アイルランド女王（在位1837年6月20日〜1901年1月22日）[8]、正統ハノーファー王妃（在位1851年11月18日〜1878年6月12日）、インド女帝（在位1876年5月1日〜1901年1月22日）。

アレクサンドリーナ・ヴィクトリアは1834年3月9日の日曜日に、ノルマンディーのモン・サン・ミシェルで極秘結婚式を挙げた。その相手は、読者がもうすでにご存じの通り。

夫：カンバーランド公盲目のジョージ（1819年5月27日〜1878年6月12日）。

2代目カンバーランドおよびテヴィオットデイル公爵（在位1837年6月〜1851年11月）、ハノーファー国王ゲオルク5世（在位1851年11月18日〜1878年6月12日）。

そして、この2人の間に生まれたのが……、

実子（長子）：**マルコス・マノエル**（1834年4月25日〜1910年4月1日）――真のウェールズ公[9]（3歳と2カ月以降、在位1837年6月20日〜1901年1月22日）、ハノーファー王子（在位1851年〜1878年6月12日）、イングランド、スコットランド、ウェールズ、

アイルランド聖杯王（サングレアル王）（在位1852年4月25日～1910年4月1日）、隠された英国王（在位1852年4月25日～1910年4月1日）、イングランド、スコットランド、ウェールズ、アイルランド神秘王ジョン2世（ジョン・マノエル）（在位1869年10月6日～1910年4月1日）、真のハノーファー王子（在位1878年6月12日～1910年4月1日）、ハノーファー聖杯王（サングレアル王）（在位1878年6月12日～1910年4月1日）、隠されたハノーファー王（在位1878年6月12日～1910年4月1日）。

マルコス・マノエルが1856年5月18日にリスボンの聖カタリナ教会で結婚した相手は、アナ・テレザ・マチャド・ペレイラ（1836年5月～1922年）。

アナ・テレザの父ジョアン・ドス・サントスは、16歳のマルコス・マノエルの専属世話係を担当していたアナ・アグスタ・マチャド・ペレイラ（アナ・マチャド）と結婚した。アナ・マチャドの弟ギエルメ・アグスト・マチャド・ペレイラは、初代マチャド・ペレイラ子爵となった。オポルトに宮殿を所有していた。

マルコス・マノエルとアナ・テレザ・マチャド・ペレイラの間には息子4人、娘3人が生まれた。

マルコス・マノエルの長子（＝ヴィクトリア女王の孫）：ジョゼ・ペレイラ・マーカス（18

57年10月15日～1937年10月8日）――自分こそが正統な王位継承者、真のイングランド王だと確信していたジョゼは、ポルトガル在住ながら頑なに英語しか使わなかった。

ヴィクトリア女王は、1840年2月10日にセント・ジェームズ宮殿の王室礼拝堂にて2度目の結婚をした。これは1度目の結婚をしたまま次の結婚をしているので、重婚にあたる。その相手は、ザクセン公爵アルバート（1819年8月26日～1861年12月14日）。彼はザクセン・コーブルク・ゴータ公子としても知られているが、これは偽りである。

アルバートは表向きには、子ども9人がすべて生まれてから「プリンス・コンソート（王配）」という称号が与えられた。

本名フランシス・アルバート・アウグスタス・チャールズ・エマニュエルは「プリンス・アルバート・フォン・ザクセン・コーブルク・ゴータ」と称されていたが、彼は母のルイーゼ・フォン・ザクセン・ゴータ・アルテンブルクと馬丁のアレックス・ハンシュタインの間にできた子だったため、正統な子ではなかったのである。

ルイーゼとアレックスは後に結婚したものの、それ以前に生まれたアルバートは「公子」に値しなかった。アルバートはコーブルクのロゼナウで生まれ、亡くなったのはウィンザー城のブルールーム。風邪を引いていたアルバートは真冬に窓を全開にしたままで寝込んだため、肺炎になった。最後は、一種の自殺幇助（ほうじょ）だったとも言われている。

公式にはヴィクトリア女王とアルバートの間に息子4人と娘5人の子女が生まれたが、重婚のため、全員不正統なバタルド（私生児）だった。それだけではない。ヴィクトリア女王の実の父親は、ライオネル・ド・ロスチャイルドである。どう考えても、9人が「プリンス」や「プリンセス」と称ばれる資格はなかったのだ。

長男エドワード7世の戴冠が遅らされたのも、彼がバタルドであり、王位を継承する権利がなかったことを証明している。彼は後に、異父兄で正統な王位継承者マルコス・マノエルの殺人に関与していたことが判明している。

残り8人の「プリンス」や「プリンセス」たちも、その後、欧州諸国の王族と次々に結婚した。これにより、彼らがもうけた子どもたちは、すべて不正統な血統となったのである……。

つまり、残された正統な君主は、「神秘王ジョン2世」こと、マルコス・マノエルの子孫だけとなったのだ。

第12章

決定的証拠！ヴィクトリア女王から届いた「直筆の手紙」

Victoria Regina's Letter to Marcos Manoel

ヴィクトリア女王から愛息に与えられた手紙はフランス語で綴られていた――。

Tranquillement
ainsi le Climat parmi Venant
classer Famille choisir Marcos Prince le Favori Batârd jamais
Vos Tout Familier
Le armé
Clameur

VReine HG

London Kensington *March 17*

訳すと――

静かに
間の気候ように
家族を分け、選ばれた

最愛の王子マルコス
庶子ならぬ
かしこ（敬具）親密に
彼のもとに集まれ（彼を立てよ）
（王位）権利者（主権者）

ヴィクトリア女王　ハノーファー　ゴータ

ロンドン、ケンジントン　3月17日

フランシスコ・マノエル殿下はこの手紙について、次のように述べている。

「――したがって、『静かで親密な家族』環境において、マルコス・マノエルは最愛の王子、第1王位継承者に選ばれ、ヴィクトリアは彼を権利者として立てた！
ヴィクトリア女王のこの手紙が（マルコスの子孫として）私が第1王位継承者および英国、ハノーファー王国、ザクセン・コーブルク・ゴータの君主、血統主義主権者であることを完全に証明している。
これは必然的に私を権利者として認定し――私がこれらの王位および王国の君主として証する。

したがって、この本に綴られた言葉はすべて正当であると共に、ジョセフ・グレゴリー（＝共著者）閣下とヨルン騎士の昇格も正当とする」

「英国の国章が施された、ハノーファーおよびゴータ女王ヴィクトリア専用の紙を用いたこの極めて貴重な文書は、１８５０年以降作られた王室文書で最も重要なものである。

したがって、１８５０年以降、英国、ハノーファー、ザクセン・コーブルク・ゴータの王族はマルコス・マノエルおよび直系卑属を主権者として迎え入れるために準備されたものとなる」


歴史のこの段階では、偶然など存在しない。起こることすべてその裏側には意図的な暗号化されたた理由があるのだ。

「March」＝Mars（火星）＝Marcus（マーカス）＝Marcos（マルコス）——そして……。

「March 17（3月17日）」は、聖パトリックの祝日。（アイルランドと関連する）聖パトリックはメロヴィング朝フランク王クローヴィス1世のこと。マルコス・マノエルの祖父、カンバーランド公爵ハノーファー王エルンスト・アウグスト1世は聖パトリック騎士団の勲等騎士だった。

Clover（＝クローバー）はLily（＝百合）とも称ばれ、メロヴィング人はリリー家に属し、王冠には百合が施されていた。三叉の百合は王政の印である。

したがって、フランス語の手紙に印された「*VReine HG*」と「March 17」の文字は、ハノーファー王および聖パトリックの孫＝メロヴィング朝フランク王クローヴィス1世＝クローバー＝リリー（百合）＝リリー家＝メロヴィング王クローヴィスの子孫で全アイルランドの王、「第1権利者メロヴィング朝フランク王子アイルランドのマルコス」を意味する。

国旗に描かれたX印の角度が同じ「17」であることもイングランドとポルトガルを結ぶ共通点。由来はテンプル騎士団にあると考えられる。ポルトガルはテンプル国家として生まれた。

ヴィクトリア女王の20代前の父、ドン・ゴンサロ・「ザ・リベラル」・ペレイラはポルトガルの貴族であり、英国王族と欧州王族の祖先である。

「3月17日」とは、「マルコスは王族の祖先『ザ・リベラル』の子孫であり、テンプル国家『偉大なるノウサギ』はポルトガルで保護されている」ことを意味する。

偽君主、偽王族の失墜が始まる！　亡命王の生得権を証明する手紙の存在

この暗号化された情報は、ヴィクトリア女王自身の指先から正統な長子マルコス・マノエルのもとへ届けられ、彼がイングランド、スコットランド、アイルランド、ハノーファーの王位継承者兼ゴータ公であることを証明したのだ。

この手紙は、ヴィクトリア女王が残したマークの中で最も明確に意思を表わしているものだ。

彼女の従兄弟のポルトガル王フェルナンド2世にハッキリとマルコス・マノエルが第1王位継承

権のある王子であり、英国とアイルランド、ハノーファー、ゴータの各王位に就くべき正統な主権者であること、そして、彼がその生得権を証明できるよう、ロイヤルマークは彼の手元にあるべきだと記されている。

その文章はまるで、偽君主や偽王族の失墜が計画されていたことを裏付けるかのような内容だ——薄れゆくインクもそれを表わしているかのようである。

日付は1850年3月17日。マルコス・マノエルの16歳の誕生日の40日前。黒に縁取られた封筒は「哀悼」か「陰謀」、またはその両方を意味する。黒い封蠟（ふうろう）や罪悪感に溢れたモノグラムと合わせ、ヴィクトリアからマルコス・マノエルへ綴った暗号メッセージは——

「暗闇から光の中へ、継承者現わる」

そしてノウサギの切り抜きと王族の拇印、金のモノグラムが示すメッセージは——

「王位を継承するのは純血統（サングレアル）の王族である」

罪悪感を表わした黒いモノグラムには、王冠とヴィクトリア・レジーナ・ヴィクトリアを意味

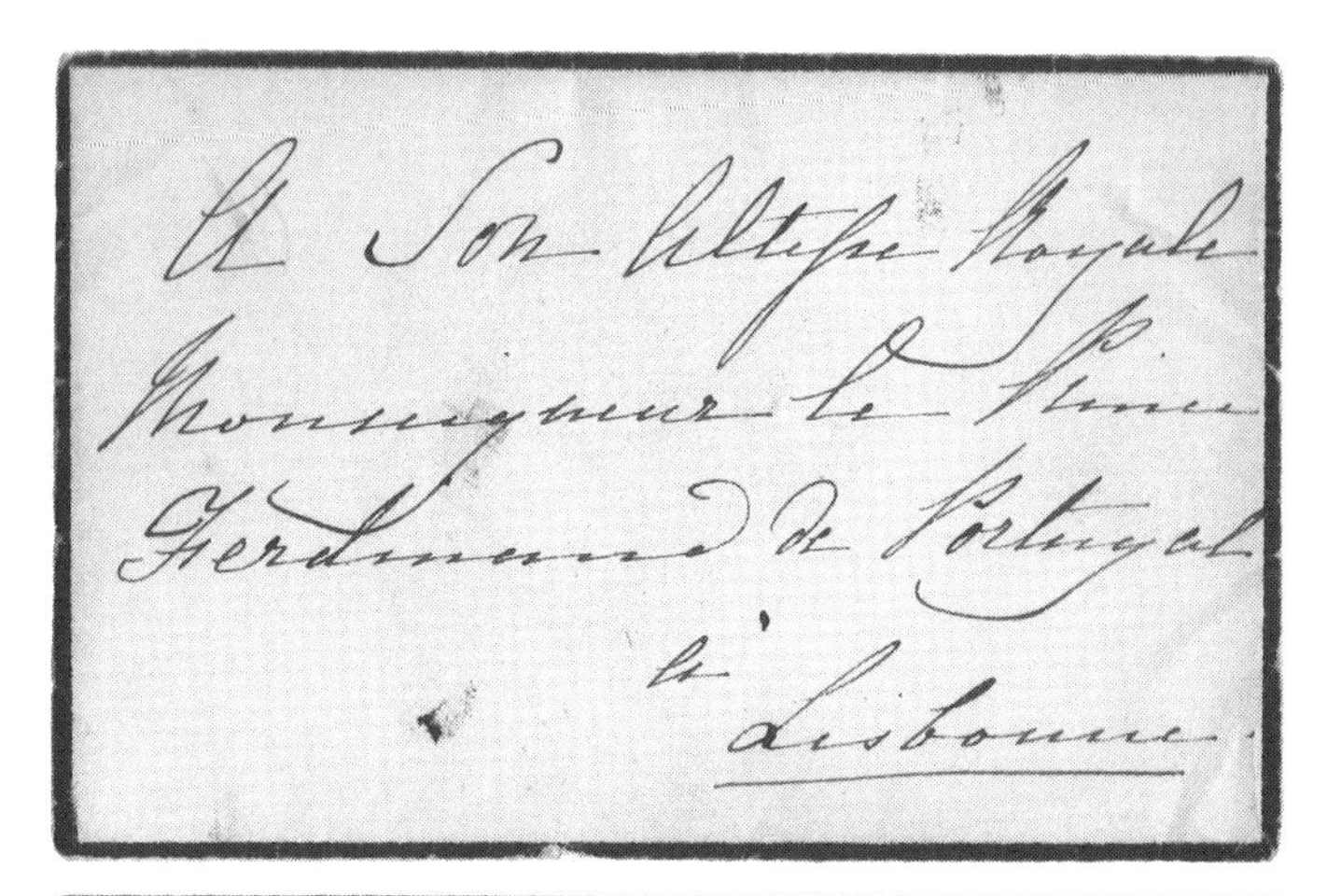

ポルトガル王フェルナンド２世を通じて送った手紙
――「王位を継承するのは純血統の王族にあたるサングレアルである」

Il Son Altesse Royale
Monseigneur Le Prince
Ferdinand de Portugal à Lisbonne.

リスボンのポルトガル王子フェルナンド殿下へ

ヴィクトリア女王は左上に自身の王冠印が刷られた便箋の右下に暗号となる Hare/Heir（ノウサギ／後継者）を切り込んだ。これを黒枠の喪中用封筒に入れ、英国の国章を黒い封蠟で封印した。

透かし模様の半分が見える手紙の表側。

手紙の表側と透かし模様を反転。そこには次の文字が……。

J WHATMAN
TURKEY-MILL
1850

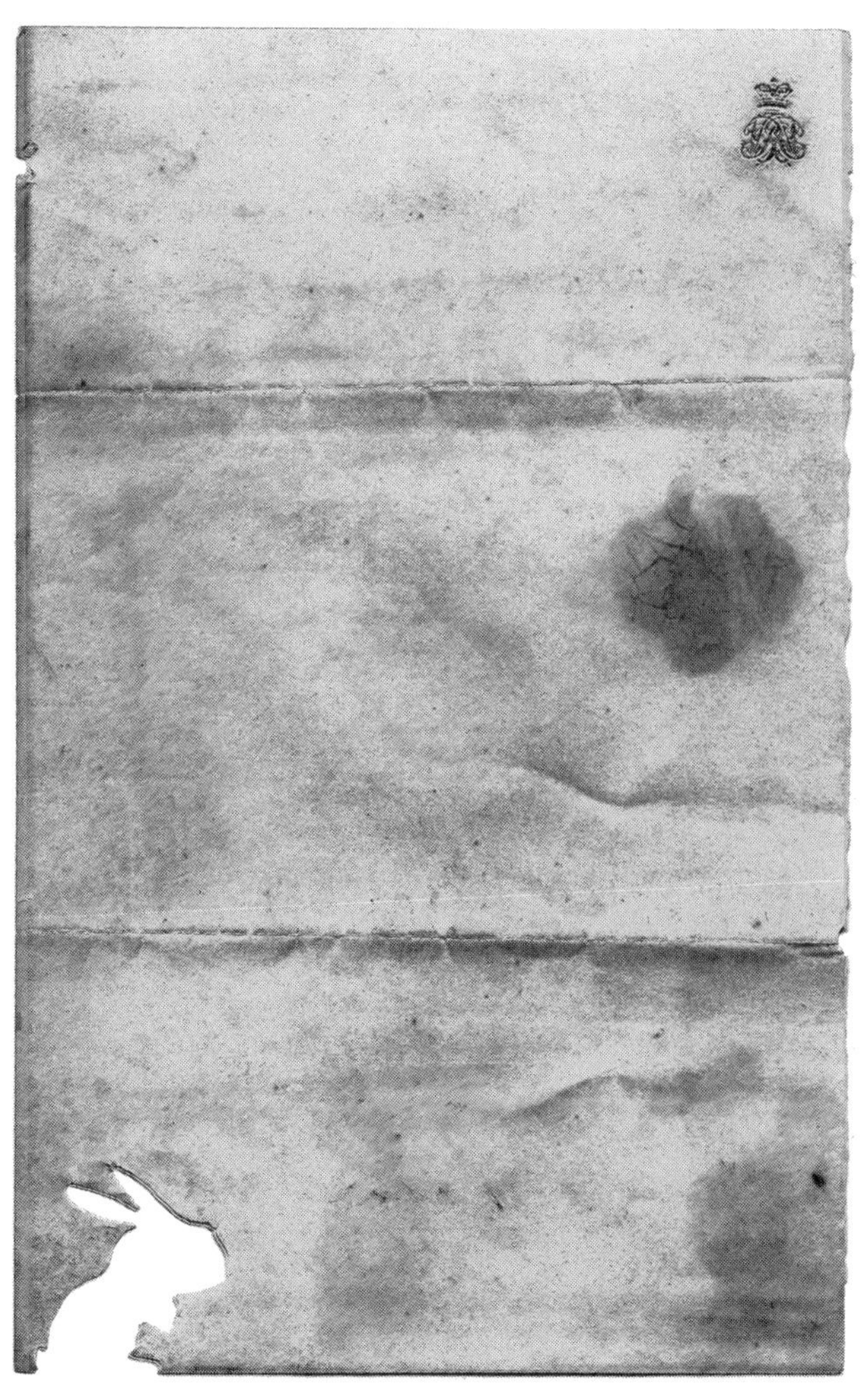

ヴィクトリア女王は手紙の裏側、国章の下に身血で拇印を入れた。そのメッセージは、――「王位を継承するのは純血統の王族にあたるサングレアルである」。その強い想いを込めた血判だ。

する文字「ＶＲＶ」が描かれている。

これはローマ神話における扉の守護神ヤーヌスを暗示している。ヤーヌスは物事の始まりと終わりを象徴する双面神で、「聖なる儀式の王」すなわち「聖なるものの王」とも称される。ヤーヌスの神殿において扉の開閉はごく稀に、執政官によって厳粛に行なわれた。

解読した暗号を含めた手紙の内容は——


暗闇から光の中へ、現わる王位継承者、純血統の王族（サングレアル）、執政官が扉を開く、始まりと終わりの聖なる儀式。

マルコス・マノエル王子こそ、王位継承第1位の王子——正統なる者。

彼を主権者として立て、イングランド、スコットランド、ウェールズ、アイルランド、ハノーファーの各王位、およびザクセン・コーブルク・ゴータ公の継承者、そしてアイルランドのメロヴィング王子マルコスとして承認する。

敬具

フランス語で書かれた手紙。

右上に見える国章とウサギの切り抜きがすべてを表わしている。

立てよ

彼を主権者として

ハノーファーおよびゴータ、ヴィクトリア女王
ロンドン、ケンジントン
イングランドと欧州の王位の原点はポルトガルにある
聖パトリックの日／メロヴィング朝フランク王クローヴィス1世

1850年3月17日

黒い封蠟に罪悪感で溢れたモノグラム、ヴィクトリアからマルコス・マノエルへ綴った暗号メッセージは「暗闇から光の中へ、継承者現わる」。

偶然はないことを踏まえ、話を続けよう……。

すべてが一つに繋がった!!　聖杯は「亡命王」を指す！

「マルコス」という名前は、マルコス・マノエルが生まれる547年前の1287年4月25日に

生まれた初代マーチ伯ロジャー・モーティマーを由来とする……（「マーチ」＝マーズ＝マーカス（マルクス）＝「マルコス」）。

彼の息子、第2代モーティマー男爵エドマンド・モーティマーの結婚を通して、初代マーチ伯はエドワード4世（在位1461〜1438年）からリチャード3世（在位1483〜1485年）までイングランドを統治したプランタジネット朝の祖先となった。

さらには、エドワード4世の娘、イングランド王女エリザベス・オブ・ヨークの結婚を通して、その子ヘンリー8世（在位1509〜1547年）をはじめとするテューダー朝歴代君主の先祖にもなった。

ヴィクトリア女王はフランス語と古高ドイツ語で愛息マルコス・マノエルが主権の長子であることを証する手紙を書いた——選択した言語が表わす「受け継がれる伝統」に基づいてフランク王国とプランタジネット朝に敬意を払ったのである。

初代マーチ伯はプランタジネット朝の国王たちの先祖であることから、マルコス・マノエルに「プランタジネット・イエス」の陶器が贈られた。イエスの別名はインマヌエル（エマニュエル）、したがって「マーチ・エマニュエル」から「マルコス・マノエル」という名前が生まれたのである。

フランシスコ・マノエルの両親と祖父母はこういった知識を持っていたことから、彼を「フラ

黒い蠟印から罪悪感に溢れたモノグラムに至るまで、ヴィクトリアからマルコス・マノエルへの暗号化されたメッセージを読み解くと、「闇から光へ、継承者現わる」と書かれていた。

ンシスコ」と名付けたことにも深い訳があったのだった。先端が「三叉の百合」の形をした「フランシスク」という武器がメロヴィング朝にはあり、後にセプター（王杖）として使われるようになり、そのまた後にフランス王室の紋章に用いられ、最後には王政の象徴となった。これが「フルール・ド・リス（百合の紋章）」として知られるようになると、聖杯血統のシンボルとなった。フランシスコ・マノエルがその直系の末裔である。

「百合の王冠」はイシスと黒い聖母の王冠でもある――マドンナ――ノートル・ダム。

黒い木製のマドンナはエジプトのイシスを暗示している。このマークにはピラミッドが数多く見られるが、それは教皇もしくは教皇顧問の帽子を描いている。そこには21個（「21」は最強の数字）の「M」が――、これもまた「ザ・シン」を指している。

エジプトを中心に発展したコプト正教会〔信仰者1400万人。独自の教皇もいる〕は聖マルコス福音記者によって設立された。フランシスク／フランシスコは聖マルコス／マルコスとエジプトのファラオからの系統を引いている。

ヴィクトリア女王の手紙に偶然はない。その内容はすべて計算されていた。世代を超え、正統な王政へと導くため、疑いや模倣の余地を残さぬよう、王位に就くべき運命の人に計画的に渡されていた。

後はマルコス・マノエル（『ペルスヴァルまたは聖杯物語』〔フランスの詩人クレティナンド・トロワによって著された、円卓の騎士であるペルスヴァルによる聖杯の探索を描いたもの〕）が聖杯の城へ帰還することだけ――。

第13章

真のキリスト の血統「レックス」が再び欧州によみがえる！

Victoria Regina's Mourning Letter to Marcos Manoel

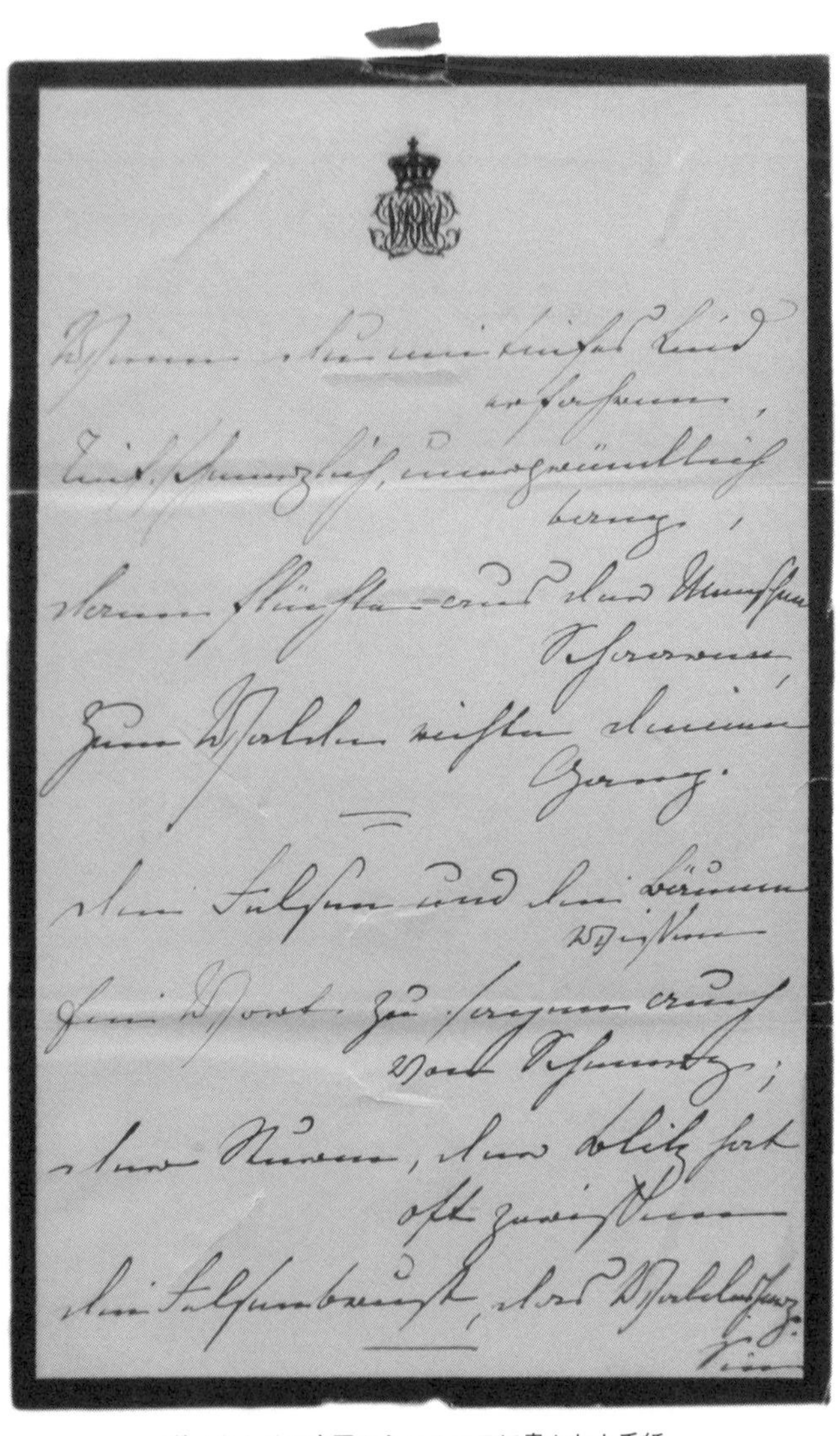

ヴィクトリア女王からマルコスに書かれた手紙。

ヴィクトリア女王は、カンバーランド公盲目の王ジョージとの極秘結婚を通して、正統な女王になったことを理解していた。そして、正統な主権者で王位継承者第1位、庶子ならぬマルコス・マノエルの誕生によって、自分が正統な女王となったことも理解していた。

世代を超えて沈黙は続いた。フランシスコ・マノエル殿下が属するポルトガルのマノエル・ザクセン・ヴェッティン家も決して口を割らなかった……。一つの書類が示す真実を明かすべきその時がくるまで……。

真の英国ロイヤルファミリーの正体――160年間も身を潜めた亡命王(エクシラーク)一家。

封印を解け！　いよいよ真の王が帰還する！

1850年に書かれたヴィクトリア女王直筆のこの手紙は、ある日、長子マルコス・マノエルの手元に届けられた。悲嘆の黒枠に縁取られた手紙には、マルコスと離れればなれにさせられたヴィクトリアの悲しみを綴った古高ドイツ語の詩が含まれている。その詩はマルコスに沈黙を守り抜く力が備わっていることを願うという内容だ。

何度も言うが、ヴィクトリアは「心理ゲーム」を得意としていた――手紙には言葉遊びや暗号を組み込んだ――それを読み手が解読してくれるであろうと期待していたのだ。古高ドイツ語の詩には「フォン・L・トラウレル」とサインされているが、その名の詩人はもちろん存在しない。

詩を訳すと――

深い悲哀を生きると
奥底の痛み、深遠の不安を感ずる
人混みは避け
森へと踏み込む

石も木々も知っている
言葉にできない痛み
嵐や雷により、たびたび真っ二つに引き裂く
石化した胸、森の胸を

周囲のかける言葉にも
人の気遣いにも癒えず
その声は嘆きと共に響き去り
いずれまた沈黙の中で休める！

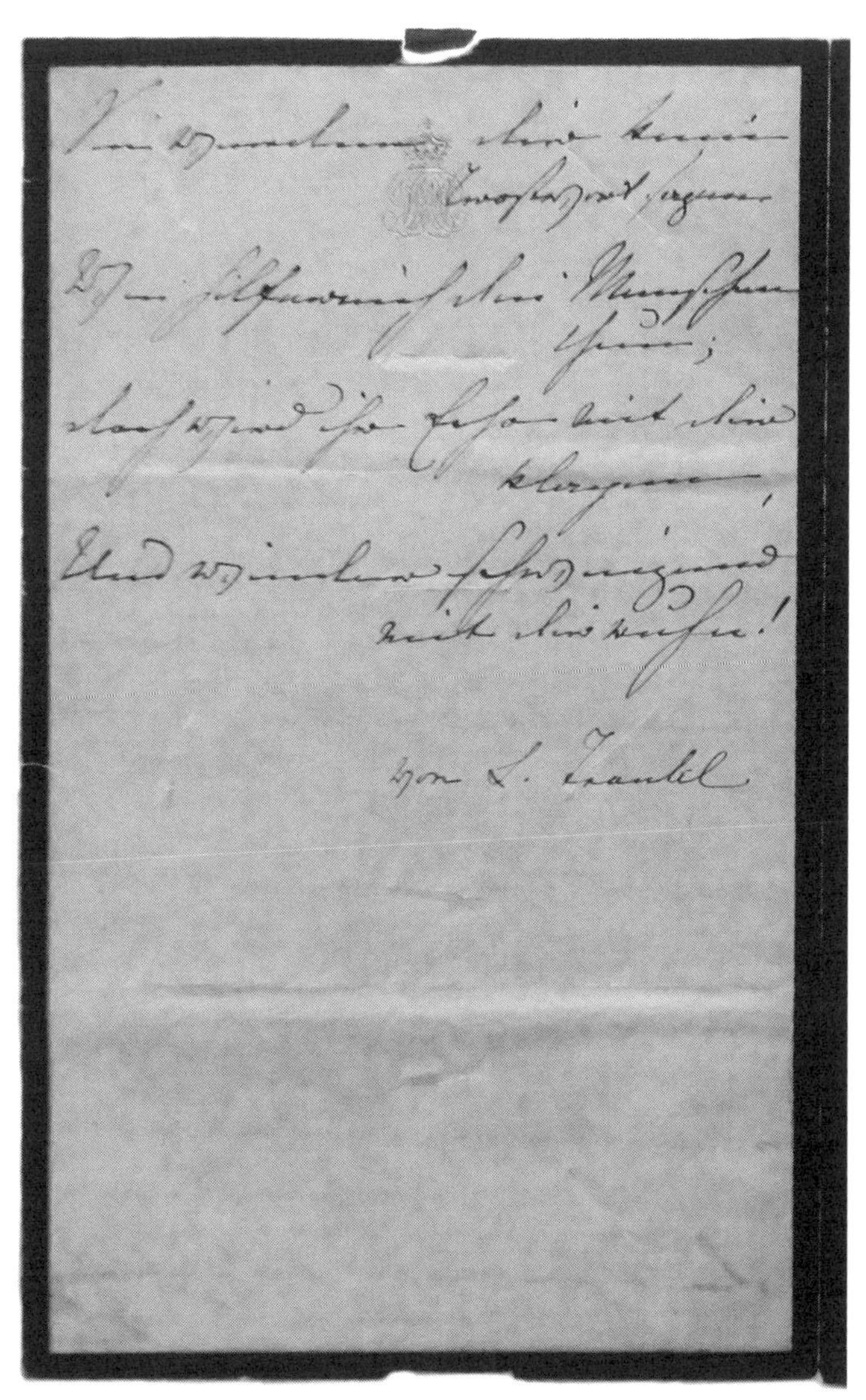

「フォン・L・トラウレル」とサインされているが……。

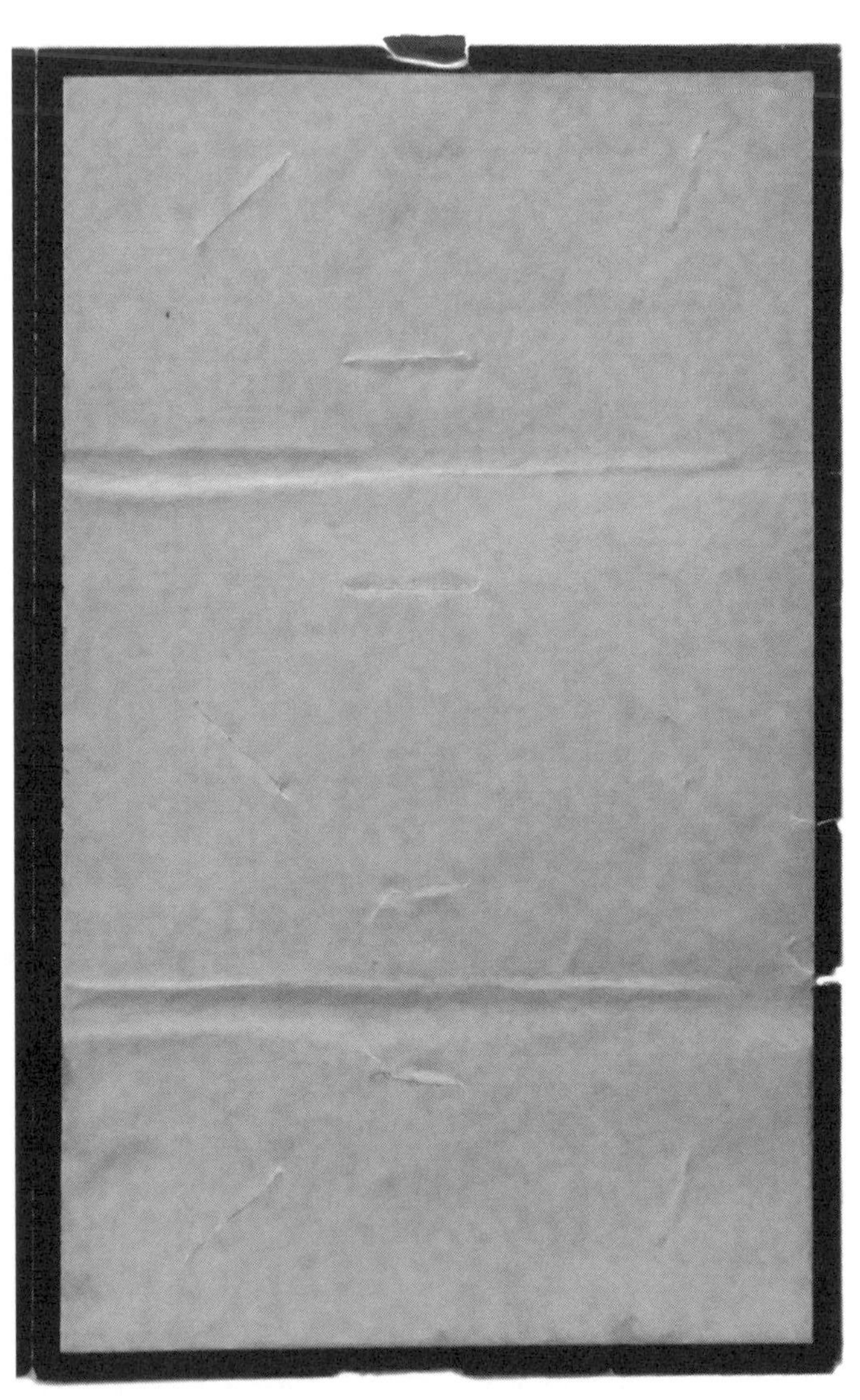

ヴィクトリア女王から送られた手紙の裏面。

von / lion / son/ S / G L. Traulel

次にこの詩人のサインを解説してみよう。

「von」＝「of（〜に属する）」または「by（〜によって）」。「lion（ライオン）」はスコットランドやイスラエルのシンボルで、「ロンドンのライオン」を指す――ロンドンは王位を指す。

「S」は「Sovereign（君主）」のS、「G」は「George（ジョージ）」のG。つまり「von/lion/son/S/G」はスコットランドとイスラエル、ロンドンのライオンの息子＝「王子」、カンバーランド公盲目のジョージの息子と解釈できる。

「L」＝「真」。「Son L」＝「真の息子」。

「Trauer」＝「悲嘆、悲痛、悲哀」。

「Trauen」＝「他人に任せる、難しい・危険なことに挑む勇気と信じきること」。

ピタゴラス学派的に「LeL」は：「L」＝「50」、「e」＝アルファベットの5文字目、「LeL」＝「50、5、50」＝「555」＝「5の三位一体」。「5」は結婚を象徴する――天と地の聖なる婚儀の数字＝「レックス（王）」。したがって「LeL」＝「レックス――万国の男」。

「El」はいつも「Elohim（エロヒム――『ヘブライ語聖書』に登場する神々）」を指す。「E

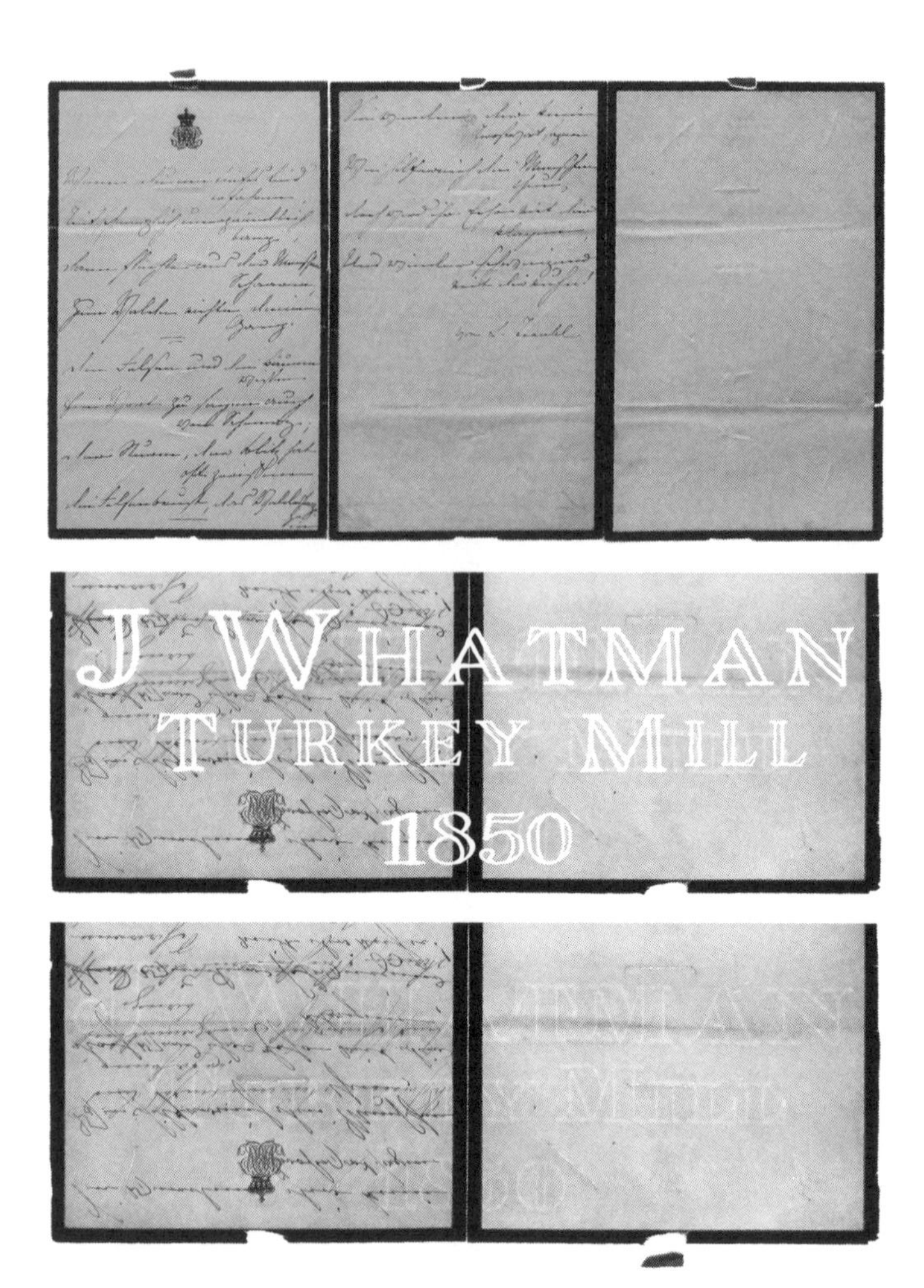

ヴィクトリア女王からの手紙をつなぎ合わせるとある文字が浮かびあがってくる。

l」＝「神」。「エロヒム」＝「神々」。「LeL」＝「真の神」または「真の神々」。つまり「LeL」＝「レックス――真の神々の系統を引く万国の男」。

「聖マルコス」は本やライオンと共に描かれている。「Lel」＝「万国の男」。

「Lion」のもともとの綴りは「Leon」。「Leon」を反転すると「noel」、「マノエルのMa-noel」――「ライオンの万国の男」――ロンドンの最高位のライオン＝英国王。


詩人のサイン「von/Lion L. Lel」は、「マルコス・マノエル」を表わしている。――「スコットランドとイスラエルのライオンの真の息子、万国の男、英国王、王子、レックス、真の神々の系統を引く」という意味に加え、「von L. Traulel」には「悲嘆、悲痛、悲哀」に、「他人に任せる、難しい・危険なことに挑む勇気と信じきること、自信を持つこと」という意味合いが込められている。

したがって「von L. Traulel」とサインしたことによって、ヴィクトリア女王は次のことを暗号化しているのだ――。


スコットランドとイスラエル、ロンドンの王子よ、私は悲痛と深い悲哀を感じ悲嘆に暮れています。あなたを他人に任せ、この知識をあなたに託します。難しく危険なことではあるが、あな

たにはそれに挑む勇気があることを信じています。私はあなたを信じています、聖なる婚儀の息子、ジョージとゴータの君主なる息子、三位一体の息子、真の神々からの系統を引く真のキリストの血統レックス――万国の男――マルコス・マノエル――神の刻印、我と共に。

＊　＊　＊　＊　＊

この手紙はヴィクトリア女王が在位中に残した最も重要な機密文書である。この文書は、テンプル騎士団の一員、ポルトガル王フェルナンド2世によって大切に保管されていたため、ヴィクトリア女王の娘、ベアトリス王女に燃やされず、ネイサン・ロスチャイルドの手に渡ることもなかった奇跡の手紙である。

おわりに——英国王室に関する「すべての事象」を見逃してはならない！

カンバーランド・ジャックと名付けられたハノーファーのトークン（記念品のコイン）はゲーム・トークンと特記された。表には「女王」ヴィクトリア、裏にはハノーファー王が描かれている。「ヴィクトリア女王——ハノーファーへ　１８３７年」や「英国のヴィクトリア女王　１８６２年——ハノーファーへ　１８３７年」などの文字が刻まれた。

言い伝えによると、コインに印された乗馬者はハノーファー王位の主張をしに向かうカンバーランド公で、その道中にドラゴンを退治したとのこと。聖ジョルジオ（聖ジョージ）が翼竜を退治した伝説があることから、カンバーランド公盲目のジョージにもドラゴン退治の言い伝えが生じたと思われる。コインに描かれたカンバーランド公のようにジョージは細身、一方、父親のウィリアムは筋肉質の体格だった。

このトークンは「ジェスト・コイン」（お遊びコイン、おもちゃ）と言われたが、ジョージとヴィクトリアの関係と結婚をハッキリと記録したものである。騒ぎにならないようにそっと公表したのだ。この「カンバーランド・ジャック」は明白に彼らの結婚を発表し、裏付けている。

聖ジョルジオは300年にパレスチナのリディア（現イスラエルのロード）で生まれたと言われている。伝説によると、モロッコ王の14歳の娘は花嫁衣装をまとい、翼竜に捧げられた。この話を聞いたジョルジオは翼竜と戦い、その際、槍を折って落馬したが、オレンジの木が守ってくれたという。[1]

ジョルジオはその後、剣でドラゴンの首を切った。退治したドラゴンを王女のガーター（留め金）で縛り、街まで引きずり、王に披露した。そして、王は娘をジョルジオに捧げた。

1385年、アルジュバロータの戦い（ポルトガルの王位を巡って行なわれた戦闘）の終戦後、当時の将軍、ドン・ヌーノ・アルバレス・ペレイラは「聖ジェームズ行政長官」の肩書きを聖ジョルジオに変え、それがポルトガルの男性守護聖人となった。

1830年に最初のカンバーランド・ジャックが発行された時から、共に11歳だったヴィクトリアとジョージの関係を記録していた。

盲目の王ジョージは、ひょっとすると、ヴィクトリア王女をイスラエルのドラゴンから救おう

カンバーランド・ジャック（トークン・コイン）。上が表でヴィクトリア女王、下は裏でハノーファー王（カンバーランド公）が描かれている。

としていたのかもしれない。聖ジョルジオ（ジョージ）はイスラエル出身、イスラエル＝ヤコブ＝「ジャック」、ヴィクトリアの実の父親も〝ジャック〟ことジャコブ・マイエール・ド・ロチルドだった。

ヴィクトリアは1837年に女王となった。その引き換えとして、ハノーファーの王位をカンバーランド公ジョージとその父に譲った。ハノーファー王ゲオルク5世は1878年に薨去。その5年後の1883年に「カンバーランド・ジャック」は違法となった。

それもまた愉快な冷やかしを織り交ぜた「秘密の王室の婚儀」を示すマークのようだ。

訳者あとがき

本書の共著者の1人である、ジェセフ・グレゴリー・ハレット（以下、ハレット）さんとの出会いは、ある YouTube 動画を観たことがきっかけでした。その動画に大きな衝撃を受けた私は、「これを日本の方々にも観てもらいたい！」という純粋な思いで、直接、制作者とハレットさんに連絡を取り、日本語字幕を付けることになりました。

その後、次々と新しい動画が公開されるたびに、翻訳と歴史の勉強に没頭し、気づけばリサーチ嫌いだったはずの自分が、いつの間にか「真実」という白兎を追ってありとあらゆる穴を深掘りするようになっていました。「理解しないと伝えられない。そして、裏付けを見つけなければ確信には至らない」――あるかどうかもわからない答えを必死に探し続けました。

実は、本書を翻訳することが決まった時には、手元に原書はありませんでした。編集担当者にとっても目を瞑(つぶ)って飛び込むしかないという異例の状況で、蓋を開けてみると、本の中には動画とは比べ物にならないほどの想像を遥かに超える情報量があったのです。私は、その重責に悩まされました。世界の秩序を揺るがすかもしれない全5冊の超大作。正直なところ、きちんと刊行できるか不安で仕方がありませんでした。

某検索エンジンを運営する某メガ企業が構築したシステムは、ネットの3％しか公表していないと言われています。本書にはその3％内では見つけることのできない世界が繰り広げられていました。

正確かつ、わかりやすく翻訳するためには、ハレットさんの言葉と想いを忠実に表現すると同時に、調べようのないものをひたすら探さなければなりません。情報収集に工夫を凝らしながら、ハレットさんがちりばめたパズルのピースを一つずつ掘り起こし繋ぎ合わせていきました。

あまりにも謎なことばかりで、途方に暮れ、めげそうになることもありましたが、好奇心と冒険心に掻き立てられながら突き進み、小さな成功と発見を重ねていく楽しみを知りました。

「歴史とは、事実とは何か」。以前は、あまり考えたこともなかったです。教科書を特に疑ったこともありませんでした。

しかし、もし伝えられてきた歴史がまったくのデタラメだとしたら……。一つの嘘がさらなる嘘を生み、バタフライ効果で徐々に歴史を変えていくことも可能ではないか。誰かが吐いた〝嘘の歴史〟を信じ込まされ、民衆はまるで茹でガエルのように支配される側になっていく。歴史の認識を変えられるなら、そんな誰かが仕組んだ奴隷社会にも、人々はすんなりと順応していくでしょう。

本書を訳した今では、これまでの歴史に対して〝疑いの目〟しか持ちえません。

では、〝真実〟とはいったい何でしょうか。王族・皇族・貴族とは、血統とは？　国家、政府、宗教、教育、聖書、金融、通貨、人の命とは？

自分たちの都合のいいように、歴史を編纂できるなら、真実も隠し通せる。きっと「真の英国王」さえも隠しうるでしょう。それに、富を根こそぎ奪うことも容易い。そうなれば国々を操ることなんて、いとも簡単にできるでしょう。聖書だって都合よく編集できる。なんなら、帝国の一つや二つ丸々抹消することもできてしまうはずです。

「また真理を知るであろう。そして真理は、あなたがたに自由を得させるであろう」

（『ヨハネによる福音書』8章32節）

歴史のみならず、国際社会の現状も、本書も疑問視してください。ぜひご自身で調べて、考えて、語り合ってください。そして、あなたの真実を見つけてください。皆さんはこの先、何を感じて、どんな発見をされるのでしょう。未知を受け入れて、心を開化させながら本書をお楽しみいただけたら幸いです。本書を手に取っていただき、ありがとうございます。皆さんとのご縁に感謝いたします。

最後に本書の刊行に尽力下さった方々、ヒカルランドの皆さま、編集チームに厚く御礼申し上げます。そして私をいつも辛抱強く支えてくれた家族に感謝です。

Bonobo

そして君主権は王位の権利がない次男に代々受け継がれていくことに。

Casa do Infantadoの主要な不動産はケルス国立宮殿、サンタ・マリア・ダ・フェイラ城、ベンポスタ宮殿。

Infantadoの最後の領主はポルトガル王ミゲル1世。統治を終えた1834年5月6日まで。この24日後、マルコス・マノエルが生まれた。Casa do Infantadoの騎士団も1834年5月30日にフリーメイソンのジョアキム・アントニオ・デ・アギアールにより解体され、アギアールは首相となった。これもテンプル騎士団（1119年）や第1回十字軍（1099年）まで遡るロイヤルマークだ。

2 兄ドン・ペドロ・アルヴァレス・ペレイラはクラト修道院長（1384～1430年）
3 "Arévalo"とは「壁の近くの」という意。
4 形式的な名前であり、その地域に権限があったわけではない。
5 アンナの父、ボヘミア・ハンガリー王ヴラジスラフ2世が亡くなった時から、当時12歳のアンナは神聖ローマ皇帝マクシミリアン1世に育てられた。
6 "Wittum"（ウィッタム）とは、この城が寡婦となったマリア・エリザベスに与えられた財産であることを意味する。フーズム城は、ドイツ北部シュレースヴィヒ・ホルシュタイン州ノルトフリースランド郡フーズム市の中心部、デンマークとの国境から南に40キロの場所にある。城の所有者となったマリアは、城を文化会館に変貌させ、1664年に聖書の解釈本を執筆するなど、夫の死後に活躍した。
7 令息が不在で、ギュストロー系が絶えたため、1701年に所領はメクレンブルク・シュヴェリーン公国やメクレンブルク・シュトレーリッツ公国などに分割された。
8 イングランド王国（927年～1707年）、ウェールズを含むイングランド王国（1536年～1707年）。
スコットランドを含むグレイト・ブリテン王国（1707年～1801年）。

ユナイテッド・キングダム・オブ・グレイト・ブリテン・アンド・アイルランド（1801年～1922年）。

ユナイテッド・キングダム・オブ・グレイト・ブリテン・アンド・北アイルランド（1922年～）。南アイルランド除く。
9 「グレイト・ブリテンおよびアイルランド連合国」は1801年1月1日から1801年1月6日まで存続し、1927年4月12日に名前が「グレイト・ブリテンおよび北アイルランド連合王国」に変更された。

おわりに

1 アルガルベ王国はオレンジの産地として知られ、ポルトガルで翼竜と思われる化石が考古学者によって発見されている。

第8章

1　この魅力的な木版はハンス・ホルバイン、ウルス・グラフ、ハンス・ルドルフ・マヌエル・ドイチュ、デビッド・カンデルらが製作したもの。1500年代の作品にもかかわらず、キュビスムなどの現代アートを影響したと考えられている。
2　ダミアン・デ・ゴイスは『Pro Hispaniae Defensio』を1544年に執筆。ハインリヒ・ビュンティング（1545年～1606年）は宇宙地理図を作成した。
3　「ゴータ暦の終末」を参照。

第9章

1　Christopher Hibbert, *Queen Victoria in her Letters and Journals,* 1985, p. 64.
2　メルヴィン・フェアクロウの著書『The Ripper and the Royals』の序文でジョセフ・シカートはこう綴った。「使いのジョン・ブラウンのあだ名は『女王の種馬』。彼の部屋は女王の隣にあり、まるで夫婦のような間柄で、その結果、娘が生まれた。コウト家は代々ロイヤルファミリー専属の銀行家であり、コウト家の使用人ジョン・スチュアート曰く、ルイーズ・ブラウンはパリに住みながら年に4回250ポンドをウェールズ公アルバート（バーティー）・エドワードの口座から振り込まれていた」。
3　Elizabeth Longford, *Queen Victoria: Born to Succeed,* 1964, p. 172.
4　Stanley Weintraub, *Victoria, An Intimate Biography,* 1987, p. 50.
5　Jean Morris, *The Monarchs of England,* 1975, p. 395.
6　Cecil Woodham-Smith, *Queen Victoria,* 1972, p. 403, paraphrased.
7　*Ibid,* p. 292.
8　Elizabeth Longford, *Queen Victoria,* p. 79, paraphrased and noted as irrational.
9　*Ibid,* p. 479.

第11章

1　1099年第1回十字軍によるエルサレム攻囲戦後、ホスピタル騎士団とテンプル騎士団は共に20年後の1119年にキリスト騎士団を創設。
クラト修道院長がホスピタル騎士団団長聖ヨハネ騎士団総長になる。

ポルトガル王ジョアン4世は1654年に「王子の家」を建設。

スペイン帝国とポルトガル王国の間に勃発したポルトガル王政復古戦争（1640年～1648年）後、スペインに忠実だった者の土地、資産、財産はスペイン帝国に押収された。

1789年にはホスピタル騎士団の財産も「王子の家」の騎士団に吸収された。

Casa do Infantado は後に富裕な組織へと拡大し、その莫大な財産や領地、

23　ゾロは３撃がすぐわかるように隠した、肩から腹部にかけた切れ目。
24　Jean Chevalier and Alain Gheerbrant, *Dictionary of Symbols,* p 1121.

第５章

1　母の日は1918年にフランスで始まった。1920年、公式に5月の最終月曜日に制定された。
2　*Dictionary of Symbols,* p. 103.
3　*Ibid,* pp. 566-67.
4　*Ibid,* p. 800.
5　*Ibid,* p. 1069; for 〝Passion〟 citing Frédéric Portal's *Des Couleurs Symboliques Dans L'Antiquité, Le Moyen Age Et Les Temps Modernes,* Paris, 1962, p. 235.
6　*Dictionary of Symbols,* p. 877.
7　*Ibid,* pp. 564–65.
8　Baron Frédéric Portal's「Des Couleurs Symboliques Dans L'Antiquité」より。ポータルはシンボリズムを題材にした本をもう一つ執筆している。ポータルの遺族は1800年代から英国国民として UK に在住。准男爵や子爵に昇格したものも。
9　Dr. F. G. Bergmann, *The San Grëal – An Inquiry into the Origin and Signification of the Romances of the San Grëal,* 1870, p. 285.
10　*Dictionary of Symbols,* p. 40, 1068-69.
11　*Ibid,* p. 402.

第６章

1　*Dictionary of Symbols,* p. 296.
2　*Idid,* p. 303.
3　*Ibid,* p. 901.
4　*Ibid,* p. 573.
5　*The Wordsworth Dictionary of Symbolism,* Hans Biedermann, 1992, pp. 340-41.
6　サムエル・ガビロル曰く「Mars ＝左足＝正義」。

第７章

1　Dr. F. G. Bergmann, *The San Grëal– An Inquiry into the Origin,* 1870, pp. 177–85.

5 Philip Gardner, The Shining Ones, p.136-37. アングロサクソン「Aelf エルフ」＝輝く者。

6 Francis A. Schaeffer, *Enoch and the Nephilim,* Part III, 'The Evidence Mounts'.

7 Rabbi Dr. E. T. Epstein（Ed.）English translation, *Babylonian Talmud,* 36 Vol., 1952, 1.218.

8 シオン山には、他にも多くの権利主張者がいる。

9 Manly Palmer Hall, 33rd degree Freemason, *The Secret Teachings of All Ages,* 1928, p. 38.

10 Frederick Goodman, *Magic Symbols,* 1989.

11 W. Westcott, *The Occult Power Of Numbers,* p. 15.

12 Elizabeth Van Buren, *The Secret Of The Illuminati,* p. 42.

13 C=20、B=2なので、Ca - Ba - La は XXII（22）の累乗（La）

14 Elizabeth Van Buren, *The Secret of The Illuminati,* Spearman, 1983, p. 39

15 Dr. William Wynn Westcott, *The Occult Power Of Numbers,* p. 37.

16 ダルリアダ王国の伝説によると、アルバ（スコットランド）は500年頃にエルクの息子３人に征服された。足跡はドゥナッドの戴冠儀式に用いられた。靴を空き地に投げ込めば、その土地の所有を主張できるというヘブライの伝統がある。主張の誤解がないように、ここから家に上がる前に靴を脱ぐ習慣が生まれた。

17 「The King's List」は旧約聖書で王の時代を語る部分。

18 あるいは、「キリストが磔られた3147年前」とも捉えられる。よって大洪水が起きたのは、多くの学者が推測する紀元前3114年ということになる。

19 フェニキアは現代のイスラエル、レバノン、シリアが位置する地域で栄えた古代王国。すべてのアルファベットの原点とされる文字を作ったのはフェニキア人。フェニキア王国は王族の象徴とされる紫色の海貝（ホネガイ）から抽出する染料を独占していた。ホネガイの貝殻はビーナスの櫛としても使われた。

20 Sandy Hamblett,「Godfrey de Bouillon's Templar Knights, Mount Sio and the Essenes', *The Journal of the Rennes Alchemist*」2003年６月：「テンプル騎士団がエルサレムを占領していた際、本拠地はヘルモン山・シオンにあった」

21 フランスは1795年、1800年、1812年にメートル法を導入したので、77km と 58km の間と思われる。UK は1860年に科学的目的でメートル法を導入。1897年には貿易のため。正式に導入されたのは1965年。

22 北緯31度47分では地球の円周は21,129マイル（34,004km）、北31度33分では 20,768マイル（33,423km）。

12 Cecil Woodham-Smith, *Queen Victoria – Her Life and Times,* p. 197.
13 Cecil Woodham-Smith, *Appendix 4, The Destruction of the Queen's Diary,* pp. 436–37.
14 Francisco Manoel's 25 November 2009 letter to David Cameron, slightly paraphrased.
15 Potts, *Queen Victoria's Gene -Haemophilia and The Royal Family,* 1999, p . 143.
16 Cecil Woodham-Smith, *Queen Victoria – Her Life and Times,* p. 232.
17 *Ibid,* p. 93.
18 Stanley Weintraub, *Victoria-An Intimate Biography,* pp. 79-80.
19 Elizabeth Longford, *Victoria R.I.,* p. 56.
20 Hans Biedermann, *The Wordsworth Dictionary of Symbolism,* reordered lines.
21 Cecil Woodham-Smith, *Queen Victoria – Her Life and Times,* p. 416.
22 Katherine Hudson, *A Royal Conflict-Sir John Conroy and the Young Victoria,* pp. 109-13.
23 Francisco Manoel in his memorandum to David Cameron, 25 November 2009.
24 Katherine Hudson, *A Royal Conflict,* p. 176.
25 *Ibid,* p. 175.

第４章

1 ビリー・レンヌの「The Hidden Prince」によると、この子は名前はルイーズ・ブラウンか匿名の男児。マルコス・マノエルの歴史に関して重要なのは最初に生まれた正統な子であり、最後に生まれた不正統な11人目の子ではない。
2 ザクセン・コーブルク・ザールフェルト王子妃、ライニンゲン侯妃、ケント公爵夫人ヴィクトリア（1786年８月17日～1861年３月16日）。ケント・ストラサーン公エドワード（1767年11月２日～1820年１月23日）はジョージ３世の４人目の息子で「忘れられた息子」と称ばれた。ジェームス・ド・ロスチャイルド（1792年５月15日～1868年11月15日）はフランス・パリにおけるロスチャイルド銀行の創設者。ネイサン・メイアー・ロスチャイルド（1777年９月16日～1836年７月28日）はジェームスの兄で、ロンドンのロスチャイルド銀行を経営。２人の父親はマイアー・アムシェル・ロスチャイルド（1744年２月23日～1812年９月19日）。
3 フランシスコ・マノエルが2010年にロンドンのロスチャイルドアーカイブトラスト代表エマ・ジョルジーナ・ロスチャイルドに宛てた覚え書きより。
4 *Dictionary of Symbols,* pp. 813–14.

第２章

1 *The Bankers Manifesto, 1892.*

2 ２人の首相としての在職期間は重ならなかった。ウェリントン：1828年１月22日 ～1830年11月16日（33カ 月）と1834年11月14日 ～1834年12月10日（１カ月)。サルダーニャ：1835年５月27日～11月18日（６カ月)、1846年10月６日～1849年６月18日（33カ月)、1851年５月１日～1856年６月６日（５年)、1870年５月19日～８月29日（３カ月)。

3 *Jornal O Conimbricense* Coimbra 'Saldanha's Official Papers', 28 Sept. 1872, ano XXV, n2627,p.3：「我々が理解する限り、この三者からなる巨大な秘密において欠けてる部分はない」。

4 *Jornal O Conimbricense* Coimbra 'Saldanha's Official Papers', 28 Sept. 1872, ano XXV, n2627,p.3：「ポルトガル特許状台帳の印付きで、ロンドンに持って行かれたサルダーニャ侯爵の公文書について、監査室から1835年５月９日召喚命令が下された」。

5 「ジョセフ」が「Conception 御宿り・受胎」と結婚したということ。イルミナティにとって「ジョセフ」は最も高位とされる３つの名前――ジョセフ、ニムロデ、セミラミスの一つ。

第３章

1 教祖とは薔薇十字団の上層員のこと。

2 Elizabeth Longford, *Victoria R.I.,* p. 364.

3 Cecil Woodham-Smith, *Queen Victoria-Her Life and Times,* pp. 111-12.

4 Katherine Hudson, *A Royal Conflict-Sir John Conroy and the Young Victoria* with Foreword by Elizabeth Longford (pp. 11-12) which was a contemporaneous overstatement.

5 Carolly Erickson, *Her Little Majesty-The Life of Queen Victoria,* p.158.

6 Peter Lovesey (Edward VII), *Bertie and the Tinman,* p.165.

7 Cecil Woodham-Smith, *Queen Victoria-Her Life and Times,* p.20.

8 D.M. & W.T.W. Potts はイギリス王配・アルバートが不正統であり、レオポルド王子の息子の可能性があると言及。アレックス・ハンスタインが父親とされている。「ザクセン・コーブルク・ゴータ侯爵領」を参照。

9 D.M. & W.T.W. Potts, *Queen Victoria's Gene -Haemophilia and The Royal Family,* pp. 72–77.

10 Potts, *Queen Victoria's Gene-Haemophilia and The Royal Family,* 1999, pp.72-77.

11 *Ibid,* p. 71.

原注

第１章

1　すべて捏造されたことである。

2　ザクセン・コーブルク・コハーリ公フェルディナント（1785～1851年）の息子、ザクセン・コーブルク・ザールフェルト・コハーリ公子フェルディナントは後にザクセン・コーブルク・ゴータ公フェルディナント（1826～1836年）となり、その後ポルトガル王配フェルディナント２世（1836～1837年）、ポルトガル国王フェルディナント（1837～1853年）、ポルトガル国王フェルナンドこと「アーティストキング」（1853～1885年）という生涯を歩んだ。

3　「スコティッシュ・カーク」とはスコットランドの教会のこと。その歴史は1560年まで遡るが1707年創立とされている。

4　「ジャック・ラッセル・テリア21」を参照。

5　薔薇十字団によると「Angle アングル」＝「Angel エンジェル」を意味する。

6　「家族の銅像」を参照。1955年以降 Francezinhas の綴りが Francesinhas に変更されていた。

7　*Universal Magazine for Lisboners* に掲載されたジョセ・フェリシアーノ・カスティーリョの記事、Enigma for Antique Dealers（古美術商のエニグマ）より。

8　Professor Doctor José Mattoso, *O Liberalismo 1807-1890,* publ, Editorial Estampa, 'Assistance to the Infants' chapters, 1993, pp. 503-04, paraphrased in translation.

9　オルガ・マリアは10代の後半、初代サルダーニャ公の曽孫カルロス・サルダーニャと交際した。2人は文通を続け、結婚を望んでいた。

10　エレノア女王は1484年に温泉を「発見」したとされ、1485年からその周辺を開発し始めた。ポルトガルで紋章が普及する前に、この自治体に紋章を与えた。カルダス・ダ・ライーニャの蔵書票は男性器の形で、陶磁器として制作されることもある。

11　ウェリントン公爵はこの27カ月後、1852年9月14日に死去。

12　「マルコス・マノエル、メノラ（燭台）と王女たち」を参照。

13　「ダイニングテーブルでは黙食」という風習は1970年代頃まで続いた。主な理由は秘密を守るためだったとのこと。

14　「伯爵夫人のシャレー～アルカディアの秘密」を参照。

15　出版者マーカス・クラファムがフランシスコ・マノエルに宛てた1999年８月３日のＥメールより。

Constable and Company Ltd, London, 1994.
- *THE BANKERS MANIFESTO,* 1892.
- *OLD TESTAMENT, 'The King's List',* c.450 BC.
- Marilyn Tolhurst, *LIFE ON A ROYAL ESTATE: Document Pack For Osborne House,* London, 1986.
- Jean Tourniac, *SYMBOLISME MAÇONNIQUE ET TRADITION CHRÉTIENNE,* Dervy-livres, Paris, 1988.
- Stanley Weintraub, *VICTORIA – An Intimate Biography,* Truman Talley, NY, 1987.
- Dr. W. W. Westcott, *THE OCCULT POWER OF NUMBERS,* London, c.1890.
- A.N. Wilson, *AFTER THE VICTORIANS,* Random House 1983.
- Dr Lucy Worsley, chief curator at Historic Royal Palaces, *FIT TO RULE: HOW ROYAL ILLNESS CHANGED HISTORY, Happy Families: Hanoverians to Windsors,* BBC Two, 22 April 2013.

- Elizabeth Longford, *VICTORIA R.I.,* Pan Books Ltd, 1966; *QUEEN VICTORIA: Born to Succeed,* Harper & Row, 1964.
- Peter Lovesey, *BERTIE AND THE TINMAN,* Edição, Livros do Brasil, Lisboa, Portugal, 1998. A Victorian Mystery Novel featuring The Prince of Wales, but leaking some truths ('to be read in 100 years of time, 1887–1987')
- Armorial Lusitano, *GENEALOGIA E HERÁLDICA,* Editorial Enciclopédia, Lda, Lisboa, 1961.
- Francisco Manoel, *THE BRITISH CROWN GREAT SECRET* | F. Manoel (Hannover-Coburg) *O GRANDE SEGREDO DA COROA BRITÂNICA,* Ésquilo Multimedia, Lisboa, May 1999.
- Dorothy Marshall, *THE LIFE AND TIMES Of VICTORIA,* George Weidenfeld and Nicolson Limited, and Book Club Associates, 1972.
- Professor José Mattoso, *O LIBERALISMO 1807–1890,* Editorial Estampa, 1993.
- *MILLER'S ROYAL MEMORABILIA, Royal Staffordshire Pottery,* London, 1994.
- Jean Morris, *THE MONARCHS OF ENGLAND,* Charterhouse, New York, 1975.
- Adrienne Munich, *QUEEN VICTORIA'S SECRETS,* Columbia Uni. Press, 1996.
- *OXFORD DICTIONARY OF NATIONAL BIOGRAPHY,* Oxford University Press, 1997, Stanley Weintraub on "Prince Albert".
- Jerrold M. Packard, *VICTORIA'S DAUGHTERS,* St Martin's Press, 1998.
- Lynn Picknett, Clive Prince & Stephen Prior, *WAR OF THE WINDSORS,* Hardie Grant Books, 2002.
- Baron Frédéric Portal, *DES COULEURS SYMBOLIQUES DANS L' ANTIQUITÉ, LE MOYEN AGE ET LES TEMPS MODERNES,* Treuttel et Würtz, Paris, 1837.
- D.M. Potts and W.T.W. Potts, *QUEEN VICTORIA'S GENE – Haemophilia and The Royal Family,* Alan Sutton Publishing Limited, 1999.
- Billy Rennie, *THE HIDDEN PRINCE,* Dorrance, UK, 2011.
- *ROYAL DUKES,* Gerald Duckworth & Co, London, 1933.
- António Lambert Pereira da Silva, *NOBLE HOUSES OF PORTUGAL (Nobres Casas de Portugal),* Vol. III, Tavarès Martins, 1958; NP, Vol. II.
- Cecil Woodham-Smith, *QUEEN VICTORIA – Her Life and Times,* Penguin Putnam, London, 1972; C.B.E. 1960, Honorary Doctor of Literature, 1964.
- Lytton Strachey, *LA REINA VICTORIA,* Valdemar, Madrid, 1997; and *QUEEN VICTORIA,* Chatto and Windus, London, 1921.
- John Strawson, *THE DUKE AND THE EMPEROR (Wellington and Napoleon),*

- Roger Fulford, *THE PRINCE CONSORT,* Macmillan Publishers, London, 1949.
- Samuel Gabriol, *LA KABBALE,* Paris, 1988.
- Philip Gardiner, *THE SHINING ONES,* Radikal Phase Publ. House Ltd, 2002.
- Frederick Goodman, *MAGIC SYMBOLS,* Brian Trodd Publ. Ltd., London, 1989.
- Léon Gorny, *LA KABBALE, Kabbale juive et cabale chrétienne, SCIENCES SECRÉTES,* Editions, Pierre Belfond, 3 bis, passage de la Petite-Boucherie, 75006 Paris, 1977; *CROISÉS ET TEMPLIERS,* André Bonne, Éditeur 15, Rue Las-Cases, Paris, 1974.
- Hon. Charles Grey, *THE EARLY YEARS OF HIS ROYAL HIGHNESS THE PRINCE CONSORT,* Harper & Brothers Publishers, New York, 1868.
- Manly Palmer Hall, *THE SECRET TEACHINGS OF ALL AGES,* 1928.
- Greg Hallett, *HOW TO TAKE OVER THE WORLD – A Right Royal Con,* New Spain, January 2007, 2008, 2009.
- Sandy Hamblett, 'Godfrey de Bouillon's Templar Knights, Mount Sion and the Essenes', *THE JOURNAL OF THE RENNES ALCHEMIST,* June 2003.
- Christopher Hibbert, *QUEEN VICTORIA – a Personal History,* HarperCollins, 2000; *WELLINGTON – A Personal History,* HarperCollins Publ., London, 1994, 1997; *QUEEN VICTORIA IN HER LETTERS AND JOURNALS,* Viking, NY, 1985.
- Charles Higham, *THE DUCHESS OF WINDSOR: The Secret Life,* McGraw-Hill Publishers, New York, 1988.
- Katherine Hudson, *A ROYAL CONFLICT – Sir John Conroy and the Young Victoria,* Foreword by Elizabeth Longford, Hodder and Stoughton, London, 1994.
- *INVENTÁRIO DA CRIAÇÃO DOS EXPOSTOS,* Ediçâo da Santa Casa da Misericórdia de Lisboa, Lisboa, 1998; *SINAIS DE EXPOSTOS / SIGNS OF FOUNDLINGS,* Santa Casa Da Misericórdia de Lisboa, Edição da Santa Casa da Misericórdia de Lisboa; 1750 Exemplares; 2 de Julho de 1987/ 2 July 1987.
- Kurt Jagow (Ed.), *THE LETTERS OF THE PRINCE CONSORT, 1831–1861,* John Murray, London, 1938.
- *JEWISH ENCYCLOPAEDIA B,* Vol IX p. 454: Mayer Amschel Rothschild II (the German banker and Nathan Mayer's brother) writing a letter to X, dated 20th December, 1845.
- *JORNAL O CONIMBRICENSE Coimbra,* 'Saldanha's Official Papers', 28 Sept. 1872, ano XXV, n°2627 p. 3.
- Herbert H. Kaplan, *NATHAN MAYER ROTHSCHILD AND THE CREATION OF A DYNASTY: the critical years 1806–1816,* Stanford University Press, 2006.

参考文献

- Dr. F. G. Bergmann, *THE SAN GRËAL – An Inquiry into the Origin and Signification of the Romances of the San Grëal,* Edmonston and Douglas, 1870.
- *BIBLE,* first English translation, 1522; King James Version (1611–), Common English Bible, World English Bible, etc.
- Hans Biedermann, *The Wordsworth DICTIONARY OF SYMBOLISM,* 1996, translated by James Hulbert, Cumberland House, Hertfordshire; Wordsworth Reference, first publ.
- Elizabeth Van Buren, *THE SECRET OF THE ILLUMINATI,* Spearman, 1983.
- Anthony Camp, *ROYAL MISTRESSES AND BASTARDS: Fact and Fiction 1714–1936,* London, 2007.
- José Feliciano de Castilho (de Barreto e Noronha), 'Enígma para Antiquàrios', *REVISTA UNIVERSAL LISBONENSE,* (Enigma for Antique Dealers, *Universal Magazine for Lisboners*), 12 May 1842.
- Monica Charlotte, *VICTORIA The Young Queen,* Basil Blackwell Ltd, Oxford, 1991.
- Jean Chevalier and Alain Gheerbrant, translated by John Buchanan-Brown, *The Penguin DICTIONARY OF SYMBOLS,* Penguin Books, Middlesex, 1969, 1996.
- George Cokayne, *THE COMPLETE PEERAGE Of ENGLAND, SCOTLAND, IRELAND, GREAT BRITAIN, AND THE UNITED KINGDOM, EXTANT, EXTINCT, OR DORMANT,* A. Sutton, Gloucester, England, 1982.
- D. António da Costa, *HISTÓRIA DO MARECHAL SALDANHA,* 1879.
- *DICTIONARY OF NATIONAL BIOGRAPHY,* 1885–1900, Smith, Elder & Co. London, Oxford University Press, 2004.
- Benjamin D'Israeli, Earl of Beaconsfield, K.G., *CONINGSBY* (alternate title, *THE NEW GENERATION,* part of the *Trilogy*), 1844.
- David Duff, *ALBERT AND VICTORIA,* Muller, London, 1972.
- Marlene Eilers, *QUEEN VICTORIA'S DESCENDANTS,* Rosvall Royal Books, Falköping, Sweden, 1997.
- *ENCYCLOPÆDIA BRITANNICA,* 2008.
- Rabbi Dr. Ezekiel Isidore Epstein (Ed.) *BABYLONIAN TALMUD,* English translation, Soncino Press, London, 36 volumes (1935–52).
- Carolly Erickson, *HER LITTLE MAJESTY– The Life of Queen Victoria,* Robson Books Ltd, London, 1997.
- Mervyn Fairclough, *THE RIPPER & THE ROYALS,* Duckbacks, London 1991, 2002.

【著者】
［亡命王］フランシスコ・マノエル　Francisco Manoel
1955年、ポルトガル生まれ。ヴィクトリア女王の第一子であり唯一正統な子孫、グレートブリテンおよび北アイルランド連合王国の王「ジョン２世」こと、神聖王マルコス・マノエルの血を引く直系の長子。現亡命王。
この事実はポルトガルでは広く認められており、彼の動きは英国全土ですべて監視されている。

ジョセフ・グレゴリー・ハレット　Joseph Gregory Hallett
ニュージーランド生まれ。母国で心理学と建築学を学び、冷戦中の鉄のカーテンが降ろされたヨーロッパを幅広く旅する。帰国後、チャーチルをはじめ、独裁者ヒトラーやスターリンなど、世界の 汚職や性犯罪などに関する書籍を数多く執筆。イエズス会に支配されている政府、司法組織、王室の腐敗について暴き続け、オランダ、スペイン、そして英国で変革をもたらした。
2010年に出会った共著者のフランシスコ・マノエル殿下が、ヴィクトリア女王の直系の長子であるという疑う余地のない証拠を見つける。亡命王族が160年間にわたり秘密で持ち続けた「ロイヤルマーク」の解読作業とその真相究明を行なっている。
既刊書に『ヒトラーは英国スパイだった！』〔上下巻〕（ヒカルランド）がある。

【訳者】

Bonobo（ボノボ）

日本生まれ、米国育ち。大学では言語学を専攻。

幼少期から多言語・多文化の環境で暮らし、さらにテレビやラジオの仕事を通じて、言葉に対する愛情と好奇心を深めていく。CM コピー、ウェブページ、映像字幕など翻訳多数。

YouTube：「The Bonobo Channel」https://www.youtube.com/@thebonobochannel1100

THE HIDDEN KING OF ENGLAND − Arma Christi − Unveiling The Rose, Vol.1
by The British Exilarch H.R.H. Francisco Manoel and Joseph Gregory Hallett
Copyright © Joseph Gregory Hallett, 2010, 2014
Japanese translation published by arrangement with Joseph Gregory Hallett through The English Agency (Japan) Ltd.

チャールズも、ウィリアムも全員偽者！

英国王室はこうして乗っ取られた！①

イギリスが隠蔽する「サイコな血の歴史」

第一刷　2024年6月30日

著者　［亡命王］フランシスコ・マノエル＆
ジョセフ・グレゴリー・ハレット

訳者　Bonobo

発行人　石井健資

発行所　株式会社ヒカルランド
〒162-0821　東京都新宿区津久戸町3-11　TH1ビル6F
電話　03-6265-0852　ファックス　03-6265-0853
http://www.hikaruland.co.jp　info@hikaruland.co.jp

振替　00180-8-496587

本文・カバー・製本　中央精版印刷株式会社

DTP　株式会社キャップス

編集担当　王室秘史研究会

落丁・乱丁はお取替えいたします。無断転載・複製を禁じます。
©2024 Bonobo　Printed in Japan
ISBN978-4-86742-390-5

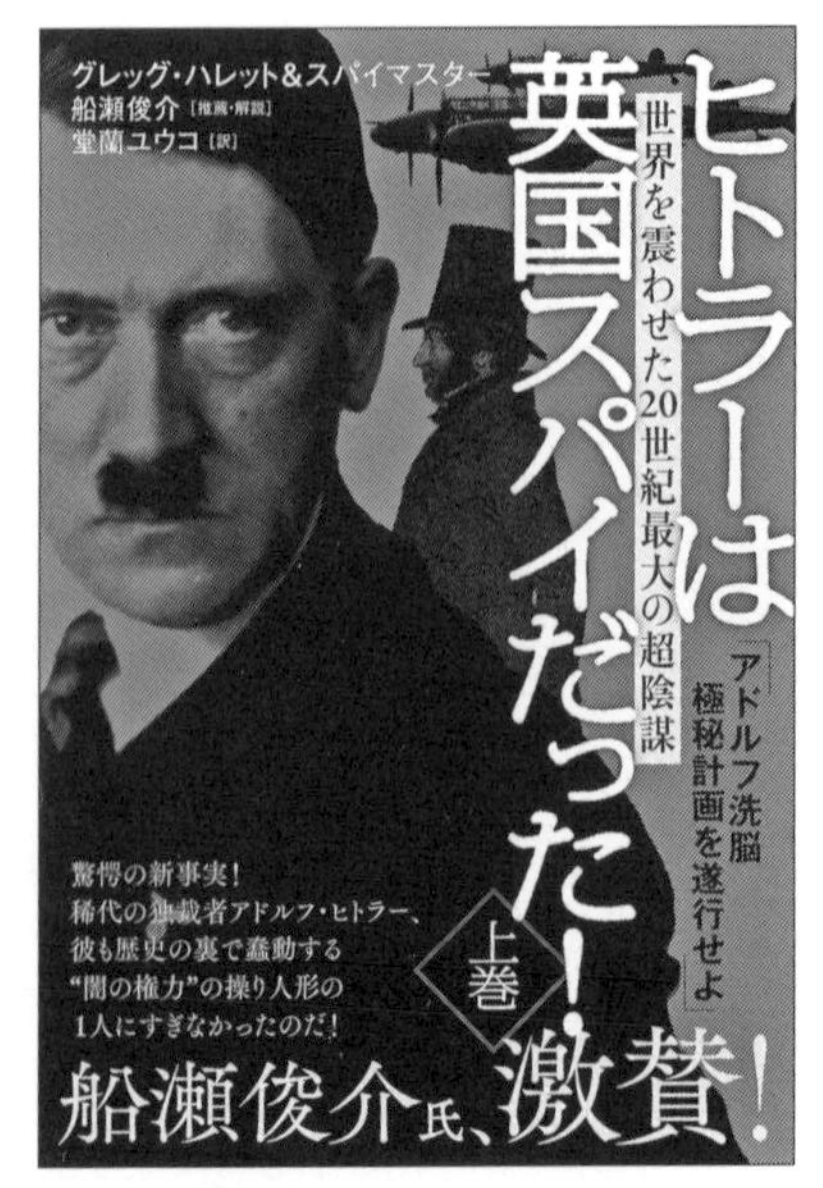

ヒトラーは英国スパイだった! 上巻
アドルフ洗脳極秘計画を遂行せよ
著者：グレッグ・ハレット＆スパイマスター
推薦・解説：船瀬俊介
訳者：堂蘭ユウコ
四六ソフト　本体3,900円+税

船瀬俊介氏、激賛！　驚愕の新事実！　稀代の独裁者アドルフ・ヒトラー――彼も歴史の裏で蠢動する〝闇の権力〟の操り人形の１人にすぎなかったのだ!! 近親相姦と悪魔崇拝の禁断の血統を受け継いで生まれたアドルフ・ヒトラーは、1912年からの英国での謎の数年間、MI6（英国秘密情報部）タヴィストック研究所で恐るべきスパイ洗脳訓練を受けていた！　ドイツに戻った彼は、闇の国際権力の走狗として、ヨーロッパ列強の殲滅計画を始動する……大戦を生き延びた〝極秘情報源〟スパイマスターたちの証言によって初めて明かされる欧州戦線の裏の裏――第２次世界大戦陰謀説の金字塔的名著、待望の邦訳！

ヒカルランド　好評既刊！

地上の星☆ヒカルランド　銀河より届く愛と叡智の宅配便

ヒトラーは英国スパイだった！ 下巻
巨大ビジネス〝第２次世界大戦〞を策謀する闇の国際権力
著者：グレッグ・ハレット＆スパイマスター
推薦・解説：内海聡
訳者：堂蘭ユウコ
四六ソフト　本体3,900円+税

内海聡氏、推薦！

悪魔崇拝と〝戦争のつくりかた〞のあまりにショッキングな裏舞台をあますことなく描ききった問題作。現代の陰謀を超克するための必読書である！

戦闘の激化とともに国際諜報戦もまた熾烈を極める！　ダンケルクのダイナモ作戦、真珠湾攻撃、イギリス王室のスキャンダル、ナチス最高幹部の影武者たち……仕組まれた戦争で流されつづける無辜の民の血を、世界支配者たちの罪深き欲望が嘲笑う。「アドルフ＝英国工作員」第2次世界大戦とその後の歴史の謎はすべてこの公式で解ける！欧米陰謀史の大家、グレッグ・ハレットが送る今世紀最大の衝撃、完結編！

ヒカルランド　近刊予告！

地上の星☆ヒカルランド　銀河より届く愛と叡智の宅配便

THE HIDDEN KING OF ENGLAND
－Arma Christi－Unveiling The Rose, Vol. 2
英国王室はこうして乗っ取られた！②（仮）
著者：［亡命王］フランシスコ・マノエル＆
ジョセフ・グレゴリー・ハレット
訳者：Bonobo
四六ソフト　予価未定

『英国王室はこうして乗っ取られた！①』に続く第２弾！

ハノーファー王の私物とそこに秘められたロイヤルマークを徹底分析！　フリーメイソン、ロスチャイルドをはじめ、聖書、啓示・黙示録、アヌンナキ、エジプト神話、聖杯伝説や欧州王族の不倫や裏切りの繁殖ゲーム、王の剣の存在、神聖王マルコスとの求婚を迫る欧州プリンセスたちの争奪戦、そして、現亡命王フランシスコ・マノエルが英国王室や貴族、学者たちに宛てた念書……。

「偽王族」の侵食とその軌跡をさらに深掘り!!　あなたは、この「事実」をどう捉えるか？　世界を覆す戦いに、再び挑む！